JN102166

イラストで見る 体育

全単元・全時間 の授業のすべて

小学校 **1** 年

藤﨑 敬・石原詩子 編著

東洋館
出版社

はじめに

●体育の学習を楽しく、子供が達成感のもてる授業にする

体育の授業研究会の指導案の「児童の実態」を見ると、クラスの多くの子供が体育を「好き」と答えているが、高学年になるにしたがい、体育が「嫌い」と答える子供が増える。この原因は学習する運動内容の技能の上でのつまずきや、子供同士の人間関係によるものではないかと思われる。このような現状を改善するために、授業において子供一人一人が能力に応じた課題をもって学び、「できた」という達成感をもつことが大切である。また、学習がより楽しくなるために協力し合えるペアやトリオ、チーム等、学ぶ組織を生かして、認め合い・励まし合い・協力し学び合う授業にしたい。

●学習指導要領の解説に示されている目標・内容

今回の改訂において、体育科の目標・学年の目標・内容は「知識及び技能」「思考力、判断力、表現力等」「学びに向かう力、人間性等」の資質・能力で示されている。「学びに向かう力、人間性等」の解説の内容では、今までの「態度」と同じように示されている。目標・内容・例示から、子供自身が学習課題をもてる授業となるよう、本書では具体的に書かれている。

●年間計画から単元の展開までを具体化

本書の年間指導計画は各学校に活用しやすいように示しているが、単元計画では学校・子供の実態に応じ、時数の増減に対応できるように考えた。例えば、第一段落で時数を増減したり、第二段落で増減してもよく、何よりも子供の学習課題が解決しやすいように二段階で示し、子供が学びの過程で課題を解決できるようにした。

●主体的・対話的で深い学びの実現に向けて

これからの時代に求められる資質・能力を身に付け、生涯にわたって能動的に学び続けることができるようにするため、主体的・対話的で深い学びの実現に向けた授業改善が求められている。そこで、授業改善に役立つ具体策や事例を示し、主体的・対話的で深い学びの学習が展開することに役立つようにした。

●子供への配慮「運動の苦手な子供」「意欲的でない子供」への対応

解説では知識及び技能に「運動の苦手な子供」、学びに向かう力、人間性等に「意欲的でない子供」の配慮が示されている。配慮を要する子供に教師が寄り添うヒントを提供した。その積み重ねが豊かなスポーツライフにつながることを期待した。

●体育指導の情報源としての活用を期待して

週案の記入例、本時の目標やポイント、展開例、評価の具体化など指示上で欠かせない内容が、見やすく、簡潔に示してある。指導する子供の実態に合わせてご活用いただき、子供が進んで学び、子供が学習を通して自信をもち、子供一人一人が自己肯定感のもてる授業となることを願っている。

令和2年2月　藤﨑　敬

本書活用のポイント

　各単元のはじめに新学習指導要領に基づく指導・学習の見通しを示し、それ以降の頁は、１時間
毎の授業の展開、学習活動の進め方、指導上の留意点がひと目で分かるように構成している。

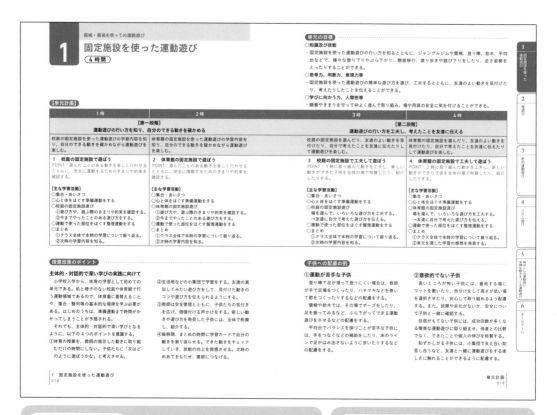

単元・指導時間

　年間計画をベースに、単元の領域・単元・指導時間が示されている。

単元の目標

　単元の目標は学習指導要領に基づき、単元に合った「知識及び技能」「思考力、判断力、表現力等」「学びに向かう力、人間性等」の内容で示している。

単元の計画

　単元の指導時間・段階・段階の内容・具体的な学習内容や活動が書いてある。また、この単元の学習過程も示しているものであり、子供の学びの過程との関連もあるようにした。

子供への配慮の例

①運動が苦手な子供

　子供の個々の運動経験や技能の程度に応じた、指導を工夫する手立て等が示されている。運動学習の場合、子供一人一人の能力に応じた内容で取り組むことが、運動嫌いにならないと考えた。その子供に応じた取組の具体的な例等が紹介されている。

②意欲的でない子供

　運動を楽しむ経験が足りなかったり、運動での失敗を恐れての積極的な行動をとれない等、運動を楽しく行うことや友達と一体感がもてる経験ができるような工夫例が紹介されている。

主体的・対話的で深い学びの実現に向けて

　主体的な学びとは運動学習や保健学習で興味・関心を高め、学習課題の解決に自ら粘り強く取り組む、また、学習を振り返り課題の修正や新しい課題に取り組む学習とする。運動学習では、自己の能力に適した学習課題をもち、達成感がもてる学習の仕方のヒントが書かれている。対話的な学びでは、子供同士や他の資料からの情報で対話し、思考を深め、判断したことを、伝えることができる例などが書かれている。

本時案

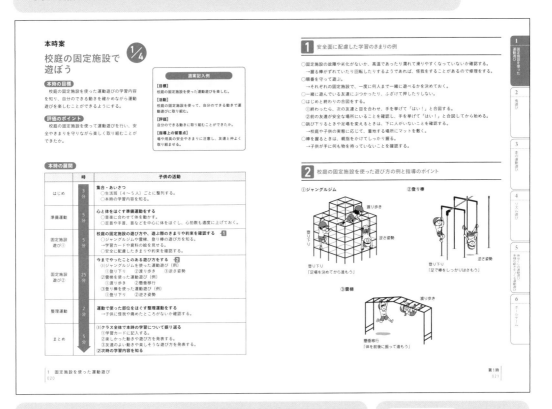

イラストで見る全単元・全時間の授業のすべて

小学校体育 1年

もくじ

1

第1学年における
指導のポイント

学習過程を明確に設定し、「子供の実態」「子供の学び」を踏まえた単元づくりを！

1 内容について

　内容は、1、2学年同じで、易しい運動に出会わせ、友達と伸び伸びと体を動かす楽しさを味わわせる「運動遊び」として示された。

> A　体つくりの運動遊び：「体ほぐしの運動遊び」「多様な動きをつくる運動遊び」
> B　器械・器具を使っての運動遊び：「固定施設を使った運動遊び」「マットを使った運動遊び」「鉄棒を使った運動遊び」「跳び箱を使った運動遊び」
> C　走・跳の運動遊び：「走の運動遊び」「跳の運動遊び」
> D　水遊び：「水の中を移動する運動遊び」「もぐる・浮く運動遊び」
> E　ゲーム：「ボールゲーム」「鬼遊び」
> F　表現リズム遊び：「表現遊び」「リズム遊び」

2 単元づくり

　内容を学習するに当たり、指導計画として、準備・実践・反省・次の課題へとつながる学習展開を考える。つまり、PDCA（計画・実践・振り返り・新たな活動）サイクルの学習過程のある単元づくりから始める。1年生の単元では、子供の興味・関心のある遊びから発想した学習材をつくる。

　そこで、自分なりの課題をもち、繰り返したり、工夫したり、粘り強く取り組む。そのため、時間で区切るのではなく、学習の段階として、どの子供も学びが成立していくようにする。

　単元の導入時では、その運動遊びの行い方を知り、何をどうすればよいのか等の学習の見通しをもつ。次に、自分の課題に取り組んだり、その課題を高めたり、行い方を修正したりする。そのために友達と教え合ったり、グループで作戦を立てたり、資料を活用したりする場を設定し、思考を広げたり、技能や動きを高めたりする。その後、自分たちの活動を振り返り、自分や友達の成長を確かめ、次の学習へとつなげていく。

　なお、1年生としての年間指導計画や単元計画の作成に当たっては、以下の点に留意する。

○「体つくりの運動遊び」…2年間にわたって指導する。

○「走・跳の運動遊び」…子供の実態に応じて、「投の運動遊び」を加えて指導できる。

○「リズム遊び」…簡単なフォークダンスを含めて指導できる。

○学校等の実態に応じ、歌や運動の伴う伝承遊びや自然の中での運動遊びを加えて指導できる。

○運動すると汗、呼吸、心臓など、体に変化が起こること、健康によいことなどにふれる。

○集団行動…整列、集合の方法など、集団としての安全な行動を生活科との関連で指導する。

○スタート・カリキュラム…幼児教育との円滑な接続のため、入学期に楽しく遊ぶ時間を設定する。

○他教科等と関連…生活科・道徳、特別活動等の合科的な指導で、態度や表現力などを育成する。

○運動会カリキュラム…表現遊びと鬼遊び、体つくり遊びなどを合わせた種目を創り、発表する。

体育科で目指す資質・能力を
子供たちに育てる授業を目指して！

1 第1学年で育成を目指す資質・能力

　体育科では、生涯にわたって心身の健康を維持増進し、豊かなスポーツライフを実現するための資質・能力として、3つの柱が示された。1学年としての資質・能力は、以下の通りである。
①知識及び技能：各種の運動遊びの行い方を知るとともに、基礎的な動き（体つくり運動系は知識及び運動）
②思考力、判断力、表現力等：行い方を工夫するとともに考えたことを他者に伝える力
③学びに向かう力、人間性等：きまりを守り、誰れとでも仲よく、意欲的に運動する態度

2 授業づくりのポイント

　上記の資質・能力を育成するための授業づくりは、教育活動の中でも一番力をそそぐ作業と言える。授業は、「子供」「教材」「教師」の共同作業であり、ある意味、3つの要素が格闘することでもある。以下に3つの要素で授業のポイントを示す。

○子供：まず、教育を受ける対象である子供の実態を把握する。授業となる運動遊びに対する意識や経験、どんな学び方をしたか、一人でやりたいか、グループでやりたいか、この遊びをしたくない理由などを聞いたり、どんな動きができ、どんな動きができないのかなど一人一人を観察したりする。
○教材（学習材）：子供が興味・関心を示すか、特性や楽しさが味わえるか、どの子供も楽しめるか、課題が見付かりやすいか、自分がもっている力で、課題解決することができるか、工夫・発展等の視点で教材を発掘し、学習材として教材化する。
　その時点では、教師の教えたいことが中心となった教材研究であるが、次に、子供一人一人の顔を思い浮べ、再検討する。捨てるものはないか、本当に子供のどの点について有効なのか等、教材へのかみくだきを十分に行い学習材とする。
○教師：45分の授業の中で、教える場面、子供に考えさせる場面、活動する場面、振り返る場面等を想定し、指導案を作成する。ねらい、時間の配分、場の設定、教具や用具なども記入していき、子供の活動が見える指導案にする。
　つくった指導案に沿って指導実践を行い、常に子供の活動の見取りや活動の飽和状態を見取るようにする。その授業後、記録を残し、次の実践に生かすようにする。

　1年生の授業で獲得した資質・能力の差が、中学年以後の授業に大きな能力差として表われている現状がある。このことから、1年生の授業は、「子供ありき」の考えで、一人一人のつまずき等を早期に発見し、指導上の配慮を行っていくことが大切である。また、合科的・関連的な指導や幼児教育との関連、短い時間に区切るなどの工夫を取り入れた実践が求められている。

単元を見通して、主体的・対話的で
深い学びの視点から授業を改善する！

　学習指導要領の改訂で主体的・対話的で深い学びの実現に向けた授業改善が示された。体育科における主体的な学びは、発達の段階に応じた内容から子供たちが自己に適した学習課題をもち、学習過程を通して解決していくことである。対話的な学びは学習する仲間と協力し合って課題解決のための学び合いをすることであり、その結果が深い学びとなり豊かなスポーツライフへとつながる活動と考える。

1　第1学年における主体的・対話的で深い学び

　運動嫌いや体育嫌いの子供が出てくるのが1、2年生からと言われている。それは、発達的な個人差や幼児教育の遊びから学びへの移行の難しさが原因している。それ以上に学ぶ内容が分からない、できないといったことや全員が同じ学習の場で与えられた同じ課題で取り組まねばならないといった授業を受けてきたからとも考えられる。

　そこで、次のような視点で授業改善を行い、学習の質を高めていくことが求められている。

○様々な運動遊びに興味を感じ、楽しむための自分の学習課題に向けて、工夫しながら取り組み、振り返りをしながら、次の学習に挑戦するという主体的な学びを促す。その場合、ただ単に課題解決に向けて活動し、終末に振り返りをすれば主体的な学びが達成されるものではない。子供一人一人が、今日の学びに価値を感じていなければ、振り返るべき中身などなく、教師だけが満足する授業となる。実際に、研究授業の場で見かける姿であるが、教師が「次は、どんなことがしたいか」「工夫したいか」等と問いかけても、子供は無言といった状態である。そこで、子供が、「おもしろそう…」「やってみたい…」と思えるような仕掛けを工夫した授業づくりを考えることが重要である。

○課題への取組に向けて、友達や教師、保護者などとの対話で、分からないことを聞いたり、分かったことを友達に伝えたりして、思考を広げたり、深めたりする対話的な学びを促す。その対話的な学び合いの実現のためには、まず、一人でその課題に立ち向かい、解決のために、友達に聞いてみたい、先生の助言がほしい等と思える状況へ導く教師の支援が大事である。そこに質の高い対話的な学びが生じてくる。それは、「話す」ことに加え、「聞く」という子供の積極性を育てることと言える。そのような場面を設定する学習過程が大切になってくる。

○上記のような学びの過程を通して、自己の運動や健康についての課題を見付け、解決に向けて試行錯誤を重ねながら、思考を深め、よりよく解決するなどの深い学びを促す。それは、習得、活用、探究という学習過程を通して、知識を相互に関連させたり、情報を精査して自分の考えを形成したり、課題を見いだし、解決する方法を考えたりして、自分なりの考えや思いを創造したりすることである。体育科では、公正、協力、共生、健康や安全への態度や意欲的に運動遊びをする態度などを育てる。また、友達とともに進んで意志決定をする態度やルール・マナーの遵守などの大切さを学ぶ。そのことが今後の生き方や人間性の育成につながるのであ

る。そして、一生を健康に過ごすことや豊かなスポーツライフの実現に向けて学び続ける資質・能力を育てることになる。この深い学びの鍵として「体育の見方、考え方」を働かせることが大切である。

　この３つの学びの過程をそれぞれ独立して取り上げるのではなく、相互に関連を図りながら学習を展開していく。また、３つの学びの実現に向けた授業改善を進めるに当たっては、指導方法を工夫して必要な知識及び技能の習得を図りながら、子供たちの思考を深めるために発言を促したり、気付いていない視点を提示するなど、学びの在り方を追求し、必要な学習環境を積極的に設定していくこと等も大事なことである。

　次に、具体的な指導の手立てや学習場面の設定などを例示する。

○作戦を話し合ったり、相談したりする時間を設ける。１年生としては、自分がやってみたことや友達のやっていたこと、教師に教えてもらったことなど、理論より、経験での気付きなどを話し合う。
○学習活動のときの子供の様子や変容をメモする。位置付けた子供を中心に毎時間行う。そうすることにより、単元終了時には５～10人の子供を見取ることができ、個別の支援に役立つ。
○授業の終末に「振り返りの時間」を設け、今日の授業で「困ったこと」や「いやだったこと」を聞く。その場で修正したり、工夫したりできることは、子供と相談して次時の活動から実践していく。少し検討する必要のある場合は、調べたり、考えたりして、後日提案することを子供に伝える。
○活動終了後、「先生のひとこと」の時間を設け、今日の授業で「公平にふるまった子」「友達をいたわったり、励ました子」など、態度面での努力を皆の前でほめる。
○「振り返りカード」や「動きの紹介カード」などの学習カードを用意し、自己評価や思考を広めたりすることができるようにする。
○「体育ノート」を使い、いつでも「よかったこと」「うれしかったこと」「悲しかったこと」などを記入する。必要に応じて教師が点検し、応答の文を書く。

2　ICT を活用した体育授業の在り方

　１年生の活用としては、次のようなことが考えられる。

○ゲーム領域の内容では、子供たちは、どんな運動遊びなのか、どのように行うのか分からない場合がある。今までは、絵図や副読本でイメージさせていたが、これからは、画面の映像でイメージをふくらませることに活用できる。
○器械・器具を使っての運動遊びでの手のつき方、体の動かし方などのコツ（技）をスローの映像で見せ、理解できるようにする。
○オリンピックの競技の映像などを雨天で体育授業のできないときに見せ、スポーツの楽しさを味わわせる。
○ICT 操作の得意な教師は、不得意な教師を援助したり、教材として収集したり、誰もがすぐ使えるように、保管・整理するなど、学校としての ICT の活用に取り組む。

子供たち一人一人に適切な支援を行い「楽しい」体育を実現する！

　今回の改訂では、「生きて働く『知識・技能』」「未知の状況にも対応できる『思考力・判断力・表現力』」「学びを人生や社会に生かそうとする『学びに向かう力・人間性等』」などの資質・能力を育むことが提示された。それは、従来の個別の知識や技能を習得させることから、資質・能力の育成へと拡張されたのである。

　そのため、「主体的・対話的で深い学び」が示され、その実現に向けて指導力のある教師が今まで以上に求められる。教育の専門家としての教師の力量を磨き、授業という型で子供を育てることができる唯一の大人としての存在を自覚し、研鑽を積むことが重要である。

　特に、学校教育を出発させる1年生を担当する教師は、豊かな感性と確かな指導力、明るく柔軟な人材であることが望ましい。

○豊かな感性：子供の辛さや悲しさに寄り添い、子供の喜びをともに喜べることや、子供の小さなつぶやきや変化に気付くことができたり、けんかやトラブルとなる雰囲気をいち早く気付いたりできる感性がある。

○確かな指導力：学ぶ内容を子供の実態に合わせて学習材として開発したり、ねらいに向けて主体的な子供の活動での授業を行うことができたり、授業が飽和状態になったことに気付き、修正できる力などが特に大切である。

○明るくユーモアあふれる人：常に笑顔で対応し、子供の質問や問いには必ず応答する、物事を前向きに捉え、失敗やいたずらもユーモアをもって受け止めたり、いさめたりする。そんな温かく、支援的な学級づくりのできる人。

1　運動が苦手な子供への指導

①体の動かし方が分からないときは、教師や友達の真似をさせる。

②器械・器具を使っての運動遊びでは、高さや内容を易しいものにする。

③ボールは、当っても痛くなく操作しやすい大きさにしたり、柔らかいものにする。

④恐がっている子供には、できる範囲で挑戦させたり、教師と一緒に行ったりして「やってみよう」という気持ち（勇気）を起こさせる。

⑤できないことを大声で叱ったり、なじったりしない。できたこと、少しの進歩などをほめる。

2　意欲的でない子供への指導

①親切で明るい子供とペアを組ませ、一緒に活動させる。

②絵図や副読本、ICTを利用して、どうしたらよいのかを、丁寧に分からせる。

③泳ぎをすでに身に付けている子供には、浮く・泳ぐ内容の課題を与えるようにする。

④「がんばれ」「すごいよ」だけでなく「何をがんばるのか」など具体的に子供に伝える。

第1学年における年間指導計画

月	時	領域・内容	時間
4月（6時間）	1	器械・器具を使っての運動遊び ○固定施設を使った運動遊び	4時間
	2		
	3		
	4		
	5	ゲーム ○鬼遊び	4時間
	6		
5月（9時間）	7		
	8		
	9	走・跳の運動遊び ○走の運動遊び	4時間
	10		
	11		
	12		
	13	表現リズム遊び ○リズム遊び	4時間
	14		
	15		
6月（12時間）	16		
	17	体つくりの運動遊び ○体ほぐしの運動遊び ○多様な動きをつくる運動遊び（バランス）	4時間
	18		
	19		
	20		
	21	ゲーム ○ボールゲーム （手を使ったゴール型ゲーム）	4時間
	22		
	23		
	24		
7月（7時間）	25	水遊び ○水の中を移動する運動遊び ○もぐる・浮く運動遊び	10時間
	26		
	27		
	28		
	29		
	30		
	31		
	32		
	33		
	34		
9月（12時間）	35	体つくりの運動遊び ○多様な動きをつくる運動遊び （移動と用具）	5時間
	36		
	37		
	38		
	39		
	40	表現リズム遊び ○表現遊び	5時間
	41		
	42		
	43		
	44		
10月（12時間）	45	走・跳の運動遊び ○走の運動遊び （低い障害物）	5時間
	46		
	47		
	48		
	49		
	50	器械・器具を使っての運動遊び ○鉄棒を使った運動遊び	5時間
	51		
	52		
	53		
	54		

月	時	領域・内容	時間
	55	走・跳の運動遊び ○跳の運動遊び	5時間
	56		
	57		
	58		
	59		
11月（11時間）	60	表現リズム遊び ○表現遊び	6時間
	61		
	62		
	63		
	64		
	65		
	66	器械・器具を使っての運動遊び ○マットを使った運動遊び	5時間
	67		
	68		
	69		
12月（7時間）	70		
	71	ゲーム ○ボールゲーム （ベースボール型ゲーム）	6時間
	72		
	73		
	74		
	75		
	76		
1月（8時間）	77	体つくりの運動遊び ○多様な動きをつくる運動遊び （移動・力試し）	5時間
	78		
	79		
	80		
	81		
	82	ゲーム ○ボールゲーム （ネット型ゲーム）	5時間
	83		
	84		
2月（11時間）	85		
	86		
	87	器械・器具を使っての運動遊び ○跳び箱を使った運動遊び	5時間
	88		
	89		
	90		
	91		
	92	表現リズム遊び ○表現遊び	5時間
	93		
	94		
	95		
3月（7時間）	96		
	97	ゲーム ○ボールゲーム （足を使ったゴール型ゲーム）	6時間
	98		
	99		
	100		
	101		
	102		

2

イラストで見る
全単元・全時間の授業のすべて
小学校体育 1 年

1 固定施設を使った運動遊び

4 時間

【単元計画】

1 時	2 時
[第一段階] 運動遊びの行い方を知り、自分のできる動きを確かめる	
校庭の固定施設を使った運動遊びの学習内容を知り、自分のできる動きを確かめながら運動遊びを楽しむ。	体育館の固定施設を使った運動遊びの学習内容を知り、自分のできる動きを確かめながら運動遊びを楽しむ。
1　校庭の固定施設で遊ぼう POINT：遊んだことのある動きを楽しく行わせるとともに、安全に運動するためのきまりや約束を確認する。	**2　体育館の固定施設で遊ぼう** POINT：遊んだことのある動きを楽しく行わせるとともに、安全に運動するためのきまりや約束を確認する。
[主な学習活動] ○集合・あいさつ ○心と体をほぐす準備運動をする ○校庭の固定施設遊び 　①遊び方や、遊ぶ際のきまりや約束を確認する。 　②今までやったことのある遊び方をする。 ○運動で使った部位をほぐす整理運動をする ○まとめ 　①クラス全体で本時の学習について振り返る。 　②次時の学習内容を知る。	[主な学習活動] ○集合・あいさつ ○心と体をほぐす準備運動をする ○体育館の固定施設遊び 　①遊び方や、遊ぶ際のきまりや約束を確認する。 　②今までやったことのある遊び方をする。 ○運動で使った部位をほぐす整理運動をする ○まとめ 　①クラス全体で本時の学習について振り返る。 　②次時の学習内容を知る。

授業改善のポイント

主体的・対話的で深い学びの実践に向けて

　小学校入学から、体育の学習として初めての単元である。机と椅子のない校庭や体育館で行う運動領域であるので、体育着に着替えることや、集合・整列等の基本的な規律を学ぶ必要がある。はじめのうちは、準備運動まで時間がかかってしまうことが予想される。

　それでも、主体的・対話的で深い学びとなるように、以下の4つのポイントを意識する。

①体育の授業を、教師の指示した動きに取り組むだけの時間にしない。子供たちに「次はどのように遊ぼうかな」と考えさせる。

②生活班などの小集団で学習をする。友達の真似してみたい遊び方をして、見付けた動きのコツや遊び方を伝えられるようにする。

③教師は安全管理とともに、子供たちの気付きを広げ、価値付ける声かけをする。新しい動きや遊び方を発見した子供には、全体で称賛し、紹介する。

④毎時間、まとめの時間に学習カードで自分の動きを振り返らせる。できた動きをチェックしていき、技能の向上を実感させる。次時のめあてをもたせ、意欲につなげる。

単元の目標

○知識及び技能
・固定施設を使った運動遊びの行い方を知るとともに、ジャングルジムや雲梯、登り棒、肋木、平均台などで、様々な登り下りやぶら下がり、懸垂移行、渡り歩きや跳びトリをしたり、逆さ姿勢をとったりすることができる。

○思考力、判断力、表現力等
・固定施設を使った運動遊びの簡単な遊び方を選び、工夫するとともに、友達のよい動きを見付けたり、考えたりしたことを伝えることができる。

○学びに向かう力、人間性等
・順番やきまりを守って仲よく進んで取り組み、場や用具の安全に気を付けることができる。

3 時	4 時
[第二段階] 運動遊びの行い方を工夫し、考えたことを友達に伝える	
校庭の固定施設を選んだり、友達のよい動きを見付けたり、自分で考えたことを友達に伝えたりして運動遊びを楽しむ。	体育館の固定施設を選んだり、友達のよい動きを見付けたり、自分で考えたことを友達に伝えたりして運動遊びを楽しむ。
3　校庭の固定施設で工夫して遊ぼう POINT：1時に取り組んだ動きを工夫し、新しい動きができた子供を全体の場で称賛したり、紹介したりする。	4　体育館の固定施設で工夫して遊ぼう POINT：2時に取り組んだ動きを工夫し、新しい動きができた子供を全体の場で称賛したり、紹介したりする。
[主な学習活動] ○集合・あいさつ ○心と体をほぐす準備運動をする ○校庭の固定施設遊び 　場を選んで、いろいろな遊び方を工夫する。 　→友達に自分で考えた遊び方を伝える。 ○運動で使った部位をほぐす整理運動をする ○まとめ 　①クラス全体で本時の学習について振り返る。 　②次時の学習内容を知る。	[主な学習活動] ○集合・あいさつ ○心と体をほぐす準備運動をする ○体育館の固定施設遊び 　場を選んで、いろいろな遊び方を工夫する。 　→友達に自分で考えた遊び方を伝える。 ○運動で使った部位をほぐす整理運動をする ○まとめ 　①クラス全体で本時の学習について振り返る。 　②単元を通した学習の感想を発表する。

子供への配慮の例

①運動が苦手な子供

　登り棒で足が滑って登りにくい場合は、教師が手で足場をつくったり、ハチマキなどを巻いて節をつくったりするなどの配慮をする。

　雲梯や肋木では、その場でポーズをしたり、足を振ってみるなど、ぶら下がってできる運動遊びをさせるなどの配慮をする。

　平均台でバランスを保つことが苦手な子供には、手をつなぐなどの補助をしたり、床のラインで足がはみ出さないように歩いたりするなどの配慮をする。

②意欲的でない子供

　高いところが怖い子供には、着地する場にマットを敷いたり、色分けをして高さが低い場を選択させたり、安心して取り組めるよう配慮する。また、故障や劣化がないか、安全について子供と一緒に確認する。

　自信がもてない子供には、成功回数が多くなる簡単な運動遊びに取り組ませ、他者との比較でなく、できたことや個人の伸びを称賛する。

　恥ずかしがる子供には、小集団で支え合い助言し合うなど、友達と一緒に運動遊びをする楽しさに触れることができるように配慮する。

本時案

校庭の固定施設で遊ぼう

本時の目標

校庭の固定施設を使った運動遊びの学習内容を知り、自分のできる動きを確かめながら運動遊びを楽しむことができるようにする。

評価のポイント

校庭の固定施設を使って運動遊びを行い、安全やきまりを守りながら楽しく取り組むことができたか。

週案記入例

【目標】
校庭の固定施設を使った運動遊びを楽しむ。

【活動】
校庭の固定施設を使って、自分のできる動きで運動遊びに取り組む。

【評価】
自分のできる動きに取り組むことができたか。

【指導上の留意点】
場や用具の安全やきまりに注意し、友達と仲よく取り組ませる。

本時の展開

	時	子供の活動
はじめ	3分	**集合・あいさつ** ○生活班（4〜5人）ごとに整列する。 ○本時の学習内容を知る。
準備運動	5分	**心と体をほぐす準備運動をする** ○音楽に合わせて体を動かす。 ○足首や手首、首などを中心に体をほぐし、心拍数も適度に上げておく。
固定施設遊び①	5分	**校庭の固定施設の遊び方や、遊ぶ際のきまりや約束を確認する** 1 ○ジャングルジムや雲梯、登り棒の遊び方を知る。 →学習カードや資料の絵を見せる。 ○安全に配慮したきまりや約束を確認する。
固定施設遊び②	25分	**今までやったことのある遊び方をする** 2 (1)ジャングルジムを使った運動遊び（例） 　①登り下り　　②渡り歩き　　③逆さ姿勢 (2)雲梯を使った運動遊び（例） 　①渡り歩き　　②懸垂移行 (3)登り棒を使った運動遊び（例） 　①登り下り　　②逆さ姿勢
整理運動	2分	**運動で使った部位をほぐす整理運動をする** →子供に怪我や痛めたところがないか確認する。
まとめ	5分	**(1)クラス全体で本時の学習について振り返る** 　①学習カードに記入する。 　②楽しかった動きや遊び方を発表する。 　③友達のよい動きや楽しそうな遊び方を発表する。 **(2)次時の学習内容を知る**

1 安全面に配慮した学習のきまりの例

○固定施設の故障や劣化がないか、高温であったり濡れて滑りやすくなっていないか確認する。

　→握る棒がずれていたり回転したりするようであれば、怪我をすることがあるので修理をする。

○順番を守って遊ぶ。

　→それぞれの固定施設で、一度に何人まで一緒に遊べるかを決めておく。

○一緒に遊んでいる友達にぶつかったり、ふざけて押したりしない。

○はじめと終わりの合図をする。

　①終わったら、次の友達と目を合わせ、手を挙げて「はい！」と合図する。

　②前の友達が安全な場所にいることを確認し、手を挙げて「はい！」と合図してから始める。

○跳び下りるときや足場を変えるときは、下に人がいないことを確認する。

　→校庭や子供の実態に応じて、着地する場所にマットを敷く。

○棒を握るときは、親指をかけてしっかり握る。

　→子供が手に何も物を持っていないことを確認する。

2 校庭の固定施設を使った遊び方の例と指導のポイント

①ジャングルジム

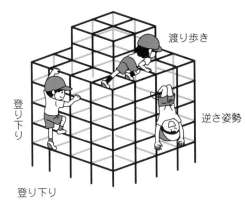

渡り歩き

登り下り

逆さ姿勢

登り下り
「足場を決めてから進もう」

②登り棒

逆さ姿勢

登り下り
「足で棒をしっかりはさもう」

③雲梯

渡り歩き

懸垂移行
「体を前後に振って進もう」

本時案

体育館の固定施設 で遊ぼう

本時の目標

　体育館の固定施設を使った運動遊びの学習内容を知り、自分のできる動きを確かめながら運動遊びを楽しむことができるようにする。

評価のポイント

　体育館の固定施設を使って運動遊びを行い、安全やきまりを守りながら楽しく取り組むことができたか。

週案記入例

[目標]
体育館の固定施設を使った運動遊びを楽しむ。

[活動]
体育館の固定施設を使って、自分のできる動きで運動遊びに取り組む。

[評価]
自分のできる動きに取り組むことができたか。

[指導上の留意点]
場や用具の安全やきまりに注意し、友達と仲よく取り組ませる。

本時の展開

	時	子供の活動
はじめ	3分	**集合・あいさつ** ○生活班（4〜5人）ごとに整列する。 ○本時の学習内容を知る。
準備運動	5分	**心と体をほぐす準備運動をする** ○音楽に合わせて体を動かす。 ○足首や手首、首などを中心に体をほぐし、心拍数も適度に上げておく。
固定施設遊び①	5分	**体育館の固定施設の遊び方や、遊ぶ際のきまりや約束を確認する** ○安全に配慮したきまりや約束を確認する。 ○平均台やマットの持ち運び方について指導する。 **1** ○肋木や平均台の遊び方を知る。 →学習カードや資料の絵を見せる。
固定施設遊び②	25分	**今までやったことのある遊び方をする** **2** (1)肋木を使った運動遊び（例） 　①登り下り　　②懸垂移行　　③腕立て移動 (2)平均台を使った運動遊び（例） 　①渡り歩き　　②跳び下り
整理運動	2分	**運動で使った部位をほぐす整理運動をする** →子供に怪我や痛めたところがないか確認する。
まとめ	5分	**(1)クラス全体で本時の学習について振り返る** 　①学習カードに記入する。 　②楽しかった動きや遊び方を発表する。 　③友達のよい動きや楽しそうな遊び方を発表する。 **(2)次時の学習内容を知る**

1 平均台やマットの持ち運び方について

○平均台やマットの持ち運びに気を付ける。動かすときは、みんなで声をかけ合うようにする。

① **「持ちます」「はい」**   ② **「進みます」「はい」**   ③ **「下ろします」「はい」**

○物を持って動かすときは、全員が動く方向を見て、後ろ向きに進むことがないように注意する。
○マットを動かすときは、何人かでマットの端を持って運び、下に誰も入らないように注意する。

2 体育館の固定施設を使った遊び方の例と指導のポイント

①肋木

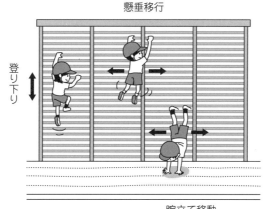

懸垂移行

登り下り

腕立て移動
「顎を前に出して、マットを見よう」

②平均台

跳び下り

渡り歩き
「足元を見るのではなく、
前を向いてバランスをとろう」

1 固定施設を使った運動遊び

2 鬼遊び

3 走の運動遊び

4 リズム遊び

5 体ほぐしの運動遊び、多様な動きをつくる運動遊び

6 ボールゲーム

本時案

校庭の固定施設で 工夫して遊ぼう

3/4

本時の目標

校庭の固定施設を選んだり、友達のよい動きを見付けたり、自分で考えたことを友達に伝えたりして運動遊びを楽しむことができるようにする。

評価のポイント

いろいろな動きで運動遊びを楽しんだり、場を選んで取り組んだり、気付いたことや考えたことを友達に伝えたりすることができたか。

週案記入例

[目標]
校庭の固定施設を使ったいろいろな運動遊びを楽しみ、考えたことを友達に伝える。

[活動]
校庭の固定施設を使って、工夫して運動遊びに取り組む。

[評価]
いろいろな動きに取り組み、自分の考えを友達に伝えることができたか。

[指導上の留意点]
場や用具の安全やきまりに注意し、友達と仲よく取り組ませる。

本時の展開

	時	子供の活動
はじめ	3分	**集合・あいさつ** ○生活班（4〜5人）ごとに整列する。 ○本時の学習内容を知る。
準備運動	5分	**心と体をほぐす準備運動をする** **1** ○音楽に合わせて体を動かす。 ○足首や手首、首などを中心に体をほぐし、心拍数も適度に上げておく。
固定施設遊び	30分	**場を選んで、いろいろな遊び方を工夫する** ○ジャングルジムや雲梯、登り棒の中から、取り組みたい固定施設を選んで、新しい動きや遊び方を考えて取り組む。 **自分が考えた動きを友達に伝えたり、友達の考えた動きで遊ぶ** **2** (1)ジャングルジムを使ったいろいろな運動遊び（例） 　①いろいろなリレー（横渡りリレー、ベル鳴らしリレー） 　②鬼ごっこ　　③手離しポーズ (2)雲梯を使った運動遊び（例） 　①ドン足じゃんけん　　②的に跳び下り 　③いろいろな渡り方（1つ・2つとばし、横渡り） (3)登り棒を使った運動遊び（例） 　①2本の棒で登る 　②いろいろなポーズや動き（手離し、足抜き回り）
整理運動	2分	**運動で使った部位をほぐす整理運動をする** →子供に怪我や痛めたところがないか確認する。
まとめ	5分	**(1)クラス全体で本時の学習について振り返る** 　①学習カードに記入する。 　②楽しかった動きや遊び方を発表する。 　③友達のよい動きや楽しそうな遊び方を発表する。 **(2)次時の学習内容を知る**

1 心と体をほぐす準備運動の例

○リズムの取りやすい音楽をかけて、楽しい雰囲気をつくる。

→「先生の動きの真似をしてみよう！」

①足首、手首、首を中心に、関節やその周りの筋肉をほぐし、可動域を広げておく。

②手を握ったり開いたり（グー、パー）して、指先まで動かして棒を握る動きをしておく。

③軽くジャンプをして体の筋肉を刺激し、心拍数も適度に上げる。

2 工夫した校庭の固定施設遊びの例

①ジャングルジム

横渡りリレー
（動きをつないで楽しむ）

手離しポーズ

②雲梯

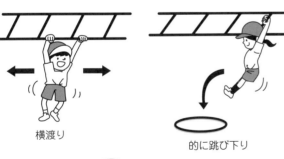

横渡り

的に跳び下り

1つとばし

③登り棒

いろいろな
ポーズ

2本の棒
で登る

本時案

体育館の固定施設で工夫して遊ぼう

本時の目標

体育館の固定施設を選んだり、友達のよい動きを見付けたり、自分で考えたことを友達に伝えたりして運動遊びを楽しむことができるようにする。

評価のポイント

いろいろな動きで運動遊びを楽しんだり、場を選んで取り組んだり、気付いたことや考えたことを友達に伝えたりすることができたか。

本時の展開

	時	子供の活動
はじめ	3分	**集合・あいさつ** ○生活班（4～5人）ごとに整列する。 ○本時の学習内容を知る。
準備運動	5分	**心と体をほぐす準備運動をする** ○音楽に合わせて体を動かす。 ○足首や手首、首などを中心に体をほぐし、心拍数も適度に上げておく。
固定施設遊び	30分	**場を選んで、いろいろな遊び方を工夫する** 1 ○肋木と平均台のどちらか取り組みたい固定施設を選んで、新しい動きや遊び方を考えて取り組む。 **自分が考えた動きを友達に伝えたり、友達の考えた動きで遊ぶ** 2 (1)肋木を使ったいろいろな運動遊び（例） 　①登り下りリレー　　②陣取りゲーム 　③いろいろなポーズ（手離し、逆さ姿勢） (2)平均台を使った運動遊び（例） 　①ドンじゃんけん　　②いろいろな渡り方（後ろ向き、2人組） 　③いろいろなポーズ
整理運動	2分	**運動で使った部位をほぐす整理運動をする** →子供に怪我や痛めたところがないか確認する。
まとめ	5分	(1)**クラス全体で本時の学習について振り返る** 　①学習カードに記入する。 　②楽しかった動きや遊び方を発表する。 　③友達のよい動きや楽しそうな遊び方を発表する。 (2)**単元を通した学習の感想を発表する**

1
固定施設を使った
運動遊び

2
鬼遊び

3
走の運動遊び

4
リズム遊び

5
体ほぐしの運動遊び、
多様な動きをつくる運動遊び

6
ボールゲーム

1 教師の言葉かけの例

○称賛の声かけを中心に、学習規律について学ばせる。
「素早く並べましたね」「この前より○秒早くなりましたね」
「○○さん、姿勢がとてもいいですね」
○この単元で身に付けさせたい動きにつながるものをほめ、意欲と技能の向上を促す。
「～できましたね！」「すごいね！」「上手だね！」
→よい行動を見付けたら、すぐに言葉かけをして、子供にフィードバックしていく。
○問いかけをして、課題解決や理解を促す。
「～できるかな」「どうやったらいいのかな」
「友達はどんな動きをしているかな」
「どうやったらできたの」
→教師は常に全体を見れる位置で、安全に注意しながら、表情豊かに言葉かけを行っていく。

2 工夫した体育館の固定施設遊びの例

①肋木

②平均台

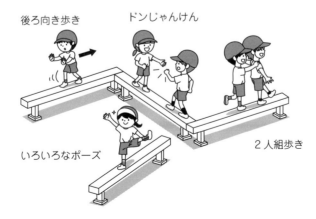

「固定施設を使った運動遊び」学習カード＆資料

本カードは、第1時から第4時まで単元を通して使用する。固定施設を使った運動遊びに対する興味・関心や技能の変容を見取るカードである。子供にとっては、できるようになった動きが見える化され、技能の向上を実感し、学習意欲も向上するものとなる。次時の学習や休み時間に固定施設での動きや遊び方を考える助けとなるようにしたい。

収録資料活用のポイント

①使い方

　授業のはじめに本カード2枚を両面印刷して子供に配布する。まとめの時間にできた動きをチェックして振り返るだけでなく、運動遊び中にどんな動きに取り組むかを考える際に見る資料としても活用するよう指示する。生活班ごとに、筆記用具をまとめておける入れ物があるとよい。

②留意点

　本カードは、ひらがなの未習熟な子供が多いことを想定して作成している。字が読めなくても絵で理解し、記述ではなくチェックをするという内容になっている。次の時間にはチェックの色を変えるなどして、前時からの伸びを確認することもできる。支援の必要な子供には、まとめの時間に教師が一緒に聞き取っていくなど、子供の実態に応じて活用したい。

💿 学習カード 1-1-1 （1・3時）

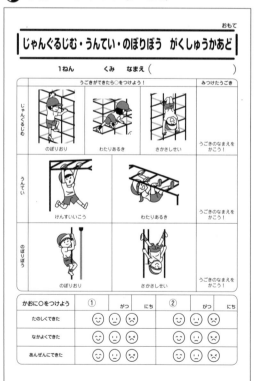

💿 学習カード 1-1-2 （2・4時）

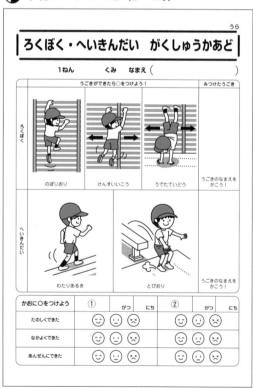

1 固定施設を使った運動遊び

2 鬼遊び

3 走の運動遊び

4 リズム遊び

5 体ほぐしの運動遊び、多様な動きをつくる運動遊び

6 ボールゲーム

こていしせつあそび　いろいろなあそびかた

①じゃんぐるじむ

よこわたりりれえ

いろいろなぽおず

②うんてい

よこわたり

まとにとびおり

1つとばし

③のぼりぼう

いろいろなぽおず

2ほんのぼうでのぼる

④ろくぼく

じんとりげえむ

いろいろなぽおず

⑤へいきんだい

うしろむきあるき

どんじゃんけん

いろいろなぽおず

ふたりぐみあるき

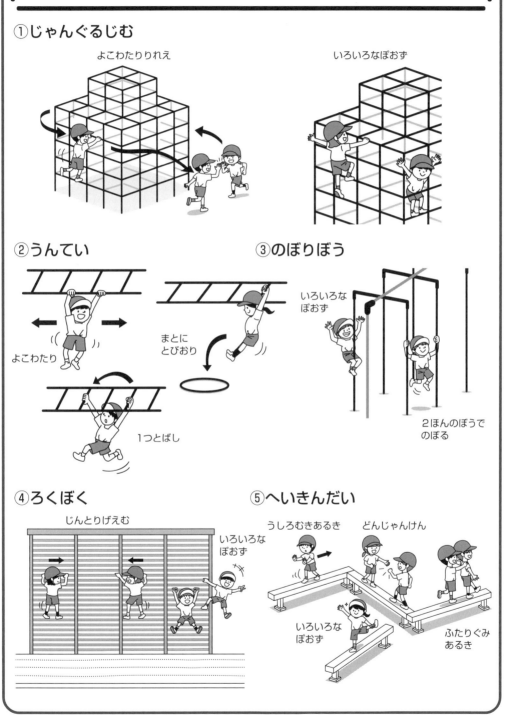

2 鬼遊び

（4 時間）

【単元計画】

1 時	2 時
[第一段階] **集団対集団の鬼遊びの行い方を知り、ゲームを楽しむ**	
行い方を知り、宝運び鬼遊びを楽しむ。	逃げ方を考えたり、伝え合ったりして勝敗を楽しむ。
1　宝運び鬼遊びをしよう POINT：絵図などで行い方やはじめの規則が分かり、鬼遊びを楽しむ。 **[主な学習活動]** ○集合・あいさつ ○鬼遊びを楽しむ準備運動をする。 ○宝運び鬼遊びをする。 　①絵図を見て、行い方やはじめのきまりを知る。 　②ゲーム 1 をする。 　　ゲーム 2 をする（同じチームと）。 ○ゆったりと心と体をほぐす。 ○振り返り：クラス全体で今日の学習について。 ○次時の予定を知る。	**2　逃げ方を考えてみよう** POINT：身をひるがえす、鬼のいないところを見付けるなどの工夫を自分で考えたり友達に伝えたりする。 **[主な学習活動]** ○集合・あいさつ ○鬼遊びを楽しむ準備運動をする。 ○宝運び鬼遊びをする。 　①ゲーム 1 をする。 　②ゲーム 2 をする（同じチームと）。 ○ゆったりと心と体をほぐす。 ○チームで振り返り：逃げ方の工夫を伝え合う。 　クラス全体で：困ったことから規則を変える。 ○次時の予定を知る。

授業改善のポイント

主体的・対話的で深い学びの実践に向けて

　鬼遊びでは、逃げる、追うという運動遊びを工夫して学ぶ。次の 3 つが授業のポイントとなる。

①ドキドキの緊張感を楽しめているか。

②集団対集団で勝敗を競う学習を楽しめているか。

③規則を守る、変える等してゲームをつくり上げていくことを楽しんでいるか。

　このことから、鬼の住んでいるところをくぐり抜けて、勇敢に宝を運ぶという低学年特有の非現実的な世界を取り入れた学習材にする。

　また、毎時間の勝敗をチームごとに記録し、それを全員が見られるように掲示する。このことによって、どうしたら勝てるか等、チームの中での対話的な学びがなされるように促していく。

　振り返りのときには「困ったこと」を中心に発表し合い、どの子供も楽しめるように規則を工夫していく。このことで低学年から誰とでも仲よく、助け合ったり、マナーを守ったりするスポーツマンとしての素地を育てたい。あわせて、対戦相手は敵ではなく、競い合う仲間であるということにも気付かせる。

単元の目標

○**知識及び技能**
・鬼遊びの行い方を知り、一定の区域で逃げる、追うといった簡単な規則で鬼遊びができる。

○**思考力、判断力、表現力等**
・簡単な規則を工夫したり、逃げ方を考えたりして友達に伝えることができる。

○**学びに向かう力、人間性等**
・規則を守り、誰とでも仲よく進んで取り組み、勝敗を受け入れることができる。

3 時	4 時
[第二段階] **規則を変えたり、チームで逃げ方を工夫したりしてゲームを楽しむ**	
規則を変えたり、工夫したりして、より勝敗を楽しむ。	チームで協力して、逃げ方などを工夫して勝敗を楽しむ。
3　規則を変えてみよう POINT：規則が守られなかったり、困ったりしたなどの反省から規則をどう変えたら、より楽しい鬼遊びになるか考える。 [主な学習活動] ○集合・あいさつ ○鬼遊びを楽しむ準備運動をする。 ○宝運び鬼遊びをする。　　　　・ 　①変えた規則を確かめる。 　②ゲーム1をする。 　③ゲーム2をする（同じチームと）。 ○ゆったりと心と体をほぐす。 ○振り返り：クラス全体で今日の学習について。 ○次時の予定を知る。	**4　チームで力を合わせてやってみよう** POINT：攻め方を中心に、チームでどのように力を合わせてやるとよいか話し合ったり伝え合ったりする。 [主な学習活動] ○集合・あいさつ ○鬼遊びを楽しむ準備運動をする。 ○宝運び鬼遊びをする。 　①ゲーム1をする。 　②チームごとに攻め方を中心に話し合う。 　③ゲーム2をする（同じチームと）。 ○振り返り：クラス全体で 　①単元を通してのがんばりや楽しかったこと。 　②振り返りカードを記入する。

子供への配慮の例

①運動が苦手な子供

　鬼にすぐつかまってしまう子供には、後ずさりや身をひるがえす等の動きを個別で教える。特に、どうしてもゴールまで行きつかない子供には、教師が付き添い、コートのサイドラインぎりぎりを走る、味方のつかまった後を走り抜ける等を、そばで指示し、成功へ導くようにする。

　また、コートの中に、小さな安全地帯を設けたり、宝を入れるところを増やす、近くに置く（得点は半分）などの規則を工夫したりする。

②意欲的でない子供

　いつもきまりを守る公正な子供、鬼につかまっても、何度も挑戦する子供、係の仕事をいつも真面目にする子供等、動きは鈍いが、一生懸命に取り組んでいる子供をみんなの前でほめる。

　そして、「そんなことができる人を真のスポーツマンと言えるのでは……」といった話をして聞かせる。

　また、一度でもゴールに宝を運べたときは、見逃がさず、みんなとともに喜び、成功感を味わわせる。

宝運び鬼遊び
をしよう

本時の目標

宝運び鬼遊びの行い方を知り、「追う」「逃げる」ことを通してスリルのある遊びを楽しむことができるようにする。

評価のポイント

行い方を知って、みんなと仲よく鬼遊びを楽しむことができたか。

週案記入例
[目標] 宝運び鬼遊びの行い方を知る。 **[活動]** みんなと仲よく鬼遊びをする。 **[評価]** 鬼遊びを楽しんでできたか。 **[指導上の留意点]** 行い方の分からない子供、友達と仲よくできない子供などを見取る。

本時の展開

	時	子供の活動
はじめ	5分	**集合・あいさつ** 1 ○チーム（4人の生活班）ごとに整列する。 ○本時の学習の内容や流れを知る。
準備運動	10分	**鬼遊びを楽しむ準備運動をする** 2 ○『鬼のパンツ』を歌いながら、みんなで踊る。 ○大きな動作で行う。
宝運び 鬼遊び	20分	**行い方を知り、宝運び鬼遊びをする** 3 ○絵図の説明で行い方とはじめの規則を知る。 ○ゲーム1をする。 　・時間：1分間 　・オニと子を交代して：1分間 ○同じチームとゲーム2をする。 　・時間：1分間 　・オニと子を交代して：1分間
整理運動	3分	**ゆったりと体や心をほぐす** ○泣いている子供やけがをしている子供がいないか観察する。
まとめ	7分	⑴**クラス全体で本時の学習について振り返る** ○やってみての感想を発表し合う。 →楽しかったか、行い方で分からないことはないか等。 ⑵**次時の学習予定を知る**

1 固定施設を使った運動遊び

2 鬼遊び

3 走の運動遊び

4 リズム遊び

5 体ほぐしの運動遊び、多様な動きをつくる運動遊び

6 ボールゲーム

1 生活班ごとに集合する

○入学当初の4人の生活班を1チームとする。
○集合の仕方

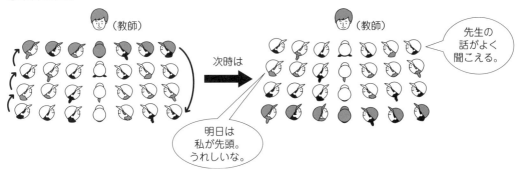

次時は

（教師）

（教師）

先生の話がよく聞こえる。

明日は私が先頭。うれしいな。

2 準備運動：『鬼のパンツ』

鬼のパンツ

おにのパンツは
いいパンツ
つよいぞ つよいぞ
とらのけがわで
できている
つよいぞ つよいぞ
5ねん はいても
やぶれない
つよいぞ つよいぞ
10ねん はいても
やぶれない
つよいぞ つよいぞ
はこう はこう
おにの パンツ
はこう はこう
おにの パンツ
あなたも わたしも
あなたも わたしも
みんなで はこう
おにの パンツ

○振り付けは自由！
○振り付けの例

♬鬼の〜♬　　　♪パンツ♪

ツー

パン

3 はじめの規則（例）

○模造紙などに大きく書いて掲示する（資料の絵図とともに）。
○変更したり、工夫したりなどして規則を付け足していく。

┌─── **きまりを まもって たのしく あそぼう** ───
1. 宝（こうはくだま）をもって、オニにつかまらないで ゴールラインを こえたら1点
2. とちゅうで オニに つかまったら スタートラインに もどって やりなおす。
3. ゲームの じかん……1ぷん→オニとコが こうたいする。：ゲーム1
4. おなじチームと もう1かいゲームをする。→オニとコの こうたい：ゲーム2
5. 2かい ゲームが おわって たくさん 宝を はこんだチームの かち。
6. オニチームは 3人。ぬけた人は つぎのゲームで こうたいする。

逃げ方を考えて みよう

本時の目標

鬼につかまらないように、いろいろな逃げ方を考えたり、工夫したりして鬼遊びを楽しむことができるようにする。

評価のポイント

自分で考えたり、友達の動きを真似したりして、鬼につかまらないような逃げ方を工夫することができたか。

週案記入例

[目標]
逃げ方を工夫して鬼遊びを楽しむ。

[活動]
逃げ方を考えて宝運び鬼遊びをする。

[評価]
工夫した逃げ方を考え、それを行おうとしたか。

[指導上の留意点]
成功しなくても、やってみようとする行動を認め、称賛していく。

本時の展開

	時	子供の活動
はじめ	3分	**集合・あいさつ** ○チーム（生活班）ごとに整列する。 ○本時の学習内容や流れを知る。
準備運動	7分	**鬼遊びを楽しむ準備運動をする** ○『鬼のパンツ』を歌いながら、みんなで楽しく踊る。
宝運び鬼遊び	20分	**逃げ方を考えたり、工夫したりして宝運び鬼遊びをする** **1** ○用具の準備など係で行う。 ○ゲーム1をする。 ・時間：1分30秒（例） ・オニと子を交代して：1分30秒（例） ○同じチームとゲーム2をする。 ・時間：1分30秒（例） ・オニと子を交代して：1分30秒（例）
整理運動	3分	**ゆったりと心と体をほぐす** ○泣いている子供やけがをしている子供がいないか観察する。
まとめ	12分	**(1)学習の振り返りをする** **2** ○チームで：逃げ方の工夫を伝え合う。 ○クラス全体で：困ったことから、どんな規則にするか話し合う。 **(2)次時の学習予定を知る**

1 固定施設を使った運動遊び

2 鬼遊び

3 走の運動遊び

4 リズム遊び

5 体ほぐしの運動遊び、多様な動きをつくる運動遊び

6 ボールゲーム

1 係の種類と用具

係の名前	仕事の内容
用具係	紅白玉・フラフープなどの準備と片付け。
ゼッケン係	ゼッケンの準備・チームの人に配る。片付ける。
勝敗係	得点を数える。勝敗の宣言。 勝敗表の記入。（○対○で××チームの勝ち！）
あいさつ・時計係	ゲームの開始。終了のあいさつ。 ゲームの時間をはかる。

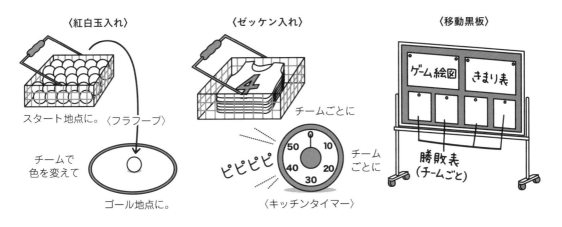

〈紅白玉入れ〉 スタート地点に。

〈フラフープ〉 チームで色を変えて ゴール地点に。

〈ゼッケン入れ〉 チームごとに

〈キッチンタイマー〉 ピピピピ チームごとに

〈移動黒板〉 ゲーム絵図 きまり表 勝敗表（チームごと）

2 逃げ方の工夫の例

後ずさりして逃げたんだ。

フェイントをかけたんだ。

コートのはじっこがあいているんだよ。

鬼が他の人をつかまえているときに、すばやく走りぬけたのよ。

ジグザグに走ってみるのもいいかも。

まっすぐに走ったり、急に方向を変えたりして走ったよ。

体をよじって鬼をかわしたの。

本時案

規則を変えて
みよう

本時の目標

規則を工夫したり、変えたりして勝敗をより楽しむことができるようにする。

評価のポイント

規則の工夫や変えることを考えようとしたり、実行してみようとするなどの意欲や行動力の芽を育てることができたか。

週案記入例

【目標】
規則を変えて勝敗を楽しむ。

【活動】
規則を工夫したり、変えたりして鬼遊びをする。

【評価】
みんなで規則を工夫したり、考えたりできたか。

【指導上の留意点】
困ったことやトラブルも、規則を工夫したり、変えたりして、仲よく遊べることに気付かせる。

本時の展開

	時	子供の活動
はじめ	3分	**集合・あいさつ** ○チームごとに整列する。 ○本時の学習内容と流れを知る。
準備運動	5分	**鬼遊びを楽しむ準備運動をする** ○『鬼のパンツ』を歌いながら、みんなで楽しく踊る。
宝運び 鬼遊び	20分	**規則を工夫したり、変えたりして宝運び鬼遊びをする** ○変えた規則を確かめる。 **1** ○用具の準備など係で行う。 ○ゲーム1をする。 ・時間：1分30秒（例） ・オニと子を交代して：1分30秒（例） **2** ○同じチームとゲーム2をする。 ・時間：1分30秒（例） ・オニと子を交代して：1分30秒（例）
整理運動	3分	**ゆったりと心と体をほぐす** ○泣いている子供やけがをしている子供がいないか観察する。
まとめ	14分	**(1)クラス全体で本時の学習について振り返る** ○規則を変えてやってみた感想などを発表する。 ○約束や規則を変えるなどする。 **3** ○教師が「がんばった子」「公正な子」などを発表する。 **(2)次時の学習の予定を知る**

1 固定施設を使った運動遊び

2 鬼遊び

3 走の運動遊び

4 リズム遊び

5 体ほぐしの運動遊び、多様な動きをつくる運動遊び

6 ボールゲーム

1 規則の工夫の例

時間をもっと長くしようよ。

オニは子をつかまえたときに「タッチ！」と言ったらどうかな。

ラインを踏んだのに点を入れたときは得点にしない。

コートをもっと広くしようよ。

1回で2個宝を運んだら点にならない。

つかまった子はコートの外へ出てスタートラインに戻ることにしようよ。

対戦相手を、自分たちで選びたい。

2 学習中の子供を観察・評価する

○規則を守って公正にふるまっている子供。

○何度も何度も積極的に宝を運んでいる子供。

○変えた規則をやってみたり、やろうとしている子供。

○すぐつかまってしまう子に声をかけたり、励ましたりしている子供。

○最後まで係の仕事をきちんとする子供。

○話合いの場でよく発言したり、うなずいたりしている子供。

※入学当初なので、字や文を書くことが十分ではない。毎時間の学習
　カードの記入は難しい。教師の観察や子供同士の伝達で、ゲームの
　様相や子供の実態を把握する。

……している子は

メモ

3 規則を変える際の留意点

○自分たちの力に合ったゲーム（鬼遊び）にするということ。

　・運動の苦手な子供も楽しめるように。

　・運動の得意な子供もそうでない子供も、その子供なりの力で楽しめるように。

○トラブルやけんかの原因を取り除くということ（ゲームが飽和状態になっている）。

○振り返りの時間にすぐ変えられないときは、時間をかけて考えるようにする。

○教師は変更内容を予想し、子供に提案できるようにしておく。

チームで力を合わせてやってみよう

本時の目標

　チームで協力した攻め方を話し合ったり、伝え合ったりして宝運び鬼遊びができるようにする。

評価のポイント

　チームで話し合ったり、教え合ったりすることができ、話し合ったことをゲームの中でやろうとすることができたか。

週案記入例

[目標]
攻め方を中心にチームで話し合って勝敗を楽しむ。

[活動]
考えた攻め方で宝運び鬼遊びをする。

[評価]
チームで攻め方を中心に話し合ったり、伝え合ったりできたか。

[指導上の留意点]
自分や友達が工夫していた逃げ方をみんなで力を合わせてやってみたらどうか等と話合いの後押しをする。

本時の展開

	時	子供の活動
はじめ	3分	**集合・あいさつ** ○チームごとに整列する。 ○本時の学習内容と流れを知る。
準備運動	5分	**鬼遊びを楽しむ準備運動をする** ○『鬼のパンツ』を歌いながら、みんなで楽しく踊る。
宝運び 鬼遊び	21分	**攻め方を中心にチームで話し合って宝運び鬼遊びをする** ○用具の準備など係で行う。 ○ゲーム1をする。 　・時間：1分30秒〜2分（例） 　・オニと子を交代して：1分30秒〜2分（例） ○話合い：チームで力を合わせる方法を話し合う。　**1** ○同じチームとゲーム2をする。 　・時間：1分30秒〜2分（例） 　・オニと子を交代して：1分30秒〜2分（例）
整理運動	3分	**ゆったりと心と体をほぐす** ○泣いている子供やけがをしている子供がいないか観察する。
まとめ	13分	**(1)クラス全体で学習の振り返りをする** ○チームで協力した攻め方などを発表し合う。 ○単元を通して頑張った友達を発表し合う。　**2** ○振り返りカードに記入する。 **(2)先生からひとこと** ○単元を通してできるようになったことや成長したことを伝える。　**3**

1 固定施設を使った運動遊び

2 鬼遊び

3 走の運動遊び

4 リズム遊び

5 体ほぐしの運動遊び、多様な動きをつくる運動遊び

6 ボールゲーム

1 みんなで「ちえ」を出し合う

ちえの木

つかまえるのがうまい人にむかって走るからその間ににげてよ。(H子)

ぼくがおとりになってにげるよ。(S夫)

よく得点をする人をねらってつかまえよう。(E夫)

2人で同時に走っていってみよう。(T子)

たてならびで走っていくのはどう?(A男)

みんなで手をつなぎ、横ならびで、いっせいににげたらどうかしら。(F子)

負けの多いチームに助言しよう。

2 友達のよさに気付く

○いつも、たくさん得点していた。

○逃げ方をいろいろ考えて教えてくれた。

○はじめの頃、いつもつかまっていたけれど、上手に逃げられるようになった。

○ゲームの準備や片付けなど、いつも真面目にやっていた。

○はじめは規則を守らないときもあったけれど、だんだん正直になった。

○ゲームに負けたとき、「次にがんばろう」と元気付けてくれた。

3 教師のひとこと（ゲーム中の観察やメモから）

○逃げ方が上手になった（動きがよくなった）。

○友達との仲が深まった。

○規則を守る子供が増え、インチキが減った。

○友達や教師の話にうなずいたり、よかったことに拍手したりする子供が出てきた。

○「先生からのおすすめ」……学級のお楽しみ会や生活科の時間にクラス全体でオニと子に分かれて、宝運び鬼遊びをしてみたらどうでしょう。

「鬼遊び」学習カード＆資料

どのカードも、低学年なりに考えたり、工夫したりして、主体的に運動に取り組むことをねらいとしたものである。勝敗数は「勝ちたい」という子供の思いから、どうしたら勝てるか等をみんなで考えるときの素材となる。また、絵図は集団対集団での鬼遊びの行い方を視覚に訴え、イメージを広げる。振り返りカードは、自らを客観的に捉え、より意欲的に運動する態度を育てる。

収録資料活用のポイント

①使い方

　勝敗数と絵図は、大版の画用紙の大きさに作成し、運動する場所に常時、掲示する。振り返りカードは、個人用とし、単元の終末（3〜4時）に使う。教師が読み上げ、1項目ずつ記入する。

②留意点

　勝敗数の記入については、係の子供にあらかじめ教えておく。振り返りカードについては、とまどっている子供には、個人的に関わる。また、「せんせいあのね」については、書ける子供のみでよい。教室に戻ってからや数日後に子供の状態を考慮する。

💿 学習カード 1-2-1（1〜4時）

チーム勝敗表
（しょうはいひょう）

1ねん　　くみ　なまえ（　　　　　　　　）

（　　　）チーム　　かち…◎　ひきわけ…○　まけ…△

あいてチーム		月　日	月　日	月　日	月　日
（　　）チーム	てんすう				
	かちまけ				
（　　）チーム	てんすう				
	かちまけ				
（　　）チーム	てんすう				
	かちまけ				
（　　）チーム	てんすう				
	かちまけ				

💿 学習カード 1-2-2（3〜4時）

宝はこびおにあそびカード
（たから）

1ねん　　くみ　なまえ（　　　　　　　　）

よくできた…◎　できた…○　もうすこし…△

ふりかえり	できたかな
たのしく　おにあそびが　できたか。	
ともだちと　なかよく　できたか。	
きまりを　まもれたか。	
にげかたを　かんがえたり　ともだちに　つたえたり　できたか。	

◎こまったこと、たのしかったことなどせんせいにはなそう。
せんせい、あのね。

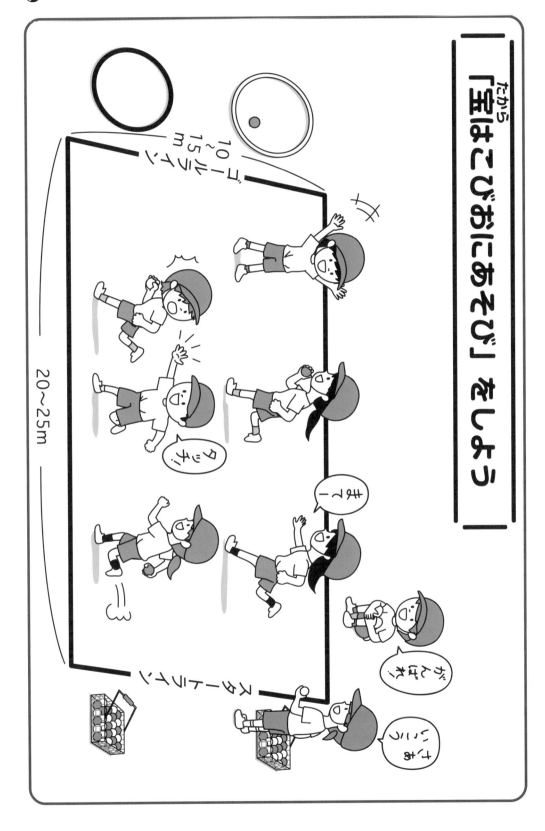

1 固定施設を使った運動遊び

2 鬼遊び

3 走の運動遊び

4 リズム遊び

5 体ほぐしの運動遊び、多様な動きをつくる運動遊び

6 ボールゲーム

3 走の運動遊び

4時間

【単元計画】

1時	2時
[第一段階] いろいろな走り方やリレー遊びを知り、動きの楽しさを味わう	
いろいろなかけっこ遊びを知り、まっすぐ走ったり、蛇行して走ったりすることを楽しむ。	いろいろなリレー遊びを知り、友達と協力したり競走したりすることを楽しむ。
1　かけっこ遊びをしてみよう POINT：いろいろなかけっこの場や方法があることを知るために、多様な運動遊びを経験する。	**2　リレー遊びをしてみよう①** POINT：リレー遊びの方法を知り、友達と協力したり、同じ相手と競走したりすることができるようにする。
[主な学習活動] ○集合・あいさつ ○学習の進め方を知る。 ○本時の運動につながる準備運動をする。 ○いろいろなかけっこ遊びを知る。 ○使った部位をゆったりとほぐす。 ○まとめ 　①クラス全体で楽しかったことや、頑張ったことなどについて振り返る。 　②次時の学習内容を知る。	[主な学習活動] ○集合・あいさつ ○学習の進め方を知る。 ○本時の運動につながる準備運動をする。 ○いろいろなかけっこ遊びを楽しむ。 ○折り返しリレー遊びを知る。 ○使った部位をゆったりとほぐす。 ○まとめ 　①よい動きや声かけを価値付けする。 　②次時の学習内容を知る。

授業改善のポイント

主体的・対話的で深い学びの実践に向けて

　低学年の走・跳の運動遊びは、高学年の陸上運動につながる領域である。しかし、速く走るための走り方等、技能のコツを教えるものではない。そこで大切になってくる視点が「子供が楽しみながら、よい動きや競走の仕方の工夫等を引き出す仕掛けづくり」である。

　例えば、重心を内側に傾けさせたければ、物の周囲を走らせたり、スタートの際に低い姿勢を取らせたければ、リレーのタッチの際に片手を地面につけて待たせたりするなどの仕掛けを用意することがその一例である。

　また、単元後半では、折り返しリレーに選択可能な条件（コーンの位置、間隔、走順等）を用意している。このことにより、「なぜその場所にコーンを置いたのか」「なぜ、その走順にしたのか」といった子供なりの根拠を引き出し、学級全体で共有できる時間を生み出すこともできる。

1 固定施設を使った運動遊び

2 鬼遊び

3 走の運動遊び

4 リズム遊び

5 体ほぐしの運動遊び、多様な動きをつくる運動遊び

6 ボールゲーム

単元の目標

○知識及び技能

・走の運動遊びの行い方を知り、いろいろな形状の線上等を走ったり、相手の手のひらにタッチしたりして、折り返しのリレーをすることができる。

○思考力、判断力、表現力等

・いろいろな運動遊びの場の中から簡単な遊び方を選んだり、見付けたり考えたりしたよい動きを友達に伝えたりすることができる。

○学びに向かう力、人間性等

・順番やきまりを守り仲よく進んで体を動かしたり、勝敗を素直に受け入れたりすることができる。

3 時	4 時
[第二段階] **自分に合った走り方やリレー遊びを友達と協力しながら楽しむ**	
いろいろなリレー遊びを知り、友達と協力したり競走したりすることを楽しむ。	リレー遊びの仕方や競走を工夫し、友達と協力したり競走したりすることを楽しむ。
3　リレー遊びをしてみよう② POINT：リレー遊びの競走相手を変えながら、友達と協力したり、競走したりすることができるようにする。	**4　リレー遊びを工夫しよう** POINT：グループごとに走る順番やコースを工夫しながら、自己の能力に合った楽しみ方を選べるようにする。
[主な学習活動] ○集合・あいさつ ○学習の進め方を知る。 ○本時の運動につながる準備運動をする。 ○折り返しリレー遊びを楽しむ。 ○使った部位をゆったりとほぐす。 ○まとめ 　①よい動きや声かけを価値付けする。 　②次時の学習内容を知る。	**[主な学習活動]** ○集合・あいさつ ○学習の進め方を知る。 ○本時の運動につながる準備運動をする。 ○折り返しリレー遊びを楽しむ。 ○使った部位をゆったりとほぐす。 ○まとめ 　①頑張ったこと・工夫したこと等を振り返る。 　②よい動きや工夫等を価値付けする。

子供への配慮の例

①運動遊びが苦手な子供

走ることが苦手な子供は、多様な動きの経験が少ないことが考えられる。学習前半では、陸上運動の基礎となる動きを多く味わわせたい。

リレー遊びで、バトンを上手に受けたり渡したりすることが苦手な子供には、手のひらタッチをさせたり、相手の背中にタッチしたり、迎えタッチにするなどタッチの仕方を変えたり、リング状のバトンを使ったりすることも視野に入れるとよい。

②意欲的でない子供

競走を好まない子供には、いろいろな走り方で勝敗を競わずに楽しめる場を設定する。

最後までうまく走ろうとしない子供には、易しい場や課題を用意し、スモールステップでうまくできた喜びを味わえるようにする。

子供は、教師や友達から肯定的な評価を受けることで意欲が増すことがある。子供の様々な運動遊びの様子や声かけを通して、子供に価値付けをする機会を保障したい。

かけっこ遊びを
してみよう

本時の目標

　いろいろなかけっこ遊びを知り、まっすぐ走ったり、蛇行して走ったりすることを楽しむことができるようにする。

評価のポイント

　いろいろなかけっこ遊びを、安全に気を付けながら楽しむことができたか。

週案記入例

[目標]
かけっこ遊びを知り、場に応じた運動遊びを楽しむ。

[活動]
いろいろな場でかけっこ遊びをする。

[評価]
安全に気を付けながら、かけっこ遊びを楽しむことができたか。

[指導上の留意点]
陸上運動につながる動きを多用する。

本時の展開

	時	子供の活動
はじめ	5分	**集合・あいさつ** ○生活班（4〜5人）ごとに整列する。 ○本時の学習内容を知る。
準備運動	5分	**本時の運動につながる準備運動をする** ○特に足・足首・腰・肩のストレッチ運動をする。 →体に負荷がかかっているところに気付かせるような声かけをする。 ○その場で足踏み・駆け足をする。
かけっこ遊び①	10分	**陸上運動につながる動きをする** 1 →あらかじめ校庭に必要なラインを書いておく。 →2本のライン上にスタートと、折り返し用のコーンを用意する。 ○いろいろな歩き方やコースでの走り、スタートの仕方を経験する。 →2つのコーンの間に短なわを3本程度置く。真っすぐ置いたりくねくね置いたり自由にさせ、そのなわのそばをカードの例を参考に走らせる。
かけっこ遊び②	18分	**いろいろなかけっこ遊びを楽しむ** 2 →かけっこ遊び1で使用したラインを活用する。 ○「ねことねずみ」をする。 ○「ジグザグコース」を走る。 →コースの途中にコーンを置く。コーンの間隔が狭いほど走りにくい。 →陸上運動につながるよい動きを価値付けする。
整理運動	2分	**運動で使った部位をゆっくりほぐす** ○特に足・足首・腰・肩のストレッチ運動をする。 →特に使った部位を意識できるような声かけをする。
まとめ	5分	**(1)クラス全体で楽しかったこと、頑張ったことなどについて振り返る** ○本時の学習について振り返り、学習カードに記録する。 **(2)次時の学習内容を知る**

1 陸上運動につながる動きの例

(1) いろいろな歩き

①背筋を伸ばしてまっすぐ歩く　②大また・小またでリズミカルに　③しゃがんで

(2) いろいろなコースで（短なわを3本程度渡して、コースをつくらせてみる）

①まっすぐ　②ジグザグ　③くるくる

(3) いろいろなスタート

①後ろ向きに立ってから　②長座の姿勢から　③後ろ向き長座から　④腕立て伏せの姿勢から

2 いろいろなかけっこの例

(1) ねことねずみ（2列鬼）

・約2m離して平行に2本のラインを引く。その線の上に向かい合って2列に並ぶ（片方がねこ組・片方がねずみ組）。教師の合図「ね、ね、ね、ねこ！（ねずみ）」の合図で、呼ばれた方が鬼になり、向かい合っている子供をつかまえる。
・外側にある安全圏のライン（約30m間隔）まで逃げればセーフとなる。

(2) ジグザグコース

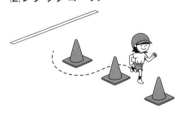

・30m間隔の2本のラインの間に、コーンを3つ設置する。間隔は子供の自由な発想を基本とする。教師の合図で走り出し、ジグザグに走ったり、回旋して走ったりして戻ってくる。
・コーンをさらに1個増やすなどの発展も考えられる。合計4つのコーンをどこに配置するかは、子供の判断にまかせる。教師はコーンを置いた子供の根拠を取り上げるようにする。

1　固定施設を使った運動遊び

2　鬼遊び

3　走の運動遊び

4　リズム遊び

5　体ほぐしの運動遊び、多様な動きをつくる運動遊び

6　ボールゲーム

本時案

リレー遊びを
してみよう①

本時の目標

　リレー遊びを通して、友達と協力したり、競走したりすることを楽しむことができるようにする。

評価のポイント

　リレー遊びの方法を知り、友達と協力したり、同じ相手と競走したりすることを楽しむことができたか。

週案記入例

[目標]
リレー遊びを通して、友達との協力や、競走を楽しむ。

[活動]
いろいろな場でリレー遊びをする。

[評価]
安全に気を付けながら、リレー遊びを楽しむことができたか。

[指導上の留意点]
速く走ることだけでなく、バトンパスの大切さについても気付けるようにする。

本時の展開

	時	子供の活動
はじめ	3分	**集合・あいさつ** ○生活班（4～5人）ごとに整列する。 ○本時の学習内容を知る。
準備運動	5分	**本時の運動につながる準備運動をする** ○特に足・足首・腰・肩のストレッチ運動をする。 →体に負荷がかかっているところに気付かせるような声かけをする。 ○「ねことねずみ」をする。
かけっこ遊び	10分	**リレーにつながる運動遊びをする** 1 ○いろいろな歩き方・走り方・スタートの仕方を経験する。 ○「おきかえリレー」をする。 ○「コーン追いかけっこ」をする。
リレー遊び	20分	**リレー遊びをする** ○折り返しリレーを知る。 →「ジグザグコース」を生活班でバトンパス（手と手のタッチ）をしながら走る。 →バトンタッチの仕方を段階的に発展させていく。 2 →バトンをもらうときの姿勢やスピードなどのよい動きが見られたときには、これを価値付けし、共有化する。
整理運動	2分	**運動で使った部位をゆっくりほぐす** ○特に足・足首・腰・肩のストレッチ運動をする。 →特に使った部位を意識できるような声かけをする。
まとめ	5分	(1)**クラス全体で楽しかったこと、協力できたこと等について振り返る** ○本時の学習について振り返り、学習カードに記録する。 (2)**次時の学習内容を知る**

1 リレーにつながる運動遊び

(1)おきかえリレー

- 距離を置いた2つの机の上の中にある紅白玉を1つずつ移動させて持ってくるリレー遊び。スタートからフラフープまでの距離や、紅白玉を何個移動させるかは学級の実態によって考えるとよい。
- 急激な切り返しのある身軽な動きが期待できる。

(2)コーン追いかけっこ

- 長径30mくらいの楕円を書く。走者2名は、円周上の対になった地点から互いに逆方向に走り出す。1周走ったところで次の走者にタッチして交代する。
- おきかえリレー共に、学級で1つの場しかないと、待ち時間が長くなってしまうため、場を複数用意して運動量を確保できるようにする。

2 折り返しリレーにおけるバトンパスの段階的な練習例

(1)向かい合いバトンパス（手と手でタッチ）

- 最も初歩的なバトンパスである。次走者は、ライン上や円内で向き合って待つ。最初は手と手のタッチでもよいが、リングバトンを使ってもよい。

(2)リングバトンパス

①両手で受け取る

②片手で受け取る

※向かい合いバトンパスは簡単だが、子供2人が向い合せになっているため、前の走者はスピードを落としてバトンパスをすることになる（リングバトンを使うとなおさらスピードが落ちる）。このため、後ろからのバトンパスに早めに移行するとよい。

1 固定施設を使った運動遊び

2 鬼遊び

3 走の運動遊び

4 リズム遊び

5 体ほぐしの運動遊び、多様な動きをつくる運動遊び

6 ボールゲーム

本時案

リレー遊びを
してみよう②

本時の目標

　いろいろなリレー遊びを知り、友達と協力したり工夫して競走したりすることを楽しむことができるようにする。

評価のポイント

　リレー遊びの競走相手を変えながら、友達と協力したり、競走したりすることができたか。

> **週案記入例**
>
> 【目標】
> リレー遊びを知り、友達との協力や、競走を楽しむ。
>
> 【活動】
> いろいろな場でリレー遊びをする。
>
> 【評価】
> 友達と協力してリレー遊びを楽しむことができたか。
>
> 【指導上の留意点】
> 同じチーム内で協力したり励まし合ったりしている姿を取り上げ価値付けする。

本時の展開

	時	子供の活動
はじめ	3分	**集合・あいさつ** ○生活班（4〜5人）ごとに整列する。 ○本時の学習内容を知る。
準備運動	5分	**本時の運動につながる準備運動をする** ○特に足・足首・腰・肩のストレッチ運動をする。 ○新聞紙を使ったかけっこ遊びをする。　**1**
リレー遊び①	10分	**折り返しリレーを楽しむ** ○走る順番を考えてジグザグコースで折り返しリレーをする。 →子供が決めた走順の根拠を大切にする。一部の子供の意見が強要されないように配慮する。
リレー遊び②	20分	**競走相手を変えて折り返しリレーをする** ○作戦タイムを使って走順やコーンを置く位置を考える。 ○競走相手を変えて折り返しリレーを楽しむ。　**2** →子供が決めたコーンの位置の根拠を大切にする。一部の子供の意見が強要されないように配慮する。 →チーム内で協力したり励まし合ったりしている子供の姿、よい動きをしている子供の姿を価値付けし、共有化する。　**3**
整理運動	2分	**運動で使った部位をゆっくりほぐす** ○特に足・足首・腰・肩のストレッチ運動をする。 →特に使った部位を意識できるような声かけをする。
まとめ	5分	(1)**チーム内で協力できたこと、工夫したこと等について振り返る** ○本時の学習について振り返り、学習カードに記録する。 (2)**次時の学習内容を知る**

1 楽しみながらかけっこ遊びができる運動例

(1)簡単な用具を使ったかけっこ遊び

- 子供1人に付き見開き1枚の新聞紙を配る。子供は新聞紙をおなかに貼り付けたまま、これを落とさないように走る。
- はちまきやスズランテープの切れ端を用意しておけば、しっぽとり鬼もできる。

(2)その他のかけっこ遊び

①真似っこ走

- 生活班の中で、並ぶ順番を決める。全員が先頭の真似（走るコース・走り方・姿勢等）をして走る。20秒〜30秒程度たったところで教師が合図を出す。合図が出たら、先頭の子供は最後方に付く。これを繰り返す。

②じゃんけん追いかけ走

- 内容として「ねことねずみ」と同じ。じゃんけんをして勝った子供が負けた子供を追いかけるので、「追いかける子供は、追う子供の背中を必要以上に強く押さない」といった、安全面への事前指導が必要となる。

2 折り返しリレーでの工夫

- 走る順番、タッチの仕方、コーンの間隔等を自由に考えられる余地を子供に与え、自分たちがその選択をした根拠を大切にする。
- 次時では、コーンの位置を固定して、「チーム内で1人は1つ手前で折り返してよい」とするなど、走る距離を選択できることを伝え、誰に走らせるかを考えさせる等の工夫も取り入れる。

3 よい動きや子供の姿について

　1年生の子供に自分自身の言動を客観視させることは難しい。そこで、教師が子供本人のよい動きや姿をフィードバックしてあげたり、友達のよい動きや姿に気付かせたりすることが必要である。

　ただし、技能的な面を教え込むのではなく、よい動きや姿が表出されやすい仕掛けを用意し、具体的な姿が現れたところで価値付けするように心がけるとよい。重心を内側に傾けさせるためにコーン等の周囲を走らせたり、前傾姿勢で走り出させるためにバトンパスのときにはしゃがんで待たせたりすること等がその例である。

1 固定施設を使った運動遊び

2 鬼遊び

3 走の運動遊び

4 リズム遊び

5 体ほぐしの運動遊び、多様な動きをつくる運動遊び

6 ボールゲーム

本時案

リレー遊びを
工夫しよう

本時の目標

　リレー遊びの仕方や競走を工夫し、友達と協力したり競走したりすることを楽しむことができるようにする。

評価のポイント

　グループごとに走る順番やコースを工夫しながら自己の能力に合った楽しみ方を選ぶことができたか。

週案記入例

[目標]
リレー遊びの工夫を通して、友達との協力や、競走を楽しむ。

[活動]
スラロームリレーでリレー遊びをする。

[評価]
折り返しリレーを工夫して、リレー遊びの楽しみ方を選択できたか。

[指導上の留意点]
子供が考えた工夫や楽しみ方について、言葉で表現させるようにする。

本時の展開

	時	子供の活動
はじめ	3分	**集合・あいさつ** ○あらかじめつくったチーム（4〜5人）ごとに整列する。　**1** ○本時の学習内容を知る。
準備運動	5分	**本時の運動につながる準備運動をする** ○特に足・足首・腰・肩のストレッチ運動をする。 ○真似っこ走をする。
リレー遊び①	10分	**折り返しリレーを楽しむ** ○走る順番を考えてスラロームコースで折り返しリレーをする。　**2** →子供が決めた走順・コーンの位置の根拠を大切にする。一部の子供の意見が強要されないように配慮する。
リレー遊び②	20分	**競走相手を変えて折り返しリレーをする** ○作戦タイムを使って走順・ワープできる子供を考える。 ○競走相手を変えてスラロームコースで折り返しリレーを楽しむ。 →チーム内で協力したり励まし合ったりしている子供の姿、よい動きをしている子供の姿を価値付けし、共有化する。 →時間に余裕があれば、対戦相手を変えて折り返しリレーを楽しむ。
整理運動	2分	**運動で使った部位をゆっくりほぐす** ○特に足・足首・腰・肩のストレッチ運動をする。 →特に使った部位を意識できるような声かけをする。
まとめ	5分	**チーム内で協力できたこと、工夫したこと等について振り返る** ○単元で身に付いた力、子供のよい動きや望ましい姿等を価値付けする。 ○本時の学習について振り返り、学習カードに記録する。

1 チームのつくり方例

(1)運動量や役割の時間確保の観点から
・チーム数が奇数になると、競走をする相手がいなかったり、役割が割り当てられなかったりといった隙間の時間が生じてしまう。このことを防ぐためにも、チームは偶数が望ましい。

(2)対話的な学びの観点から
①話合いのしやすさの観点から
　・子供一人一人が意見を出しやすくなるように、4〜5人程度の構成とする。
　・35人学級として6〜8チームがつくれる。
②学び合いの充実の観点から
　・チーム数が偶数の場合、2チームずつが合わさり、兄弟チームをつくることができる。
　・兄弟チームが存在することで、自チームだけでなく、他のチームに対して関心をもったり、作戦タイムで話し合ったり、競走の際に応援をしたりするなどの関わりが期待できる。
　・兄弟となる相手チームは、実態に応じて組み合わせを自由とし、競走の度に入れ替えることもできる。

(3)留意点
・勝敗が関係する場面では、どのチームにも勝利の可能性がなければ授業に向かう意欲が低下してしまうことから、ある程度のグルーピングが必要となる。特に走ることに苦手意識をもっている子供は、自分が活躍できないことやそれを責められるのではないかといった不安を抱いていることから、子供同士の人間関係は重要な視点と言える。低学年では、走力などのバランスよりも1人の意見が通ってしまわないような配慮や、和やかに運動ができるようなリーダーの選出等の配慮をする必要がある。

2 折り返しリレーの運動例

(1)スラロームリレー
・これまでのコーンをジグザグに走ることに加え、おきかえリレーの要素を加えたり、コーンの色によっては回旋したりする複合的なコースを用意する。

・今回はコーンを置く場所を自由に変えられるのではなく、固定された3つのコーンのうち、1番近くを回って戻ってきてよい子供を1名、2番目に近いコーンを回ってきてよい子供を1名選べるよう選択できる視点を変えた。これにより走ることに苦手意識のある子供も、活躍できる機会を保障することができる。

1 固定施設を使った運動遊び
2 鬼遊び
3 走の運動遊び
4 リズム遊び
5 体ほぐしの運動遊び、多様な動きをつくる運動遊び
6 ボールゲーム

「走の運動遊び」 学習カード＆資料

使用時 **第1〜4時**

本カードは、いろいろなかけっこ遊びをして、多様な走り方を経験する1時間目と、友達と関わりながらリレー遊びを楽しむ2〜4時間目に分けて使用する。運動遊びの活動を通して、できたことを自己評価して自信を育むことや、体を思いきり動かす心地よさを味わわせることに配慮したい。

収録資料活用のポイント

①使い方

　授業のはじめにカードを配り、1時間のめあてを確認する際に使用する。紛失や折れ・破れを防止するために、厚紙に貼ったり、色画用紙の表紙を付けたりして管理させるとよい。授業のおわりに、学習の振り返りを行い、できたことを記入させる。

②留意点

　1年生初期では、カードに記入をする能力にも個人差が大きいと思われるため、書き込みの項目は極力少なめにした。しかし、リレー遊びの段階では、折り返しリレーに選択可能な条件（コーンの位置、間隔、走順等）を用意しているため、「なぜ、その場所にコーンを置いたのか」「なぜ、その走順にしたのか」といった子供なりの根拠を引き出せるようにしたい。

💿 学習カード 1-3-1（1時）

💿 学習カード 1-3-2（2〜4時）

かけっこ・リレーあそびのポイント

○スタートのしせい・バトンパスのしせい

まえをしっかり見る

← まえのあしに
たいじゅうをかけよう

○バトンパスのしかた

← つぎのひとは
こしをひくくしてまとう

← バトンをみて
しっかりもらおう

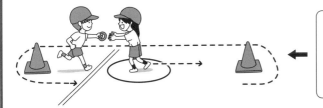

← りょうてでもらって
みよう

← からだをはしるほうに
むけて
もらってみよう

1 固定施設を使った運動遊び

2 鬼遊び

3 走の運動遊び

4 リズム遊び

5 体ほぐしの運動遊び、多様な動きをつくる運動遊び

6 ボールゲーム

4 リズム遊び

（4 時間）

【単元計画】

1 時	2 時
[第一段階] **リズムに乗る心地よさを味わう**	
身近な歌遊びやフォークダンスに親しみながら、リズムの心地よさを味わう。	
1　リズムに合わせて歌遊びを楽しもう POINT：次々と歌いながらリズムを感じ取り、 　　　　知っている歌遊びを出し合って楽しむ。 **[主な学習活動]** ○体じゃんけんをする。 ○「ひらいたひらいた」「幸せなら手をたたこう」 　など、身近な歌遊びに親しむ。 　①みんなで輪になって踊ったり、リズムの速さ 　　を変えて踊ったりする。 　②次々といろいろな動作を取り入れて楽しむ。 ○知っている歌遊びを出し合って楽しむ。 ○歌遊びをメドレーにして次々と踊って楽しむ。 ○まとめ　本時の振り返りをする。 　　　　　次時の学習内容を知る。	**2　リズムに乗ってみんなで踊ろう** POINT：簡単なステップで、列になって踊り、リ 　　　　ズムに乗って、繰り返し踊って楽しむ。 **[主な学習活動]** ○前時にやった歌遊びメドレーを踊って楽しむ。 ○『ジェンカ』の踊り方を知ってみんなで踊る。 　①教師の動きを真似して、リズムに乗って踊る。 　②2人組で踊る。 　③数人で列になって踊る。 ○『ジェンカ』のステップで踊りながら、「じゃん 　けん列車ごっこ」をして、列が長くなっていく 　ことを楽しむ。 ○まとめ　本時の振り返りをする。 　　　　　次時の学習内容を知る。

授業改善のポイント

主体的・対話的で深い学びの実践に向けて

　動きを見付けていくときは、まず、教師と一緒にやり方を知ることから始める。何をどのようにするのかが分かると、今度は自分でやってみようという主体性が生まれる。どんな小さな動きでも、子供が見付け出した動きを教師はしっかりと受け止め、認めていく。
「クルリっと回ると、弾みが付くんだね！」
「そうか、腰を振るとリズムがはっきりするね」などと、子供が見付けた動きに価値付けをして励ます。ほめて、認めて、励ますことで主体的な学びが広がっていく。

　次に、まずは2人組で、それぞれが見付けた動きを真似し合う。慣れないうちは2人向かい合って、腕の動きだけ、足の動きだけといった一部分の真似っこでもよい。慣れてきたら移動も含めたり、人数を増やしたりしていく。
　低学年のうちは、「よいところを見付けましょう」といった評価の仕方は捉えどころが難しい。「どの動きを真似してみたいですか？」といった「あなたはどうしたいか」を問いかける方が具体的で分かりやすく、深い学びへとつながる。

単元の目標

○**知識及び技能**

・リズム遊びの行い方を知り、軽快なリズムの音楽に乗って、弾んで踊ったり、友達と調子を合わせて即興的に踊ったりすることができる。

○**思考力、判断力、表現力等**

・よい動きを見付けたり、考えたり工夫したりしたことを友達に伝えることができる。

○**学びに向かう力、人間性等**

・リズム遊びに進んで取り組み、安全に気を付けながら、誰とでも仲よく踊ることができる。

3 時	4 時
[第二段階]	
リズムに乗って弾んで踊り、様々な動きを楽しむ	
軽快なリズムの音楽に乗って弾んで踊り、様々な動きを見付け合って楽しむ。	
3 弾んで踊ろう POINT：リズムに乗って体全体を使って弾んで踊り、友達と動きを真似っこし合って楽しむ。	**4 動きを見付けっこしよう** POINT：リズムに乗って、新しい動きを見付け、友達と動きを真似っこし合って楽しむ。
[主な学習活動] ○『ジェンカ』を踊りながら、じゃんけん列車をして楽しむ。 ○本時の軽快なリズムの音楽Aで楽しむ。 ①教師の動きを真似して、リズムに乗って踊る。 ②自分の好きな動きで、リズムに乗って踊る。 ③2人組で、動きを真似っこし合って踊る。 ○もう1曲、違う音楽Bで、同様に楽しむ。 ○楽しかった動きを見せ合う。 ○まとめ　本時の振り返りをする。 　　　　　次時の学習内容を知る。	**[主な学習活動]** ○前時の音楽AやBで動きを思い起こしながら踊る。 ○本時の軽快なリズムの音楽Cで楽しむ。 ①教師と一緒に、「弾む」「回る」「ねじる」「スキップする」などいろいろな動きを楽しむ。 ②2〜3人組で、「弾む」「回る」「ねじる」「スキップする」などいろいろな動きを見付ける。 ○もう1曲、違う音楽Dで、同様に楽しむ。 ○新しく見付けた動きを見せ合う。 ○まとめ　本時の振り返りをする。 　　　　　がんばったことなどを認め合う。

子供への配慮の例

①運動が苦手な子供

リズムに乗ることが苦手な子供には、友達や教師の真似をしながら、リズムに合わせてスキップで弾んだり、かけ声や手拍子をしたりして踊るようにする。

②友達と関わることが苦手な子供

教師を含めた数人で手をつないだり、列になったりして、簡単な繰り返しの動きを取り入れる。教師自らが率先して、弾む動きを楽しんだり、面白い動きを見付けたりする。誰かの真似っこでいいことを伝え、みんなで真似っこし合う。

③踊ることに意欲的でない子供

リズムに乗って踊ることに意欲的でない子供には、その子供にとって身近で関心があり、自然に体を弾ませたくなるような曲を選んで楽しむ。

また、いきなり曲に乗るのではなく、はじめは手拍子や、歌を歌いながらリズムをとることから始めると、自信となって意欲もわく。

自信のないときに踊るよう促しても効果は薄い。少しでもその子供が弾み始めたら、すかさずほめて、認めて、自信につながるよう声かけをしていく。

1　固定施設を使った運動遊び

2　鬼遊び

3　走の運動遊び

4　リズム遊び

5　体ほぐしの運動遊び、多様な動きをつくる運動遊び

6　ボールゲーム

本時案

リズムに合わせて歌遊びを楽しもう

本時の目標

リズムに合わせて歌遊びを楽しむことができるようにする。

評価のポイント

歌遊びの仕方を知って、友達と一緒に楽しく歌遊びに取り組んでいたか。

週案記入例

[目標]
歌遊びに親しむ。

[活動]
いろいろな歌遊びのやり方を知って、みんなで踊って楽しむ。

[評価]
誰とでも仲よく歌遊びに取り組んでいたか。

[指導上の留意点]
次々と2人組の相手を変え、誰とでもペアになれるよう配慮する。

本時の展開

	時	子供の活動
はじめ	5分	**集合・あいさつ** ○本時の学習内容を確認する。
準備運動	5分	**体じゃんけんをする** 1 ○大きく開く、小さく固まる、鋭く伸びるなど、体全体を大きく使う。 ○動作を工夫して、相手を変えながら体じゃんけんをする。
リズム遊び①	15分	**『ひらいた、ひらいた』の歌遊びをする** 2 ①輪になって歌に合わせて踊る。 ②早くしたり、ゆっくりしたり、リズムのテンポを変えて楽しむ。 **『幸せなら手をたたこう』の歌遊びをする** ①2人組で歌に合わせて踊る。 ②手をたたく動作の部分を、いろいろな動作に変えて楽しむ。 ※ほかの歌遊びを取り上げてもよい。
リズム遊び②	15分	**自分たちの知っている歌遊びを入れて歌遊びメドレーにして楽しむ** ①知っている歌遊びを出し合う。 　例：アジの開き、むすんで、ひらいて、お寺の和尚さん ②やり方を教え合う。 ③2人組で気に入った遊びをする。 ④学級全体で、本時に行った歌遊びをメドレーにして楽しむ。
整理運動	2分	**運動で使った部位をゆったりとほぐす** ○伸びたり縮んだりする動きを中心に、全身をほぐす。
まとめ	3分	**今日の学習について振り返り、学習カードに記入する** ①歌遊びのやり方を知って楽しむことができたか。 ②歌遊びを出し合って、友達と仲よく歌遊びができたか。 ③安全に気を付けて取り組むことができたか。

1 準備運動

体全体を使って、体じゃんけんをする。それぞれが違った形になるよう工夫する。

グー

・思いきり小さく固まる
・丸い形を工夫する

チョキ

・前後に鋭く伸びる
・ねじれた形を工夫する

パー

・大きく開く
・開かれた形を工夫する

2 歌遊びの例

① 『ひらいた、ひらいた』

♪ひらいた　ひらいた
　なんの花が　ひらいた
　れんげの花がひらいた
　ひらいたと思ったら
　いつのまにか　つぼんだ

♪つぼんだ　つぼんだ
　なんの花が　つぼんだ
　れんげの花が　つぼんだ
　つぼんだと思ったら
　いつのまにか　ひらいた

①大きな円になって手をつなぎ、歌に合わせて反時計回りに歩く。「つぼんだ」で円心に集まり縮まる。小さな円のまま、歌に合わせて回り、「ひらいた」で、大きく広がる。

②歌う速さを変えたり、声の大きさを変えたりして楽しむ。

③回り方を変えて楽しむ。
例：ギャロップ、ケンケン跳び、大股、など。

② 『幸せなら手をたたこう』

♪幸せなら手をたたこう
　幸せなら手をたたこう
　幸せなら態度で示そうよ
　ほら、みんなで 手をたたこう

♪幸せなら足ならそう
　幸せなら足ならそう
　幸せなら態度で示そうよ
　ほら、みんなで 足ならそう

①３番は「肩たたこう」と続く。
あとは、子供たちからアイデアを集めながら替え歌にして、体のいろいろな部分の動きを見付けて楽しむ。
例：「ジャンプしよう」：ジャンプの仕方を工夫する
　　「お風呂入ろう」：お風呂に入った模倣をする
　　「くすぐろう」：くすぐりっこをする

②速さや、強さを変えて楽しむ。

1 固定施設を使った運動遊び

2 鬼遊び

3 走の運動遊び

4 リズム遊び

5 体ほぐしの運動遊び、多様な動きをつくる運動遊び

6 ボールゲーム

本時案

リズムに乗って みんなで踊ろう

本時の目標

『ジェンカ』の踊り方を知り、リズムに乗ってみんなで楽しく踊ることができるようにする。

評価のポイント

『ジェンカ』のステップで、友達と調子を合わせながら繰り返し踊ることを楽しむことができたか。

週案記入例

[目標]
『ジェンカ』の踊りを楽しむ。

[活動]
ステップを知って、友達と列になって踊って楽しむ。

[評価]
友達と調子を合わせて踊っているか。

[指導上の留意点]
ステップは口伴奏も交えて練習する。

本時の展開

	時	子供の活動
はじめ	5分	**集合・あいさつ** ○本時の学習内容を確認する。
準備運動	5分	**前時に行った歌遊びをメドレーで楽しむ** ○声をかけながら踊る。
リズム遊び①	15分	**『ジェンカ』の踊り方を知る** ◀1 ①ステップを知る。 ②「右・右・左・左・前・後・前前前」など声を揃えてステップを踏む。 ③友達と練習し合う。 ④2人組で列になって踊る。 ⑤列の人数を増やして踊る。
リズム遊び②	15分	**『ジェンカ』を踊りながら「じゃんけん列車ごっこ」をする** ◀2 ①『ジェンカ』を踊っていき、1フレーズ終わったところで立ち止まり、出会った友達とじゃんけんをする。 ②負けた子は勝った子の後ろについて、『ジェンカ』を踊る。1フレーズ終わったところで、出会った組と先頭の子がじゃんけんをする。 ③負けたら、列の後ろにつく。これを続けていき、どんどん列が長くなっていくことを楽しむ。
整理運動	2分	**運動で使った部位をゆったりとほぐす** ○足首を中心に動かし、全身をほぐす。
まとめ	3分	**今日の学習について振り返り、学習カードに記入する** ①『ジェンカ』のやり方を知って楽しむことができたか。 ②友達と仲よく「じゃんけん列車ごっこ」ができたか。 ③安全に気を付けて取り組むことができたか。

「ジェンカ」の踊り方

フォークダンス『ジェンカ』（フィンランド）

　フィンランドの歌（民謡）に合わせて、列になって踊るフォークダンス。

①踊り方

友達の肩に手を置いて、
つながって踊る。

②ステップの　仕方

①	②	③	④	⑤	⑥
左足前に	そろえて	左足前に	そろえて	右足前に	そろえて

⑦	⑧	⑨	⑩	⑪

右足前に	そろえて	前に ジャンプ	後ろに ジャンプ	前に３回 ジャンプ

「じゃんけん列車ごっこ」のやり方

じゃんけん　ぽん！

①『ジェンカ』の
リズムとステップで
踊りながら、
じゃんけんをする。

②負けたら、相手の
列の一番
後ろにつながる。

1　固定施設を使った運動遊び

2　鬼遊び

3　走の運動遊び

4　リズム遊び

5　体ほぐしの運動遊び、多様な動きをつくる運動遊び

6　ボールゲーム

本時案

弾んで踊ろう

本時の目標

　軽快なリズムの音楽に乗って弾んで踊ることができるようにする。

評価のポイント

　へそ（体幹部）でリズムに乗って、弾む動きを中心に即興的に踊ることができたか。

週案記入例

[目標]
軽快なリズムの音楽に乗って踊る。

[活動]
へそ（体幹部）を中心に弾みながら踊る。

[評価]
即興的に動くことができたか。

[指導上の留意点]
サンバやロックなどの軽快なリズムの曲で、子供たちにとって身近で関心の高い曲を選ぶ。

本時の展開

	時	子供の活動
はじめ	5分	**集合・あいさつ** ○本時の学習内容を確認する。
準備運動	5分	**『ジェンカ』を踊りながら「じゃんけん列車ごっこ」をする** ○声をかけながら楽しむ。
リズム遊び①	15分	**本時の軽快な音楽Aで楽しむ　1** ①音楽Aを聴きながら、自然に体をゆすったり、手拍子をしてリズムをとったりする。 ②音楽を聴いて、どんな気持ちがしたか出し合う。 ③教師の動きを真似して、リズムに乗って踊る。 ④自分の好きな簡単な動きで即興的に踊る。 ⑤2人組で、リズムに合う動きを見付け合い、見付けた動きを真似っこする。 ⑥2人組で、好きな簡単な動きを組み合わせて踊る。
リズム遊び②	15分	**本時の軽快な音楽Bで楽しむ　2** リズム遊び①と同様に楽しむ。
整理運動	2分	**運動で使った部位をゆったりとほぐす** ○体幹部をゆすったり、肩の力を脱力させたりしながら、全身をほぐす。
まとめ	3分	**今日の学習について振り返り、学習カードに記入する** ①軽快な音楽AやBのリズムに乗って楽しく踊れたか。 ②友達と動きを考えたり、見せ合ったりできたか。 ③安全に気を付けて取り組むことができたか。

1 軽快な音楽 A の指導例（リズム打ちを中心に動きを見付ける）

ロックやサンバなど、軽快な音楽を用意する。子供たちが好きな流行の曲でもよい。

①みんなで一緒にリズムを感じる

円形に座って、曲に合わせて
好きなように体をゆする。

両手でリズムをとりながら膝打ちをする。

全身で弾むよう
にたたくよ

床をたたくのも
おもしろい。

上、下、右、左… など両手であちこちをたたく。
「z」になるようにたたくのもおもしろい。

立ち上がって、今度は足でリズムをとる

②教師の動きを真似してリズムに乗って弾む
③自分で好きな動きを試してみる

④友達と動きを見付けっこする
⑤いろいろ組み合わせて、1曲踊る

ひねるとおもしろいね

2 軽快な音楽 B の指導例

・音楽 A とは曲想の違う音楽を用意する。
・音楽 A と同様に、リズム打ちを中心に動きを見付ける。
・友達と教え合って、真似し合いながら楽しむ。
・2人組で、体育館中をあちこち踊る。

1 固定施設を使った運動遊び

2 鬼遊び

3 走の運動遊び

4 リズム遊び

5 体ほぐしの運動遊び、多様な動きをつくる運動遊び

6 ボールゲーム

動きを見付けっこ しよう

4/4

本時の目標

軽快なリズムの音楽に乗って、動きを見付けながら弾んで踊ることができるようにする。

評価のポイント

へそ（体幹部）でリズムに乗って、弾む動きを中心に即興的に踊ることができたか。

週案記入例

[目標]
軽快なリズムの音楽に乗って動きを見付ける。

[活動]
「弾む」「回る」「ねじる」「スキップする」などのいろいろな動きを楽しんで踊る。

[評価]
全身を使った動きを見付けようとしていたか。

[指導上の留意点]
サンバやロックなどの軽快なリズムの曲で、子供たちにとって身近で関心の高い曲を選ぶ。

本時の展開

	時	子供の活動
はじめ	5分	**集合・あいさつ** ○本時の学習内容を確認する。
準備運動	5分	**前時の音楽AやBの動きを思い起こしながら踊る** ○前時とは違った動きになってもいいので自由に踊る。
リズム遊び①	15分	**本時の軽快な音楽Cで楽しむ** 🔳1 ①音楽Cを聴きながら、自然に体をゆすったり、手拍子をしてリズムをとったりする。 ②音楽を聴いて、どんな気持ちがしたか出し合う。 ③教師と一緒に「弾む」「回る」「ねじる」「スキップする」などのいろいろな動きを試して、リズムに乗って踊る。 ④友達2～3人と、「弾む」「回る」「ねじる」「スキップする」などの動きを見付けたり、ほかにも「たたく」「伸縮する」「揺れる」など様々な動きを見付けたりして楽しむ。 ⑤友達2～3人組と、見付けた動きをいくつか組み合わせて音楽に乗って踊る。
リズム遊び②	15分	**本時の軽快な音楽Dで楽しむ** 🔳2 ○リズム遊び①と同様に楽しむ。
整理運動	2分	**運動で使った部位をゆったりとほぐす** ○体幹部をゆすったり、肩の力を脱力させたりしながら、全身をほぐす。
まとめ	3分	**今日の学習について振り返り、学習カードに記入する** ①軽快な音楽CやDのリズムに乗って楽しく踊れたか。 ②友達と動きを考えたり、見せ合ったりできたか。 ③安全に気を付けて取り組むことができたか。

1 固定施設を使った運動遊び

2 鬼遊び

3 走の運動遊び

4 リズム遊び

5 体ほぐしの運動遊び、多様な動きをつくる運動遊び

6 ボールゲーム

1 本時の音楽 C の指導例

ロックやサンバなど、軽快な音楽を用意する。子供たちが好きな流行の曲でもよい。
「弾む」「回る」「ねじる」「スキップする」などのいろいろな動きを試して、リズムに乗って弾む。
ほかにも「たたく」「伸縮する」「揺れる」など、多様な動きを見付ける。

体をねじることもできるかな。

いろいろなジャンプも楽しいね。

いろいろな回り方をやってみよう。
・跳んでから回る。
・低い姿勢で回る。
・両手を広げて回る。
・友達と手をつないで回る。
・体をくねらせて回る。

タン　タン　タン　ハッ！
♩　　♩　　♩　　○
3回手をたたき、「ハッ！」のときに
ポーズをとろう。
指さすだけでも面白いね。

タ タ タ タ タ タ ハッ！
♪♪♪♪♪♪　○
倍速のリズムで足を動かし、「ハッ！」のときに
ポーズをとろう。
友達と一緒にポーズをとるのもいいね。

2 本時の音楽 D の指導例

・音楽 C とは曲想の違う音楽を用意する。
・音楽 C と同様に、「弾む」「回る」「ねじる」「スキップする」などのいろいろな動きで弾む。
・友達と教え合って、真似し合いながら楽しむ。
・いろいろな動きを取り入れて、1 曲踊りきる。

「リズム遊び」学習カード＆資料

使用時 第1～4時

本カードは第1時から第4時まで、単元全体を通して使用する。毎時間のねらいが達成されたか、友達と仲よく踊ることができたかを振り返るカードである。毎時間のねらいは、低学年の子供に分かりやすい言葉にした。また、低学年の学習カードはできるだけ簡潔なものとしたい。特に学年の前半に取り組む単元であることも考慮し、色を塗ったり、○で囲んだりするだけに留めた。また、動きを見付けようとする意欲を高めるために、動きの見通しがもてるよう、10の動きを提示した。自分で見付けた動きを記入する欄も設け、12の動きとし、「ダンス名人」に認定されることで、達成感をもたせることができるものである。

収録資料活用のポイント

①使い方

学習のはじめに配布する。1時間ごとに授業を振り返り、「大変よくできた」ときは☆を3つ塗り、「よくできた」ときは☆を2つ塗る。「もう少し」のときは☆を1つ塗る。塗った★の数で、頑張った度合いが見て取れる。★★★を目指して、意欲を高めていく。

②留意点

12の動きに書ききれない動きも出てくることも考えられる。そうしたときは、特別欄をつくったり、別紙を付け足したりしていくことも効果的である。ただ、あまり細分化しないよう配慮する。

💿 学習カード 1-4-1 （1～4時）

リズムにのって、ダンスダンス

1ねん　　くみ　　なまえ（　　　　　　　　）

1じかんめ	たのしくうたあそびをしましたか	☆ ☆ ☆
	ともだちとなかよくあそべましたか	☆ ☆ ☆
2じかんめ	みんなでたのしくおどりましたか	☆ ☆ ☆
	ともだちとなかよくおどれましたか	☆ ☆ ☆
3じかんめ	からだをはずませておどれましたか	☆ ☆ ☆
	ともだちとなかよくおどれましたか	☆ ☆ ☆
4じかんめ	うごきをみつけることができましたか	☆ ☆ ☆
	ともだちとなかよくおどれましたか	☆ ☆ ☆

がんばったかずだけ☆をぬりましょう。

リズムにのって、ダンスダンス

１ねん　　くみ　　なまえ

やってみたうごきを〇でかこみましょう。いくつできたかな？

① スキップ 	② ジャンプ 	③ ツイスト 	④ ジグザグ 
⑤ からだをひねる	⑥ ひざなどをまわす	⑦ ひくくなったりたかくなったり	⑧ ウェーブ
⑨ ふたりでまわる 	⑩ せなかあわせで	⑪ みつけたうごきじぶんで	⑫ みつけたうごきじぶんで

ダンス名人にんていしょ （めいじん）

（ダンス名人）

１２のうごきがぜんぶできたあなたは、ダンスの
名人であることを、にんていします。おめでとう！

ねん　　くみ　たんにん

右側タブ:
1 固定施設を使った運動遊び
2 鬼遊び
3 走の運動遊び
4 リズム遊び
5 体ほぐしの運動遊び、多様な動きをつくる運動遊び
6 ボールゲーム

5 体ほぐしの運動遊び、多様な動きをつくる運動遊び

4 時間

【単元計画】

1 時	2 時
[第一段階] **体ほぐしの運動遊びを行い、楽しみ方を知る**	
体を動かすと気持ちがよいことや、力一杯動くと汗が出たり心臓の鼓動が激しくなったりすることなどに気付いて運動遊びを楽しむ。	友達と関わり合って運動遊びをする。
1 体ほぐしの運動遊びをやってみよう① POINT：運動をする前と後を比べ、体を動かすと気持ちがよいことや、力一杯動くと汗が出たり心臓の鼓動が激しくなったりすることなどに気付くように授業づくりを行う。 [主な学習活動] ○集合・あいさつ・準備運動 ○体ほぐしの運動遊び ・体ほぐしの運動遊び ・心や体の変化の伝え合い ・体ほぐしの運動遊び ○振り返り ・学習カード（個人） ・発表（全体） 〔運動遊びの間に心や体の変化を伝え合う時間を設ける。〕	**2 体ほぐしの運動遊びをやってみよう②** POINT：友達と関わり合って運動すると楽しいことなどに気付くように、歓声が上がるような場面や、協力し合い汗をかくような場面を設定する。 [主な学習活動] ○集合・あいさつ・準備運動 ○体ほぐしの運動遊びを伝承遊びを中心に行う ・伝承遊び ・心や体の変化の伝え合い ・伝承遊び ○振り返り ・学習カード（個人） ・発表（全体）

授業改善のポイント

主体的・対話的で深い学びの実践に向けて

　低学年の体ほぐしの運動遊びでは、体を動かすと気持ちがよいことや、力一杯動くと汗が出たり心臓の鼓動が激しくなったりすることなどに気付くことを目指している。そのためには、
①のびのびと取り組むことができる運動遊びを選ぶことが重要である。そのため、達成が困難な運動遊びを選ばないようにする。
②子供が安心するグルーピングにする。また、運動に対して苦手な気持ちがある子供には、事前に運動の内容を説明したり、教師の近くの場所で見本を見やすくしたりする。

③「めあての確認」「言葉かけ」「心や体の変化の伝え合い」「振り返り」に一貫性をもたせるように授業をつくることが大切である。
【心や体の変化に気付いたことを友達に伝える例】体を動かすと気持ちがよいことや汗が出ることなどの気付いたことを言葉で表したり、気持ちを表すカードなどを用いたりして友達に伝える。最後の振り返りでは、体のイラスト等の掲示物をもとにすると対話が広がる。
　1年生の1学期でも、○で囲んだりシールを貼るなど、簡単な振り返りは可能である。

単元の目標

○**知識及び運動**
・手軽な運動遊びを行い、心と体の変化に気付いたり、関わり合ったりする中で体のバランスをとる動きの楽しさに触れ、その行い方を知るとともに、基本的な動きを身に付けることができる。

○**思考力、判断力、表現力等**
・楽しくできる運動遊びを選ぶとともに、友達のよい動きを見付けたり、考えたり工夫したりした楽しい遊び方を友達に伝えることができる。

○**学びに向かう力、人間性等**
・運動遊びに進んで取り組み、きまりを守って誰とでも仲よく運動をしたり、場の安全に気を付けたりすることができる。

3 時	4 時
[第二段階] 多様な動きをつくる運動遊び（体のバランスをとる運動遊び）を行い、楽しみ方を知る	
姿勢や方向、人数を変えて、回る、寝転ぶ、起きる、座る、立つなどの動きやバランスを保つ運動遊びをする。	バランスを保つ運動遊びを選んで行ったり、友達と伝え合ったりして楽しむ。
3　体のバランスをとる運動遊びをやってみよう① POINT：姿勢や方向、人数を変えて、回る、寝転ぶ、起きる、座る、立つなどの動きやバランスを保つ動きで構成される運動遊びを教師と一緒に行う。 [主な学習活動] ○集合・あいさつ・準備運動 ○体のバランスをとる運動 　・回る動きで構成される運動遊び 　・寝転ぶ、起きる動きで構成される運動遊び 　・友達のよい動きや楽しい工夫の伝え合い 　・座る、立つ動きで構成される運動遊び 　・体のバランスを保つ動きで構成される運動遊び ○振り返り：学習カード（個人）／発表（全体）	**4　体のバランスをとる運動遊びをやってみよう②** POINT：姿勢や方向、人数を変えて、回る、寝転ぶ、起きる、座る、立つなどの動きやバランスを保つ動きで構成される運動遊びを楽しく行う。 [主な学習活動] ○集合・あいさつ・準備運動 ○体のバランスをとる運動をもっと楽しく行う 　・回る動きで構成される運動遊び 　・寝転ぶ、起きる動きで構成される運動遊び 　・友達のよい動きや楽しい工夫の伝え合い 　・座る、立つ動きで構成される運動遊び 　・体のバランスを保つ動きで構成される運動遊び ○振り返り：学習カード（個人）／発表（全体）

子供への配慮の例

①運動が苦手な子供

心や体の変化に気付くことが苦手な子供には、表情を表す絵や感情を表すカードを示し、自己の心や体の変化のイメージを選ばせる。これは、他の子供の振り返りにも効果的である。

感覚に敏感であり、友達と握手をすることが苦手な子供には、軽くハイタッチをするなどの工夫をする。

回るなどの動きでバランスをとることが苦手な子供には、目標物を見るように伝えたり、軸になる足の位置に輪（滑らないものがよい）を置いたりするとよい。

足の裏を合わせて座った姿勢のまま転がって起きることが苦手な子供には、補助を受けながら、体の重心をゆっくりと順番に移動する動きを身に付けるようにする。

2人組になって同時に座る、立つなどの動きが苦手なペアは、補助をし、少しずつ手を離す。

友達と仲よく楽しく運動することが苦手な子供には、友達とのよい関わりを褒め、皆に紹介したり、「一緒にやろう」「大丈夫だよ」など、友達への言葉かけのヒントを教える。

体ほぐしの運動
遊びをやってみよう①

1/4

本時の目標

体ほぐしの運動遊びの行い方を知るとともに、手軽な運動遊びを行い、体を動かす楽しさや心地よさを味わうことを通して、自己の心と体の変化に気付くことができるようにする。

評価のポイント

体を動かす楽しさや心地よさを味わうことを通して、自己の心と体の変化に気付くことができたか。

週案記入例

[目標]
体を動かすと気持ちがよいことに気付く。

[活動]
体ほぐしの運動遊びを少しずつ人数を増やしながら行う。

[評価]
体を動かすと気持ちがよいことに気付くことができたか。

[指導上の留意点]
自分や友達の安全に気を付けることを十分に確認する。

本時の展開

	時	子供の活動
はじめ	5分	**集合・あいさつ** ○今日の学習内容「体ほぐしの運動遊び」を知る。 ○体ほぐしの運動遊びの学習の進め方を知る。
準備運動・体ほぐしの運動遊び①	15分	**準備運動から自然と体ほぐしの運動遊びを行う** **1** ○リズム太鼓の速さや強さに合わせて、「歩く」「走る」「スキップ」などの運動をする。1人・2人・3人と少しずつ人数を増やしながら楽しむ。 ①新聞紙を使って走る。 ②新聞紙の上に風船を乗せて運ぶ。
伝え合い	5分	**心や体の変化を伝え合う**
体ほぐしの運動遊び②	15分	**友達と関わりながら楽しむ** **2** ①フープリレー。 ②風船を使って2人でバレー。 ③風船を使って人数を増やしてバレー。
整理運動	2分	**運動で使った部位を友達とほぐす** ○「きゅうりの塩もみ」：塩もみされるきゅうりのように、体をねじったり曲げたり、伸ばしたりする。
まとめ	3分	**(1)今日の学習について振り返り、学習カードに記入する** **3** ○「体のどこがどきどきしたかな」。 ○「どこがあたたかくなったかな」。 **(2)体のどこがあたたかくなったか、心臓がどきどきしたか、心地よくなったかなどを発表し合う**

1 固定施設を使った運動遊び

2 鬼遊び

3 走の運動遊び

4 リズム遊び

5 体ほぐしの運動遊び、多様な動きをつくる運動遊び

6 ボールゲーム

1 準備運動から自然と体ほぐしの運動遊びへ

「屈伸」「伸脚」「前屈・後屈」「手首・足首回し」等の簡単な準備運動を行った後、準備運動の隊形のまま、体ほぐしの運動遊びに入る。

リズム太鼓に合わせて…「歩く」「後ろ向き」「走る」「スキップ」「大きいスキップ」

2 体ほぐしの運動遊びの例

体ほぐしの運動遊びは、子供たちができる運動遊びを選ぶことが大切である。

新聞紙を使って…走る

新聞紙を使って…運ぶ

こんな運動遊びも楽しいよ
フープリレー

風船を使って

2人組　　人数を増やして

新聞紙を使って…乗る

何人乗れるかな

みんなでつかまって支え合おう

進化じゃんけん

クマ歩き→歩く→鳥→ゴール

3 振り返りの例

「はじめ」：「心臓の音を確かめよう」「汗はかいていないね」

「途中」：「心臓の音はどうかな」「○○さん、どこに汗をかいているかな」「友達の顔も見てみよう」

「きゅうりの塩もみ」：「たくさん動かした場所を聞いて、トントンしてあげよう」

「最後」：「体のどこがあたたかくなったか○を付けよう」「最後にみんなで発表しますよ」

体ほぐしの運動遊びをやってみよう②

2/4

本時の目標

体ほぐしの運動遊びの行い方を知るとともに、手軽な運動遊びを行い、体を動かす楽しさや心地よさを味わうことを通して、自己の心と体の変化に気付いたり、みんなで関わり合ったりすることができるようにする。

評価のポイント

体を動かす楽しさや心地よさを味わうことを通して、自己の心と体の変化に気付いたり、みんなで関わり合ったりできたか。

週案記入例

[目標]
友達と関わり合いながら運動をすると楽しいことに気付く。

[活動]
伝承遊びを中心とした体ほぐしの運動遊びをする。

[評価]
友達と関わり合いながら運動をすると楽しいことに気付くことができたか。

[指導上の留意点]
自分や友達の安全に気を付けることを十分に確認する。

本時の展開

	時	子供の活動
はじめ	5分	**集合・あいさつ** ○今日の学習内容「体ほぐしの運動遊び」を知る。
準備運動・体ほぐしの運動遊び①	15分	**準備運動から自然と体ほぐしの運動遊びを行う** 1 ○リズム太鼓の速さや強さに合わせて、「歩く」「走る」「スキップ」などの運動をする。1人・2人・3人と少しずつ人数を増やしながら楽しむ。 ①「だるまさんがころんだ」。 ②1人1個ボールを持って「あんたがたどこさ」。 ③2人組で「なべなべそこぬけ」。 ④人数を増やして「なべなべそこぬけ」。
伝え合い	5分	**心や体の変化を伝え合う**
体ほぐしの運動遊び②	15分	**友達と関わりながら楽しむ** ①「竹の子一本」（グループ・生活班）。 ②「郵便屋さん」（3人1組）。
整理運動	2分	**運動で使った部位を友達とほぐす** ○「きゅうりの塩もみ」。
まとめ	3分	(1)**今日の学習について振り返り、学習カードに記入する** ○「体のどこがどきどきしたり、あたたかくなったかな」。 (2)**体のどこがあたたかくなったか、心臓がどきどきしたか、心地よくなったかなどを発表し合う**

1 固定施設を使った運動遊び

2 鬼遊び

3 走の運動遊び

4 リズム遊び

5 体ほぐしの運動遊び、多様な動きをつくる運動遊び

6 ボールゲーム

1 グループづくり

○１年生の体つくりの運動遊びは、生活班がおすすめ。運動が得意かどうかはあまり関係がない領域。

○４人１組くらいがちょうどよい。

　例)「なべなべそこぬけ」：２人組に分かれたり、４人全員でやることができる。

　　　「郵便屋さん」：持ち手２人。跳ぶ子供１人。外で声をかける子供１人。

2 安全面の配慮

○人数を増やして楽しむ時間になると、力加減が分からずに、友達を強く引っ張り過ぎたり、自分だけ速く走りたい子供がいる。「どうやったらみんなが楽しめるかな」と問いかけることが必要である。また、上手に友達の力加減を考えている場面をみんなの前で取り上げ、紹介する。

3 体ほぐしの運動遊びの例

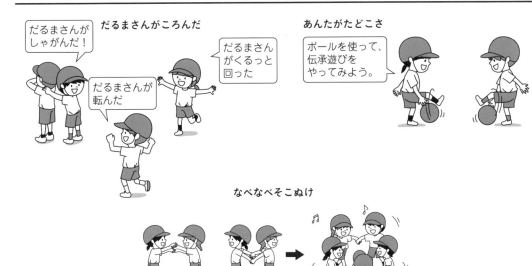

竹の子一本

「竹の子一本おくれ」「まだ芽がでないよ」（準備中）「もう芽が出たよ」（引っ張りに行く）

郵便屋さん

ゆうびんやさん♬
おとしもの〜
ひろってあげましょ

１まい２まい３まい…

体のバランスをとる運動遊びをやってみよう①

本時の目標

　体のバランスをとる動きの楽しさに触れ、その行い方を知るとともに、基本的な動きを身に付けることができるようにする。

評価のポイント

　体のバランスをとる動きの楽しさに触れ、基本的な動きを身に付けることができたか。

週案記入例

［目標］
体のバランスをとる運動遊びを楽しく行う。

［活動］
体のバランスをとる運動遊びを一つ一つ行う。

［評価］
体のバランスをとる運動遊びを楽しく行うことができたか。

［指導上の留意点］
自分や友達の安全に気を付けることを十分に確認する。

本時の展開

	時	子供の活動
はじめ	5分	**集合・あいさつ** ○今日の学習内容「体ほぐしの運動遊び」を知る。
準備運動・体のバランスをとる運動遊び①	15分	**準備運動から自然と体のバランスをとる運動遊びを行う** ○片足を軸にして、右回り・左回りに回転。 ○立った姿勢から右回り・左回りに1／2回転、3／4回転、1回転など。 ○足の裏を合わせて座り、両手で足先を持ち、転がって起きる。 ○片足でバランスを保ちながら静止。
伝え合い	5分	**友達のよい動きや楽しい工夫の伝え合い**
体のバランスをとる運動遊び②	15分	**友達と関わりながら楽しむ　■1** ○友達と肩を組んだり背中を合わせたりして、立ったり座ったりする。 ○しゃがんだ姿勢で互いに手を合わせ、相手のバランスを崩したり、相手にバランスを崩されないようにしたりする。
整理運動	2分	**運動で使った部位を友達とほぐす** ○「きゅうりの塩もみ」。
まとめ	3分	**(1)今日の学習について振り返り、学習カードに記入する** ○「どの運動が楽しかったかな。○で囲んでみよう」。 **(2)どの運動遊びが楽しかったか、友達の動きでよかったところなどを発表し合う**

1　運動遊び
固定施設を使った

2　鬼遊び

3　走の運動遊び

4　リズム遊び

5　体ほぐしの運動遊び、多様な動きをつくる運動遊び

6　ボールゲーム

1 体のバランスをとる運動遊びと苦手な子供への関わり

　易しい動きにゆっくりじっくり取り組んでいこう。ゲーム性のあるものも、「ゆるやかな勝敗」がつくように配慮をする。運動が苦手な子供への配慮は、学級全体の雰囲気もよくしていくことにつながる。

片足で回る
・紙皿を置いて回りやすいようにする。
・フープなどを置き、目印にする。

半回転ジャンプ：「ジャンプして、舞台を見よう！」など、目標物に向かうような言葉かけをする。

足の裏を合わせて回る：「膝、肩、背中、肩、膝…」と床に接触する順番に声かけをしたり、反動をつける際に補助を行うのが有効である。

友達と座る立つ：「腰の骨をぴったんこ！」「友達の背中をぎゅーっと押して」など、直接的な言葉かけも効果的。

肩を組んで

片足で止まる：「見て！○○さんは、同じところを見てじーっとしているよ」と友達の動きに着目させる。
すごい！

ピタッ！

しゃがんでバランス：「勝ち負けは関係ないよ」「じっくり、じわーっと力を入れてごらん。2人とも上手にバランスをとるね」

そーっと始めようね

2人とも、バランスをとって、フープの中から出ていない！すごい！

本時案

体のバランスを
とる運動遊びを
やってみよう②

本時の目標

　楽しくできる運動遊びを選ぶとともに、友達のよい動きを見付けたり、工夫したりした楽しい遊び方を友達に伝えることができるようにする。

評価のポイント

　友達のよい動きを見付けたり、工夫したりした楽しい遊び方を友達に伝えることができたか。

本時の展開

	時	子供の活動
はじめ	5分	**集合・あいさつ** ○今日の学習内容「体ほぐしの運動遊び」を知る。
準備運動・体を移動する運動遊び①	15分	**準備運動から自然と体のバランスをとる運動遊びを行う** ○片足を軸にして、右回り・左回りに回転したり、跳び上がって回ったりする。 ○立った姿勢からリズムよく跳びながら、右回り・左回りに1/2回転、3/4回転、1回転などをする。 ○足の裏を合わせて座り、両手で足先を持ち、転がって起きる。 ○片足でバランスを保ちながら静止する。
伝え合い	5分	**友達のよい動きや楽しい工夫の伝え合い**
体を移動する運動遊び②	15分	**友達と関わりながら楽しむ** 1 ○友達と肩を組んだり背中を合わせたりして、立ったり座ったりする。 ○しゃがんだ姿勢で互いに手を合わせ、相手のバランスを崩したり、相手にバランスを崩されないようにしたりする。
整理運動	2分	**運動で使った部位を友達とほぐす** ○「きゅうりの塩もみ」。
まとめ	3分	**(1)今日の学習について振り返り、学習カードに記入する** ○「どの運動が楽しかったかな。○で囲んでみよう」。 **(2)どの運動遊びが楽しかったか、友達の動きでよかったところなどを発表し合う**

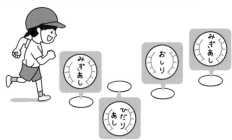

1 体のバランスをとる運動遊びをもっと楽しくする

体のバランスをとる運動遊びは、もっと楽しく行う方法がある。運動が苦手な子供でも、次のような運動遊びを取り組むことで、「楽しい」と感じられる可能性もある。

片足で回る：「紙皿くるん」は、紙皿に「右足」「左足」「おしり」と書く。動きが広がる。

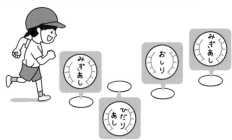

半回転：向かい合わせで準備し、半回転で友達とじゃんけん。

足の裏をつける：「補助付き」で行う。また、起き上がった際にじゃんけんをするのも楽しい。

片足で止まる：友達の姿勢を交代で真似をする。「真似っこピタ！」

友達と座る立つ：「人数増やして」

友達と一緒に成功すると楽しい。勝ち負けではない楽しさを伝え合う場面を重ねていくと、運動は楽しいという実感につながる。

しゃがんでバランス：回りながら「人工衛星、人工衛星、とーまれ！」の後、引っ張り合いながらバランスをとる。

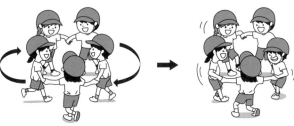

1 固定施設を使った運動遊び

2 鬼遊び

3 走の運動遊び

4 リズム遊び

5 体ほぐしの運動遊び、多様な動きをつくる運動遊び

6 ボールゲーム

「体つくりの運動遊び」学習カード＆資料

使用時 第1〜4時

「1年生で学習カードに記入することは難しい」と言われることがあるが、○で囲んだり、シールを貼ったりするなど、簡単な方法で活用することは可能である。小学校6年間の学び方の素地を、1年生で培っていきたい。

収録資料活用のポイント

①使い方

1年生が扱いやすいように、色画用紙を2つ折りにして印刷する。裏面には資料を印刷し、中を開くと、毎時間の学習カードを貼って重ねていくようにする。生活科等で使用するバインダーに挟んで持ち歩くことができるようにする。

②留意点

1学期は、平仮名の学習の最中である。しかし、幼児期であっても「振り返り」の時間は大事だと言われる。心と体の変化は、運動をする前、途中、運動後に問いかけることで、価値付けをすることができる。　人間の体の形のカードに○を付けたり、シールを貼るなどして、楽しく振り返る。

◎ 学習カード 1-5-1（1〜4時）

◎ 学習カード 1-5-2（1〜4時）

5　体ほぐしの運動遊び、多様な動きをつくる運動遊び

からだほぐしのうんどうあそび　しょうかい

やすみじかんや、おうちでもやってみよう！うんどうあそびはたのしいよ！

「おやどりとひな」

グループでじゅんばんに、おにをやろう。
おには、いちばんうしろのひとをタッチします。
いちばんまえにいるひとは、みんなをまもってうごくよ。
タッチされたり、ばらばらになったらまけ。

「だいこんぬき」

みんなでうでをくんですわります。
おには、ひっぱって、だいこんをぬくように、ひきはなします。
「もうだめだ」とおもったら、ひきずられて、ぬかれてしまうのもたのしいよ。

「あんたがたどこさ」

むかいあって、うたいながらひだり・みぎ・ひだり・みぎ…とジャンプをくりかえしてとびます。「さ」のときにまえにでます。ともだちとぶつからないようにできるかな。みんなででんしゃのようにつながってやるのもたのしいよ。

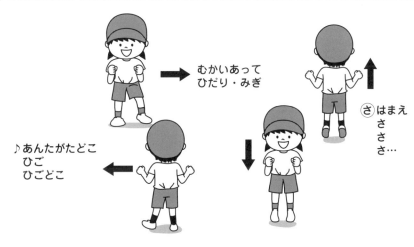

むかいあって
ひだり・みぎ

さはまえ
ささささ…

♪あんたがたどこ
ひご
ひごどこ

1 固定施設を使った運動遊び

2 鬼遊び

3 走の運動遊び

4 リズム遊び

5 体ほぐしの運動遊び、多様な動きをつくる運動遊び

6 ボールゲーム

ゲーム

6 ボールゲーム

(4 時間) [手を使ったゴール型ゲーム]

【単元計画】

1 時	2 時
[第一段階] 行い方を知って、的当てゲームを楽しむ	
学習の進め方や的当てゲームの行い方を知り、的当てゲームを楽しむ。	規則を守り、仲よく的当てゲームを楽しむ。
1　的当てゲームを楽しもう POINT：ボールの扱いに慣れるために、1人1つのボールを使い、的当てゲームを楽しめるようにする。	**2　規則を守って仲よく的当てゲームを楽しもう** POINT：規則を守ること、勝敗を受け入れることなど、楽しくゲームをするために必要なことが分かるようにする。
[主な学習活動] ○集合・あいさつ ○準備運動・ボール慣れ ○的当てゲームの行い方を知り、ゲームをする 　①ゲーム1 　②振り返り（ゲームの行い方について） 　③ゲーム2 ○整理運動 ○まとめ 　①本時の学習について振り返る。 　②次時の学習内容を知る。	[主な学習活動] ○集合・あいさつ ○準備運動・ボール慣れ ○的当てゲームをする 　①ゲーム1 　②振り返り（ゲームの行い方・規則について） 　③ゲーム2 ○整理運動 ○まとめ 　①本時の学習について振り返る。 　②次時の学習内容を知る。

授業改善のポイント

主体的・対話的で深い学びの実践に向けて

①一人一人が夢中になってゲームに取り組めるようにし、そこから生まれた子供の願いを学習課題（めあて）につなげるようにする。

　はじめのゲームは、今もっている力で取り組め、行い方やルールが分かりやすいものを取り上げる。すると、ゲームに夢中になって取り組むうちに、子供たちに「もっと楽しくしたい」「勝ちたい」という主体性が生まれてくる。

　そこで、教師はこの願いを取り上げ、子供たちとの対話の中で、もっと楽しくするために「規則の工夫をする」、勝つために「チームの攻め方を選ぶ」というめあてにつなげる。

②規則の工夫や攻め方について、ゲーム中の具体的な場面を想起することで、話合いが深まるようにする。

　毎時間のはじめにめあてを確認し、ゲーム後すぐに話し合うようにする。ゲーム中の具体的な場面を振り返ったり、話し合ったことをすぐに次のゲームで試してみたりすることで、学びがより深まるようにする。

　1年生では、規則や攻め方はいくつかの例を提示し、選べるようにしたい。また、話合いの場面では、教師が率先して相手の考えを受容する対話的な態度を示すようにしていく。

1 固定施設を使った運動遊び

2 鬼遊び

3 走の運動遊び

4 リズム遊び

5 体ほぐしの運動遊び、多様な動きをつくる運動遊び

6 ボールゲーム

単元の目標

○**知識及び技能**

・的当てゲームの行い方を理解し、片手でボールを投げて的にボールを当てることができる。

○**思考力、判断力、表現力等**

・簡単な規則を工夫したり、攻め方を選んだりするとともに、考えたことを友達や教師に伝えることができる。

○**学びに向かう力、人間性等**

・運動に積極的に取り組み、規則を守り仲よく運動をしたり、勝敗を受け入れたり、安全に気を配ったりすることができる。

3 時	4 時
[第二段階] **規則の工夫をしたり攻め方を選んだりして、的当てゲームを楽しむ**	
規則を工夫して的当てゲームを楽しむ。	攻め方を選んで的当てゲームを楽しむ。
3　規則を工夫して的当てゲームを楽しもう POINT：みんながより楽しめるようにという視点で規則を工夫し、的当てゲームの楽しさを味わえるようにする。 **[主な学習活動]** ○集合・あいさつ ○準備運動・ボール慣れ ○的当てゲームをする 　①ゲーム1 　②振り返り（規則について） 　③ゲーム2 ○整理運動 ○まとめ 　①本時の学習について振り返る。 　②次時の学習内容を知る。	**4　攻め方を選んで的当てゲームを楽しもう** POINT：的を倒すための攻め方の中からチームで1つ選び、声をかけ合って運動できるようにする。 **[主な学習活動]** ○集合・あいさつ ○準備運動・ボール慣れ ○的当てゲームをする 　①ゲーム1 　②振り返り（攻め方について） 　③ゲーム2 ○整理運動 ○まとめ 　①本時の学習について振り返る。 　②単元のまとめをする。

子供への配慮の例

①運動が苦手な子供

　ボールを投げるのが苦手な子供には、「横向きまたぎ投げ」（p.89参照）を丁寧に教え、ボールを持たずに動作のみ繰り返し行うようにする。教師が実際に手本を見せながら一緒に行うとよい。慣れてきたら、握りやすい小さなボールを用いたり、的までの距離を短くしたりするようにして、的にボールを当てる心地よさを味わえるようにする。

　ボールの勢いに怖さを感じる子供には、柔らかいボールや、速さの出にくい軽いボールを用いるようにする。

②意欲的でない子供

　何をすればよいのか分かるように、行い方や規則、めあてを分かりやすく掲示する。それでも取り組めない子供には、ゲーム中そばについて具体的に何をしたらよいかを助言し、できた際には称賛する。

　誰もが的に当てる楽しさを味わえるように、守りのいない状態で的に当てることができるエリアを設定するなど、規則の工夫をする。

　勝敗に固執している子供の気持ちを受容し、がんばっていたことを称賛するなどして、次のゲームに前向きに取り組めるようにする。

本時案

的当てゲームを
楽しもう

本時の目標

学習の進め方や的当てゲームの行い方を知り、的当てゲームを楽しむことができるようにする。

評価のポイント

ボールを的に向かって投げたり当てたりすることができたか。

本時の展開

	時	子供の活動
はじめ	3分	**集合・あいさつ** ○生活班（4〜6人）ごとに整列する。 ○本時の学習内容を知る。
準備運動・ボール慣れ	10分	**本時の運動につながる準備運動をする** **1** ○関節のストレッチ運動、ジャンプなどの全身運動をする。 ○ボールに慣れ親しむ運動をする。
的当てゲーム	23分	**的当てゲームの行い方を知り、ゲームをする** **2**-**3** →ゲームの行い方やボールの投げ方について個別に助言する。 ①ゲーム1 ②振り返り（ゲームの行い方） ③ゲーム2
整理運動	2分	**運動で使った箇所をゆっくりとほぐす** ○関節のストレッチ運動を中心に行う。 →ゲームによって高揚した気持ちのクールダウンもする。
まとめ	7分	**(1)本時の学習について振り返る** →的に当てる楽しさが実感できるようにする。 ①楽しかったことや感想を発表し合う（第3時 **2**参照）。 ②学習カードに記入する。 **(2)次時の学習内容を確認する**

1 ボールに慣れ親しむ運動

横向きまたぎ投げ

全身運動の一環としてボールを
持たずに行ってもよい。

ボールの投げ上げ＆キャッチ

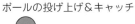

手を叩いてから
手をついてから
1回転してから

しゃがんで
寝転んで

コーンに当てる
コーンを倒す

段ボール
いくつか重ねて崩す

台の上に乗せて落とす

壁・サッカーゴールに的をつくって当てる

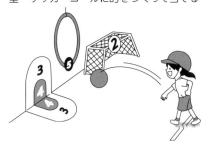

2 的当てゲームの例

○**ルール**

・円の内側に的を置く。
・ボールは1人1個。
・二重円の一番外からボールを投げる。
・的に当てたら1点。
・当てた本人がすぐに得点板をめくる。
・制限時間内に多く得点したチームの勝ち。

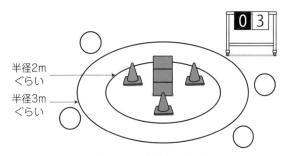

半径2m
ぐらい

半径3m
ぐらい

的の数は人数分以上あるとよい。

3 ボールの投げ方についての助言

正面を向いて投げているな。

同じ側の手足が同時に出ているな。

ボールに勢いがないな。

ボールがねらった方向にいかないな。

ボールを持っている手を勢いよく振ろう。

ボールを持っていない手を的に向けよう。

横向きまたぎ投げをしてみよう。

先生と一緒にやってみよう。

違う（小さくて重みのある）ボールで投げてみよう。

最後まで的を見て投げよう。

1 固定施設を使った運動遊び

2 鬼遊び

3 走の運動遊び

4 リズム遊び

5 体ほぐしの運動遊び、多様な動きをつくる運動遊び

6 ボールゲーム

本時案

規則を守って仲よく
的当てゲームを楽しもう

2/4

本時の目標

規則を守って、仲よく的当てゲームができるようにする。

評価のポイント

的当てゲームの行い方を理解し、規則を守ってゲームを楽しむことができたか。

週案記入例

[目標]
規則を守って的当てゲームを楽しむ。

[活動]
チーム対抗で攻守のある的当てゲームをする。

[評価]
規則を守って楽しむことができたか。

[指導上の留意点]
仲よく楽しむために、規則を守ったり、勝敗を受け入れたりすることが大切であることを押さえる。

本時の展開

	時	子供の活動
はじめ	3分	**集合・あいさつ** ○生活班（4〜6人）ごとに整列する。 ○本時の学習内容を知る。
準備運動・ボール慣れ	5分	**本時の運動につながる準備運動をする** ○関節のストレッチ運動、ジャンプなどの全身運動をする。 ○ボールに慣れ親しむ運動をする。
的当てゲーム	28分	**攻守のある的当てゲームの行い方を知り、ゲームをする** ◀1 ①ゲーム1：前半5分、チームタイム1分、後半5分 →全てのコートを回り、ゲームの行い方について助言したり、子供のよい言葉や態度、動きを称賛したりする。 ◀2 ②振り返り →ゲームの行い方、規則について困ったことはなかったか確認する。 ③ゲーム2：前半5分、チームタイム1分、後半5分 →配慮したい子供のいるチームを中心に回り、称賛や助言をする。
整理運動	2分	**運動で使った箇所をゆっくりとほぐす** ○関節のストレッチ運動を中心に行う。 →ゲームによって高揚した気持ちのクールダウンもする。
まとめ	7分	(1)**本時の学習について振り返る** →仲よく楽しめたかという視点で振り返る。 ①楽しかったことや感想を発表し合う。 ②学習カードに記入する。 (2)**次時の学習内容を確認する** →「もっと楽しくしたい」という思いを、「規則を工夫する」という次時のめあてにつなげる。

1 固定施設を使った運動遊び

2 鬼遊び

3 走の運動遊び

4 リズム遊び

5 体ほぐしの運動遊び、多様な動きをつくる運動遊び

6 ボールゲーム

1 掲示物の例

まとあてゲーム　　○がつ○にち（○）

がくしゅうのながれ
1　しゅうごう・あいさつ
2　じゅんびうんどう
　　ボールなれ
3　まとあてゲーム
　　①ゲーム1
　　②ふりかえり
　　③ゲーム2
4　せいりうんどう
5　まとめ

ゲームのすすめかた
○せいれつ・あいさつ
○ぜんはん　5ふん
○チームタイム
　　ポジションのかくにん
　　はなしあい・れんしゅう
○こうはん　5ふん
○せいれつ・あいさつ
　　あいてチームとあくしゅ

きょうのたいせん

		Aコート	Bコート	Cコート
ゲーム1	ぜんはん	1はん 5てん	3はん 6てん	5はん 10てん
	こうはん	2はん 4てん	4はん 6てん	6はん 3てん
ゲーム2	ぜんはん	3はん	4はん	6はん
	こうはん	4はん	5はん	1はん

きょうのめあて
　なかよく　まとあてゲームを　たのしもう。

○はじめのルール
・ボールは1人1こ。
・せんのそとからなげる。
・まとにあてたら1てん。
・あてたひとがすぐにとくてんをめくる。
・おおくとくてんしたチームのかち。

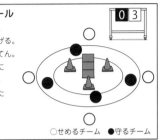

○せめるチーム　●守るチーム

○くふうしたルール
・まとにあてたら1てん。
　↓
・コーンのうえのたまがおちたら1てん。
・はこがくずれたら1てん。

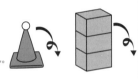

2 教師の言葉かけ

①仲よく楽しんでいる場面を称賛

「当たったー」「ナイス！」
「がんばれ！」「大丈夫だよ。もう一回！」　→　励まし合っていていいね！

協力していてえらい！

「一緒に投げよう。せーのっ」
「こっちはまかせて！」
「あっちの的をお願い」

「真ん中をねらうといいよ」
「あの的は当てやすいよ」　→　教えてあげて素晴らしい！

②規則を守ったり勝敗を受け入れたりできるように称賛・助言

ズルをしないと気持ちがいいね！

負けちゃってくやしいね。○○くん、がんばってたものね。次は勝てるかも。がんばって！

点数の間違いを認められて、えらい！

本時案

規則を工夫して
的当てゲームを楽しもう

本時の目標

　規則を工夫して、的当てゲームを楽しむことができるようにする。

評価のポイント

　規則を工夫して、ゲームをより楽しくすることができたか。

週案記入例
【目標】 規則を工夫して的当てゲームを楽しむ。 **【活動】** チーム対抗で攻守のある的当てゲームをする。 **【評価】** 規則を工夫して楽しむことができたか。 **【指導上の留意点】** 規則を工夫する際に、ゲームをみんなでより楽しむためにという視点と具体的な工夫例を示す。

本時の展開

	時	子供の活動
はじめ	3分	**集合・あいさつ** 　○生活班（4〜6人）ごとに整列する。 　○本時の学習内容を知る。
準備運動・ボール慣れ	5分	**本時の運動につながる準備運動をする** 　○関節のストレッチ運動、ジャンプなどの全身運動をする。 　○ボールに慣れ親しむ運動をする。
的当てゲーム	28分	**規則を工夫して的当てゲームをする　1** 　①ゲーム1：前半5分、チームタイム1分、後半5分 　→全てのコートを回り、子供のよい言葉や態度、動きを称賛する。 　　ゲームの様相を観察し、規則の工夫の話合いに生かす。 　②振り返り 　→ゲームをみんなでより楽しむための規則の工夫について話し合う。 　③ゲーム2：前半5分、チームタイム1分、後半5分 　→配慮したいチームを中心に回り、称賛や助言をする。
整理運動	2分	**運動で使った箇所をゆっくりとほぐす** 　○関節のストレッチ運動を中心に行う。 　○ゲームによって高揚した気持ちのクールダウンもする。
まとめ	7分	**(1)本時の学習について振り返る** 　①規則を工夫することで、みんなでより楽しむことができたか振り返る。 　②友達やチームのよさを発表し合う。　2 　③学習カードに記入する。 **(2)次時の学習内容を確認する** 　→「もっと得点したい」「勝ちたい」という思いを、「攻め方を選ぶ」という次時のめあてにつなげる。

1 規則の工夫例

○子供の思いや願いを受け、「ゲームをみんなでより楽しむため」という視点で工夫を考える。
○ゲーム1、ゲーム2と工夫を追加していってもよい。

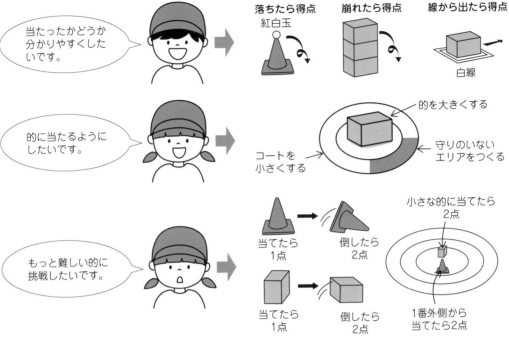

2 楽しさ・よさの掲示例

　出てきた楽しさ・よさを毎時間掲示物に追加していくとよい。的当てゲームの楽しさやチームの攻め方につながるよさを押さえ、次時につなげるようにする。

1 固定施設を使った運動遊び
2 鬼遊び
3 走の運動遊び
4 リズム遊び
5 体ほぐしの運動遊び、多様な動きをつくる運動遊び
6 ボールゲーム

本時案

攻め方を選んで的当てゲームを楽しもう

本時の目標

チームで選んだ攻め方を使ってゲームを楽しむことができるようにする。

評価のポイント

チームで声をかけ合って、ゲームを楽しむことができたか。

本時の展開

	時	子供の活動
はじめ	3分	**集合・あいさつ** ○生活班（4〜6人）ごとに整列する。 ○本時の学習内容を知る。
準備運動・ボール慣れ	5分	**本時の運動につながる準備運動をする** ○関節のストレッチ運動、ジャンプなどの全身運動をする。 ○ボールに慣れ親しむ運動をする。
的当てゲーム	28分	**攻め方を選んで的当てゲームをする** **1** ①ゲーム1：前半5分、チームタイム1分、後半5分 →各チームを回り、チームで選んだ攻め方を実行できるよう助言する。 ②振り返り →チームで選んだ攻め方について話し合う。 **2** ③ゲーム2：前半5分、チームタイム1分、後半5分 →ゲーム1でうまくいかなかったチームを中心に回り、助言する。
整理運動	2分	**運動で使った箇所をゆっくりとほぐす** ○関節のストレッチ運動を中心に行う。 ○ゲームによって高揚した気持ちのクールダウンもする。
まとめ	7分	(1)**本時の学習について振り返る** ①チームで選んだ攻め方を使ってゲームを楽しむことができたか振り返る。 ②友達やチームのよさを発表し合う。 ③学習カードに記入する。 (2)**単元の学習について振り返り、まとめる** →チームで協力して楽しめたことについて、そのよさを押さえ、単元のまとめとする。

1 固定施設を使った運動遊び

2 鬼遊び

3 走の運動遊び

4 リズム遊び

5 体ほぐしの運動遊び、多様な動きをつくる運動遊び

6 ボールゲーム

1 攻め方の例

「おとり作戦」
1人が先に投げて（投げるふりをして）守りを引き付けている間に他の人が投げる。

「バラバラ作戦」
みんながバラバラの的をねらう。

「せーの作戦」
みんなで同時に投げる。

「1個ねらい作戦」
みんなで同じ的をねらう。

2 ゲームとゲームの間の振り返り

（話合いの流れ）

①**全体で確認**

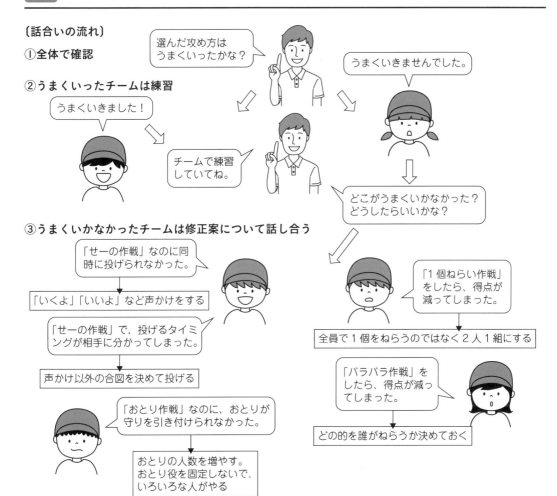

選んだ攻め方はうまくいったかな？

うまくいきませんでした。

②**うまくいったチームは練習**

うまくいきました！

チームで練習していてね。

どこがうまくいかなかった？
どうしたらいいかな？

③**うまくいかなかったチームは修正案について話し合う**

「せーの作戦」なのに同時に投げられなかった。

「いくよ」「いいよ」など声かけをする

「せーの作戦」で、投げるタイミングが相手に分かってしまった。

声かけ以外の合図を決めて投げる

「1個ねらい作戦」をしたら、得点が減ってしまった。

全員で1個をねらうのではなく2人1組にする

「バラバラ作戦」をしたら、得点が減ってしまった。

「おとり作戦」なのに、おとりが守りを引き付けられなかった。

おとりの人数を増やす。
おとり役を固定しないで、いろいろな人がやる

どの的を誰がねらうか決めておく

「ボールゲーム」学習カード＆資料

使用時 **第1〜4時**

本カードは第1時から第4時まで、単元全体を通して使用する。ボールゲームへの興味・関心や思考・判断などを見取るカードである。学習カードに慣れていない子供がいる場合は、あらかじめ教室で説明をしておく、教師が読み上げて一斉に記入させる、教室に戻ってから書くなど、実態に合わせて対応できるとよい。

収録資料活用のポイント

①使い方

　まず、授業の前に本カードの1枚目を子供一人一人に板目紙とセットで配布しておく。授業の終わりに、学習の振り返りを行うように指示する。2枚目は、第3時の前に配布し、1枚目の上に貼る。1枚目同様、授業の終わりに、学習の振り返りを行うように指示する。

②留意点

　単元終末のクラス全体での振り返りの後に記入する。「あのね…」欄には、友達や教師に伝えたいことを記述し、教師がコメントを記入して返却する。内容によっては、友達に直接伝えることを促したり、教師が仲介して友達に伝えられるようにしたりするとよい。できるだけ運動や話合いの時間を保障できるよう、「あのね…」欄の記入については教室で書くなど、柔軟に対応する。

💿 学習カード 1-6-1 （1〜2時）

まとあてゲーム　がくしゅうカード①

1ねん　　くみ　なまえ（　　　　　　　）
がつ　　にち
ふりかえり ◎：よくできた　○：できた　△：もうすこし

1．たくさん ボールを なげましたか。	
2．ゲームの しかたが わかりましたか。	
3．たのしく できましたか。	

あのね・・・

まとあてゲーム　がくしゅうカード②

1ねん　　くみ　なまえ（　　　　　　　）
がつ　　にち
ふりかえり ◎：よくできた　○：できた　△：もうすこし

1．たくさん ボールを なげましたか。	
2．ゲームの ルールが わかりましたか。	
3．たのしく できましたか。	

あのね・・・

💿 学習カード 1-6-2 （3〜4時）

まとあてゲーム　がくしゅうカード③

1ねん　　くみ　なまえ（　　　　　　　）
がつ　　にち
ふりかえり ◎：よくできた　○：できた　△：もうすこし

1．たくさん まとに あてられましたか。	
2．みんなが たのしめる ルールを えらべましたか。	
3．なかよく できましたか。	

あのね・・・

まとあてゲーム　がくしゅうカード④

1ねん　　くみ　なまえ（　　　　　　　）
がつ　　にち
ふりかえり ◎：よくできた　○：できた　△：もうすこし

1．たくさん まとに あてられましたか。	
2．チームで えらんだ せめかたが できましたか。	
3．なかよく できましたか。	

あのね・・・

ボールなげ　うんどうのポイント

よこむきまたぎなげ

①せんを　またいで　よこむきに　たつ

ボールをもつ　ては　うしろ
おなじ　あしを　うしろに

はんたいの　ては　まとに　むける

②まえの　あしをあげて　うしろに　たいじゅうを　かける

ひじを　あげて

まとを　みながら

③まえに　ふみこみながら　ボールを　なげる

からだを　クルッと　ひねりながら

ひざを　まげ　たいじゅうをかける

④なげたてを　ななめしたに　ふりおろす

さいごまで　まとを　みる

1 固定施設を使った運動遊び

2 鬼遊び

3 走の運動遊び

4 リズム遊び

5 体ほぐしの運動遊び、多様な動きをつくる運動遊び

6 ボールゲーム

7 水の中を移動する運動遊び、もぐる・浮く運動遊び

（10時間）

【単元計画】

1・2時
[第一段階] **水遊びの約束を守ることや遊び方を知る**
プールでの約束や遊び方を知り、簡単な水遊びを楽しむ。

水遊びの約束を知って楽しく遊ぼう①②
　プールサイド、入水の仕方等の約束や、遊び方を知り、水慣れの遊びを楽しむ。

[主な学習活動]
○集合・バディで人数の確認、あいさつをする。
○プールの回り、水の中、水遊びの約束を確認する。
○準備運動（息が上がらない程度）。
○シャワー等を浴びる。
○入水する（入水の仕方を確認しながら）。
○水慣れをする。
　・顔を洗う、水かけっこ、水の中を走る。
○水遊び
　・ジャンケン列車、動物の真似っこ、電車ごっこ。
○整列・バディで人数確認
○整理運動
○本時の振り返り・あいさつ

授業改善のポイント

主体的・対話的で深い学びの実践に向けて

　幼児教育を終えたばかりの1年生は、非日常的な出会いや活動にワクワク・ドキドキし、主体的な学びの根幹である「やってみたい！」という意欲をもつ。水遊びは、まさに非日常的な活動であり、学習前から高い意欲をもっている子供が多い。様々な運動遊びを提示することで、さらに意欲が高まり、進んで運動に取り組むことにつながる。しかし、もぐる・浮く運動については、非日常的であるがために不安や恐怖を感じる子供もいる。主体的に水遊びに取り組めるようにするためには、もぐる・浮くこと

だけにこだわらず、まず水の中での動きや感覚を十分に楽しめるようにすることで、意欲を持続させたい。さらに2人組や3人組の活動を取り入れることで、水の中でも友達と遊ぶことの楽しさを味わわせたい。その中で、友達ができたことをほめたり、工夫した動きを取り入れたりする活動を教師が認め、全体によい動きや言葉かけを広げていくことで対話的な学習につなげていく。学習カード等を活用して振り返る活動を通して、自分ができるようになったことを意識させることで学びを深めていく。

7

水の中を移動する運動遊び、もぐる・浮く運動遊び

8

運動遊び

多様な動きをつくる

9

表現遊び

10

走の運動遊び

11

鉄棒を使った運動遊び

12

跳の運動遊び

単元の目標

○**知識及び技能**

・水遊びの行い方を知り、水中を歩く、走る、水に顔をつける、水中で息を吐く、水に浮く等、楽しく遊ぶことができる。

○**思考力、判断力、表現力等**

・水の中での簡単な遊び方を考え工夫して活動したり、友達に伝えたりすることができる。

○**学びに向かう力、人間性等**

・水遊びに進んで取り組み、順番や遊びのきまり、水遊びの心得を守って安全に気を付けることができる。

3〜8時	9・10時
[第二段階] 約束を守り、いろいろな水遊びを楽しむ	
プールでの遊び方を知り、簡単な水遊びを楽しむ。	いろいろな遊びを友達と選んで工夫して、遊びを楽しむ。
いろいろな水遊びを知ろう①〜⑥ [主な学習活動] ○集合・バディで人数の確認、あいさつをする。 ○プールの回り、水の中、水遊びの約束を確認する。 ○準備運動をする（息が上がらない程度）。 ○シャワー等を浴びる。 ○水慣れをする。 　・かけっこ、水かけっこ、バブリング・ボビング等。 ○水遊び 　・おにごっこ、ジャンケンゲーム、フラフープや補助具を使った遊び等。 ○整列・バディで人数確認 ○整理運動 ○本時の振り返り・あいさつ	**いろいろな水遊びを選んで遊ぼう①②** [主な学習活動] ○集合・バディで人数の確認、あいさつをする。 ○プールの回り、水の中、水遊びの約束を確認する。 ○準備運動をする（息が上がらない程度）。 ○シャワー等を浴びる。 ○水慣れをする。 　・かけっこ、水かけっこ、バブリング・ボビング等。 ○水遊び 　・今までに知った水遊びを選んで、工夫しながら遊ぶ。 ○整列・バディで人数確認 ○整理運動 ○本時の振り返り・あいさつ

子供への配慮の例

①水遊びが苦手な子供

　水にもぐることや浮くことは、苦手な子供にとって非日常であり（無意識に呼吸できない、息を止める、鼻や耳に水が入る等）、恐怖や不安を感じていることが多い。その恐怖や不安を取り除き、スモールステップで楽しく運動に取り組めるようにし、自信をもたせていくことが水遊びを苦手としている子供への配慮を考える際に大切にしておきたいことの1つになる。幼児教育とのつながりで、水の感覚を楽しむことから始めたい。

②水に顔をつけることが苦手な子供

・シャワーで顔に水がかかることに慣れさせたり、顔を洗ったりするなど、生活の中で行っていることを水遊びに取り入れる。また、顎から徐々に顔をつけられる箇所を増やしていきながら、もぐることに近付けていく。その活動の中で、大きく息を吸って止める、水中で息を吐くなどの活動を組み合わせて行うようにする。

・友達と一緒に（2人組、3人組等）活動する場面を取り入れ、技能だけではなく、友達と関わる楽しさも味わわせていく。

水遊びの約束を
知って楽しく遊ぼう①

本時の目標

　プールサイドや、水の中、入水の方法などの約束を知り、友達と仲よく水遊びを楽しむことができるようにする。

評価のポイント

　初めてのプールでの活動において、プールでの約束を守ったり、聞かせたいときの合図や態度を確認したりすることができたか。

週案記入例

[目標]
プールでの約束や水遊びの仕方、約束を知り、楽しく遊ぶ。

[活動]
水遊びをする。

[評価]
バディや入水の約束を守ることができたか。

[指導上の留意点]
笛や手の合図を子供が理解するまで、繰り返し指導する。

本時の展開

	時	子供の活動
はじめ	5分	**集合・バディで人数の確認をする。あいさつをする** 1 ○プールのまわり、水の中、水遊びの約束を確認する。 2 ○今日の学習内容を知る。集合・あいさつ。
準備運動	5分	**水に入るための準備運動をする** ○伸び、肩、前後屈、体の回旋、膝の屈伸、アキレス腱伸ばし、手首・足首・首の運動をする（音楽をかけるなど、楽しい雰囲気で行う）。 ○足、腰洗い、シャワーを浴びる。
水慣れ	15分	**水慣れをする** ○入水の仕方を覚える。 ○水に慣れる遊びを楽しむ。 →水中歩行・かけっこ・水かけっこ・顔を洗う。
水遊び	15分	**いろいろな水遊びをする** 3 ○じゃんけん列車ゲーム。 ○動物の真似をしながら移動する。
整理運動	2分	**整列してバディで人数を確認する** ○全身をゆっくりほぐす。
まとめ	3分	**次時の学習内容を知る** ①今日の学習について振り返る。 →楽しかったこと、友達のよかったことを発表し合う。 ②教室に戻り、学習カードに記入することを伝える。 ③あいさつをして、シャワーを浴びる。

1 集合・人数確認

　学級数・人数・プールの深さやプールサイドの広さ・水が怖い子供の数などを考慮して、整列の仕方を考える。人数を確認する場合は、必ずバディ（2人組）で確認する。そのため、整列時には前後2列以下が望ましい。

2 約束の確認

　事前に教室などで、「プールサイドは走らない」「勝手にとびこまない」「先生の合図や話をきちんと聞く」などの指導を行っておきたい。笛や指・動作での指示の確認をする。学校として指示の方法や約束を共通理解しておき、指導を徹底する。

〈笛の合図の例〉
①ピッ（短い1回）：始め
②ピッ　ピー（短い・長いを1回ずつ）：やめ、話を聞く
③ピー　ピー　ピー（長い3回）：全員退水、など

〈動作の合図の例〉
①頭の上に手をのせてしゃがむ：頭までもぐる
②腕を上に伸ばす：け伸び
③手を前に伸ばし交互に上下させる：ばた足、など

〈指での合図（入水の仕方）の例〉

指1本	指2本	指3本	指4本	指5本
プールサイドに立つ	足先からゆっくり水につけて、プールサイドに座る	プールサイドに座ったまま、バタ足をする	プールサイドに座ったまま、胸に水をかける	後ろ向きにゆっくり入水する

3 水遊びの例

じゃんけん列車ゲーム
ジャンケンをして負けたら勝った人の肩につかまる。

動物真似っこ遊び
アヒルやカニ、カエル、ワニ等

カニ

カエル

水かけっこ

手をつないで回転

7 水の中を移動する運動遊び、もぐる・浮く運動遊び

8 多様な動きをつくる運動遊び

9 表現遊び

10 走の運動遊び

11 鉄棒を使った運動遊び

12 跳の運動遊び

本時案

水遊びの約束を
知って楽しく遊ぼう②

2/10

本時の目標

　プールサイドや、水の中、入水の方法などの約束を知り、友達と仲よく水遊びを楽しむ。

評価のポイント

　顔を水につけることや、水にもぐることにとらわれず、水の中で楽しく遊ぶことができたか。

週案記入例

[目標]
プールでの約束や水遊びの仕方、約束を守り、楽しく遊ぶ。

[活動]
水遊びをする。

[評価]
バディや入水・水遊びの約束を守り、楽しく遊ぶことができたか。

[指導上の留意点]
笛や手の合図を子供が理解するまで、繰り返し指導する。

本時の展開

	時	子供の活動
はじめ	5分	**集合・バディで人数の確認をする。あいさつをする** ○プールのまわり、水の中、水遊びの約束を確認する。 ○今日の学習内容を知る。
準備運動	5分	**水に入るための準備運動をする** ○伸び、肩、前後屈、体の回旋、膝の屈伸、アキレス腱伸ばし、手首・足首・首の運動をする（音楽をかけるなど、楽しい雰囲気で行う）。 ○足、腰洗い、シャワーを浴びる。
水慣れ	15分	**水慣れをする** ◀**1** ○顔を洗う・水中歩行、かけっこ・水かけっこ。 ○水に慣れる遊びを楽しむ。 →おにごっこ・ジャンケンゲーム **2**
水遊び	15分	**いろいろな水遊びをする** **3** ○電車ごっこ ○動物の真似をしながら移動する。
整理運動	2分	**整列してバディで人数を確認する** ○全身をゆっくりほぐす。
まとめ	3分	**今日の活動を振り返る** ○次時の学習内容を知る。

7

水の中を移動する運動遊び、もぐる・浮く運動遊び

8

多様な動きをつくる運動遊び

9

表現遊び

10

走の運動遊び

11

鉄棒を使った運動遊び

12

跳の運動遊び

1 水泳指導中の指導者の位置（3人の場合）

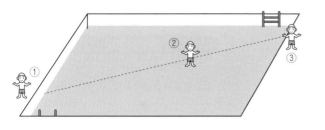

①メイン指導者
②個別指導
　→苦手な子供への対応
③サブ指導者
※①と③は対角線上に動く。
　相手の足下を注意する。

緊急対応時の役割分担を決めておく。

2 おにごっこ・ジャンケンゲーム

鬼を決める。鬼にタッチされても、他の人からタッチされたら、逃げられる。

ジャンケンに勝ったら、負けた人に、5歩おんぶしてもらうか、肩につかまって移動させてもらえる。

おんぶ　　　　　　肩つかまり

3 電車ごっこ

6〜8人でチームをつくり1列になる。列ごとにジャンケンをして負けたチームは、トンネルをつくる。勝ったチームは、そのトンネルを触らないようにくぐっていく。トンネルの高さなどを工夫するとよい。

電車ごっこ

※とうりゃんせや、ロンドンブリッジの歌に合わせてくぐりっこをするのもよい。

本時案

いろいろな水遊び を知ろう①

3/10

本時の目標

　プールサイドや、水の中、入水の方法などの約束を守り、友達と仲よく水遊びを楽しむことができるようにする。

評価のポイント

　バブリング・ボビングをする中で、頭までもぐることにとらわれず口までつけて息を吐く、口を出して「パッ」の仕方を経験できたか。

週案記入例

[目標]
プールで安全に遊ぶ約束を守り、いろいろな水遊びを楽しむ。

[活動]
水遊びをする。

[評価]
水遊びの約束を守り、いろいろな水遊びを楽しく遊ぶことができたか。

[指導上の留意点]
笛や手の合図を子供が理解するまで、繰り返し指導する。

本時の展開

	時	子供の活動
はじめ	5分	**集合・バディで人数の確認をする。あいさつをする** ○プールのまわり、水の中、水遊びの約束を確認する。 ○今日の学習内容を知る。
準備運動	5分	**水に入るための準備運動をする** ○伸び、肩、前後屈、体の回旋、膝の屈伸、アキレス腱伸ばし、手首・足首・首の運動をする（音楽をかけるなど、楽しい雰囲気で行う）。 ○足、腰洗い、シャワーを浴びる。
水慣れ	15分	**水慣れをする** **1** ○顔を洗う・水中歩行・かけっこ・水かけっこ・ジャンプして移動（バブリング・ボビング）。 ○水に慣れる遊びを楽しむ。 →おにごっこ・ジャンケンゲーム **2**
水遊び	15分	**いろいろな水遊びをする** **3** ○電車ごっこ。 ○宝拾い。
整理運動	2分	**整列してバディで人数を確認する** ○全身をゆっくりほぐす。
まとめ	3分	**今日の活動を振り返る** ○次時の学習内容を知る。

7

水の中を移動する運動遊び、もぐる・浮く運動遊び

8

多様な動きをつくる運動遊び

9

表現遊び

10

走の運動遊び

11

鉄棒を使った運動遊び

12

跳の運動遊び

1 ジャンプして移動（バブリング・ボビング）

ぶくぶく　「パッ」をしながらジャンプして移動する。

ブクブク　パッ

バブリング

ブクブク　パッ

ボビング

2 おにごっこ・ジャンケンゲーム

　鬼を決める。鬼にタッチされても、他の人からタッチされたら、逃げられる。タッチされそうになったとき、「ブクブク　パッ」をするとタッチされない。

　ジャンケンに勝ったら、負けた人に、5歩おんぶしてもらうか、肩につかまって移動させてもらえるか、股の下をくぐることができる。

セーフ！

3 宝拾い

　碁石、市販のゴムキューブ、リング・スティックの他に、ホースを切った物（材質によって沈まない物もあるので注意）を用いる。一部の子供が宝をほとんど拾ってしまう場合は、次のようなルールを工夫する。

《ルールの工夫》

・拾う宝の色や形を決める。

・数の制限を決める。

《用具の工夫》

・あまりもぐれない子供には、一部が浮いて取りやすい物を使うなどの支援を行う。

本時案

いろいろな水遊び
を知ろう②

本時の目標

　プールサイドや、水の中、入水の方法などの約束を守り、友達と仲よく水慣れ遊びや、もぐる水遊びを楽しむことができるようにする。

評価のポイント

　水にもぐる動きをする中で、水の中で目を開けることや、バブリング・ボビングができたか（苦手な子供は口に水をつけることができたか）。

週案記入例

[目標]
プールで安全に遊ぶ約束を守り、いろいろな水遊びを楽しむ。

[活動]
水遊びをする。

[評価]
水遊びの約束を守り、いろいろな水遊びを楽しく遊ぶことができたか。

[指導上の留意点]
笛や手の合図を子供が理解するまで、繰り返し指導する。

本時の展開

	時	子供の活動
はじめ	5分	**集合・バディで人数の確認をする。あいさつをする** ○プールのまわり、水の中、水遊びの約束を確認する。 ○今日の学習内容を知る。
準備運動	5分	**水に入るための準備運動をする** ○伸び、肩、前後屈、体の回旋、膝の屈伸、アキレス腱伸ばし、手首・足首・首の運動をする（音楽をかけるなど、楽しい雰囲気で行う）。 ○足、腰洗い、シャワーを浴びる。
水慣れ	15分	**水慣れをする** **1** ○顔を洗う・水中歩行・かけっこ・水かけっこ・ジャンプして移動（バブリング・ボビング）。 ○水に慣れる遊びを楽しむ。 →お地蔵さんを洗おう・ジャンケンゲーム。 **2** ○ペアでもぐる遊びを楽しむ。 →水中ジャンケン・にらめっこ。
水遊び	15分	**いろいろな水遊びをする** **3** ○電車ごっこ。 ○宝拾い。
整理運動	2分	**整列してバディで人数を確認する** ○全身をゆっくりほぐす。
まとめ	3分	**今日の活動を振り返る** ○次時の学習内容を知る。

---

1 もぐること、顔をつけることが苦手な子供へ

シャワーを浴びるときに、顔を手で拭かせない。シャワーで修行（手を合わせて、呪文を唱えさせるなど）。

バディと手をつなぎながら、歩いたり走ったりする。

バブリングやボビングが苦手な子供への支援

顎、口、鼻、目の順を追って、あせらせずに取り組ませる。目は、うす目に開ける。

① ② ③ ④

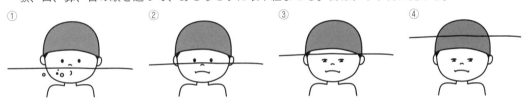

2 お地蔵さんを洗おう

教師がお地蔵さんになり、水をかける。慣れてきたら、お地蔵さんを子供にしてもよい。

3 いろいろな水遊びをする（めあてを立てる）

宝拾い

ね、ね、ね、ねこ！

宝を○個とるぞ！

にらめっこ

負けないように長くやるぞ

バブリング・ボビング

水から出たとき顔をふかない！

本時案

いろいろな水遊び を知ろう③

本時の目標

　プールサイドや、水の中、入水の方法などの約束を守り、友達と仲よく水慣れ遊びや、もぐる水遊びを楽しむことができるようにする。

評価のポイント

　水にもぐる遊びをする中で、フラフープなどの器具の使い方や使うときの約束を守ることができたか。

週案記入例

[目標]
プールで安全に遊ぶ約束を守り、いろいろな水遊びを楽しむ。

[活動]
水遊びをする。

[評価]
水遊びの約束を守り、いろいろな水遊びを楽しく遊ぶことができたか。

[指導上の留意点]
器具の使い方の確認を忘れずにする。

本時の展開

	時	子供の活動
はじめ	5分	**集合・バディで人数の確認をする。あいさつをする** ○プールのまわり、水の中、水遊びの約束を確認する。 ○今日の学習内容を知る。
準備運動	5分	**水に入るための準備運動をする** ○伸び、肩、前後屈、体の回旋、膝の屈伸、アキレス腱伸ばし、手首・足首・首の運動をする（音楽をかけるなど、楽しい雰囲気で行う）。 ○足、腰洗い、シャワーを浴びる。
水慣れ	15分	**水慣れをする** ○顔を洗う・水中歩行・かけっこ・水かけっこ・ジャンプして移動（バブリング・ボビング）。 ○水に慣れる遊びを楽しむ。 →お地蔵さんを洗おう・おにごっこ。 ○ペアでもぐる遊びを楽しむ。 →水中ジャンケン・にらめっこ。
水遊び	15分	**いろいろな水遊びをする** ○フラフープくぐり。　**1** ○碁石拾い。
整理運動	2分	**整列してバディで人数を確認する** ○全身をゆっくりほぐす。
まとめ	3分	**今日の活動を振り返る** ○次時の学習内容を知る。

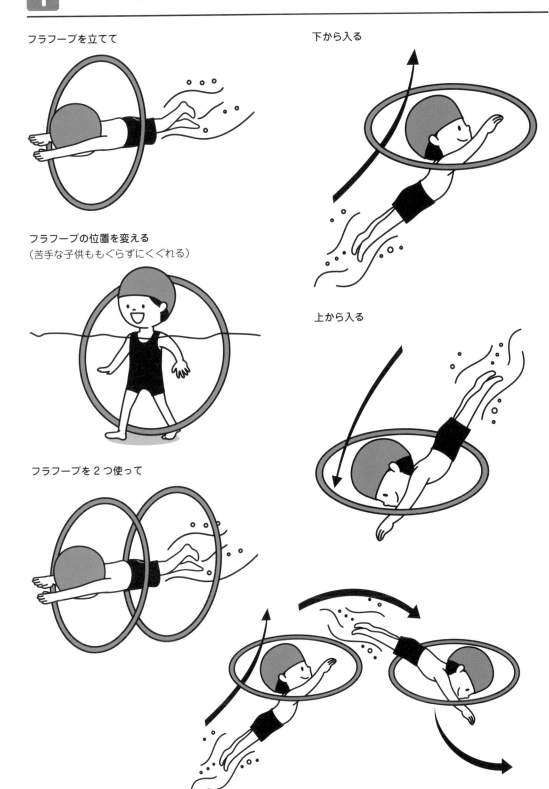

7

水の中を移動する運動遊び、もぐる・浮く運動遊び

8

多様な動きをつくる運動遊び

9

表現遊び

10

走の運動遊び

11

鉄棒を使った運動遊び

12

跳の運動遊び

1 フラフープを使ってもぐる遊び

フラフープを立てて

下から入る

フラフープの位置を変える
（苦手な子供ももぐらずにくぐれる）

上から入る

フラフープを2つ使って

いろいろな水遊びを知ろう④

6/10

本時の目標

プールサイドや、水の中、入水の方法などの約束を守り、友達と仲よく水慣れ遊びや、もぐる水遊びを楽しむことができるようにする。

評価のポイント

水にもぐる遊びやフラフープの使い方や使うときの約束を守ることができたか。

週案記入例

[目標]
プールで安全に遊ぶ約束を守り、いろいろな水遊びを楽しむ。

[活動]
水遊びをする。

[評価]
水遊びの約束を守り、いろいろな水遊びを楽しく遊ぶことができたか。

[指導上の留意点]
器具の使い方の確認を忘れずにする。

本時の展開

	時	子供の活動
はじめ	5分	**集合・バディで人数の確認をする。あいさつをする** ○プールのまわり、水の中、水遊びの約束を確認する。 ○今日の学習内容を知る。
準備運動	5分	**水に入るための準備運動をする** ○伸び、肩、前後屈、体の回旋、膝の屈伸、アキレス腱伸ばし、手首・足首・首の運動をする（音楽をかけるなど、楽しい雰囲気で行う）。 ○足、腰洗い、シャワーを浴びる。
水慣れ	15分	**水慣れをする** ○顔を洗う・水中歩行・かけっこ・水かけっこ・ジャンプして移動（バブリング・ボビング）。 ○水に慣れる遊びを楽しむ。 →お地蔵さんを洗おう・ねことねずみ。 **1** ○ペアでもぐる遊びを楽しむ。 →水中ジャンケン・にらめっこ。
水遊び	15分	**いろいろな水遊びをする** ○棒くぐり。 ○連続フラフープくぐり。 **2**
整理運動	2分	**整列してバディで人数を確認する** ○全身をゆっくりほぐす。
まとめ	3分	**今日の活動を振り返る** ○次時の学習内容を知る。

1 ねことねずみ

○プールの中央に 2 列で縦に並ぶ

○どちらかをねこチーム、もう一方をねずみチームにする。

○教師が、「ね・ね・ね…ねこ」と言ったらねこチームが追いかけ、「ねずみ」と言ったらねずみチームが追いかける。

○プールサイドの前でタッチされたら、タッチされたチームに移る。

ねこチーム

ねずみチーム

2 連続フラフープくぐり

近くのフラフープを見付けて続けてくぐる。下から入って、上から出るルールを示す。

棒くぐり

本時案

いろいろな水遊び を知ろう⑤

7/10

本時の目標

プールサイドや、水の中、入水の方法などの約束を守り、友達と仲よく水慣れ遊びや、もぐる水遊びを楽しむことができるようにする。

評価のポイント

水にもぐる遊びを工夫したり、フラフープなどの器具の使い方の約束を守ったりすることができたか。

週案記入例

[目標]
プールで安全に遊ぶ約束を守り、いろいろな水遊びを楽しむ。

[活動]
水遊びをする。

[評価]
水遊びの約束を守り、いろいろな水遊びを楽しく遊ぶことができたか。

[指導上の留意点]
器具の使い方の確認を忘れずにする。

本時の展開

	時	子供の活動
はじめ	5分	**集合・バディで人数の確認をする。あいさつをする** ○プールのまわり、水の中、水遊びの約束を確認する。 ○今日の学習内容を知る。
準備運動	5分	**水に入るための準備運動をする** ○伸び、肩、前後屈、体の回旋、膝の屈伸、アキレス腱伸ばし、手首・足首・首の運動をする（音楽をかけるなど、楽しい雰囲気で行う）。 ○足、腰洗い、シャワーを浴びる。
水慣れ	15分	**水慣れをする** ○顔を洗う・水中歩行・かけっこ・水かけっこ・ジャンプして移動（バブリング・ボビング）。 ○水に慣れる遊びを楽しむ。 →ドンジャンケン。 **1** ○ペアでもぐる遊びを楽しむ。 →水中ジャンケン・にらめっこ。
水遊び	15分	**いろいろな水遊びをする** ○棒くぐり。 ○連続フラフープくぐり。 ○ドッジボール押し競争。 **2**
整理運動	2分	**整列してバディで人数を確認する** ○全身をゆっくりほぐす。
まとめ	3分	**今日の活動を振り返る** ○次時の学習内容を知る。

7　水の中を移動する運動遊び、もぐる・浮く運動遊び

104

7 水の中を移動する運動遊び、もぐる・浮く運動遊び

8 多様な動きをつくる運動遊び

9 表現遊び

10 走の運動遊び

11 鉄棒を使った運動遊び

12 跳の運動遊び

1 ドンジャンケン

　グループをつくり、プールの中でドンジャンケンをする。先に相手のプールサイドにタッチしたチームが勝ち。

ルール　・次の人は、壁に背をつけて待つ。それ以外の人はプールサイドで待つ。
　　　　　・ジャンケンをするときは水の中でする。
　　　　　・飛び込んではいけない。

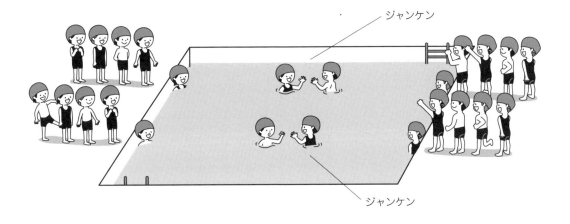

ジャンケン

ジャンケン

2 ドッジボール押し競争

　グループをつくり、頭でボールを運び競争する。

本時案

いろいろな水遊びを知ろう⑥

本時の目標

　プールサイドや、水の中、入水の方法などの約束を守り、友達と仲よく水慣れ遊びや、もぐる水遊びを楽しむことができるようにする。

評価のポイント

　水に浮く・もぐる遊びを多く取り入れ工夫したり、水の中での立ち上がりの仕方をしっかり身に付けたりすることができたか。

週案記入例

[目標]
プールで安全に遊ぶ約束を守り、いろいろな水遊びを楽しむ。

[活動]
水遊びをする。

[評価]
水遊びの約束を守り、いろいろな水遊びを楽しく遊ぶことができたか。

[指導上の留意点]
水の中での立ち上がりの仕方は、全員に身に付けさせる。

本時の展開

	時	子供の活動
はじめ	5分	**集合・バディで人数の確認をする。あいさつをする** ○プールのまわり、水の中、水遊びの約束を確認する。 ○今日の学習内容を知る。
準備運動	5分	**水に入るための準備運動をする** ○伸び、肩、前後屈、体の回旋、膝の屈伸、アキレス腱伸ばし、手首・足首・首の運動をする（音楽をかけるなど、楽しい雰囲気で行う）。 ○足、腰洗い、シャワーを浴びる。
水慣れ	15分	**水慣れをする** ○顔を洗う・水中歩行・かけっこ・水かけっこ・ジャンプして移動（バブリング・ボビング）水中ジャンケン・にらめっこ。 ○水に慣れる遊びを楽しむ。 →今までに行ってきたものの中から選ぶ。 ○浮く・もぐる水遊びを楽しむ。 →だるま浮き・クラゲ浮き。　**1**
水遊び	15分	**補助具を使った水遊びをする** ○補助具を使って浮く。　**2**
整理運動	2分	**整列してバディで人数を確認する** ○全身をゆっくりほぐす。
まとめ	3分	**今日の活動を振り返る** ○次時の学習内容を知る。

7　水の中を移動する運動遊び、もぐる・浮く運動遊び

ペアでフラフープや補助具を使って、浮く遊びやもぐる遊びを楽しむ

補助具につかまって

補助具をかかえて

友達と

フラフープくぐり

補助具につかまって

フラフープにつかまって

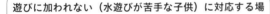

遊びに加われない（水遊びが苦手な子供）に対応する場

ジョーロ
や

パッと呼吸する　　バケツを使って

宝拾い

いろいろな水遊びを選んで遊ぼう②

10/10

本時の目標

プールサイドや、水の中、入水の方法などの約束を守り、友達と仲よく水慣れ遊びや、もぐる水遊びを楽しむことができるようにする。

評価のポイント

水に浮く・もぐる遊びを多く取り入れ工夫し、友達の真似をしたり、声をかけ合ったりして活動することができたか。

週案記入例

[目標]
プールで安全に遊ぶ約束を守り、いろいろな水遊びを楽しむ。

[活動]
水遊びをする。

[評価]
水遊びの約束を守り、いろいろな水遊びを楽しく遊ぶことができたか。

[指導上の留意点]
どの子供も水遊びを楽しめた実感がもてるようにする。

本時の展開

	時	子供の活動
はじめ	5分	**集合・バディで人数の確認をする。あいさつをする** ○プールのまわり、水の中、水遊びの約束を確認する。 ○今日の学習内容を知る。
準備運動	5分	**水に入るための準備運動をする** ○伸び、肩、前後屈、体の回旋、膝の屈伸、アキレス腱伸ばし、手首・足首・首の運動をする（音楽をかけるなど、楽しい雰囲気で行う）。 ○足、腰洗い、シャワーを浴びる。
水慣れ	15分	**水慣れをする** ○顔を洗う・水中歩行・かけっこ・水かけっこ・ジャンプして移動（バブリング・ボビング）水中ジャンケン・にらめっこ。 ○水に慣れる遊びを楽しむ。 →今までに行ってきたものの中から選ぶ。 ○浮く・もぐる水遊びを楽しむ。 →だるま浮き・クラゲ浮き。
水遊び	15分	**補助具を使った水遊びをする** ○ペアでフラフープや補助具を使って、浮く・もぐる遊びを楽しむ。 ◀-**1**
整理運動	2分	**整列してバディで人数を確認する** ○全身をゆっくりほぐす。
まとめ	3分	**今日の活動を振り返る** ○自分ができるようになったことや友達と挑戦したことなどを振り返る。

7 水の中を移動する運動遊び、もぐる・浮く運動遊び

8 多様な動きをつくる運動遊び

9 表現遊び

10 走の運動遊び

11 鉄棒を使った運動遊び

12 跳の運動遊び

1 ペアでフラフープや補助具を使って、浮く遊びやもぐる遊びを楽しむ

場を設定する（今までに取り組んできた遊びを人数や実態に応じて遊びの場を設定する）。

補助具につかまって

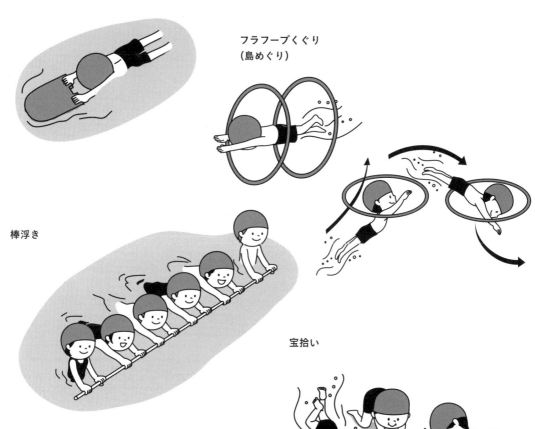

フラフープくぐり
（島めぐり）

棒浮き

宝拾い

遊びに加われない（水遊びが苦手な子供）に対応する場

口までつかって
ぶくぶく

友達や
教師と

顎まで
つかって
顔洗い

「水遊び」学習カード＆資料

使用時 第1〜10時

本カードは、単元の前半と後半に分けて使用する。水遊びの学習に対する子供たちの自己評価から変容を見取るカードである。また、教師のみならず、子供たちが自己評価の観点を明確にもつことで、何に気を付け、頑張ればよいのかを理解することにも有効である。自己評価の観点についても配布時に指導をするよう配慮したい。

収録資料活用のポイント

①使い方

　水遊びや水泳の学習では、プールサイドでカードを記入することが難しく、教室で書くことを前提にしている。毎回教師が保管・回収し、紛失したり、破損したりしないようにする。「みずあそび　がくしゅうカード」と「みずあそび　カード」は両面印刷で使用する（前半後半ともに）。

②留意点

　本カードは、幼児教育が終わり、就学して2・3か月程度の1年生という発達の段階を考慮している。そのため、学習内容を振り返ることを重視している。前半と後半に分けて使用するが、毎回記述することよりも、どのような活動をしたのか、できるようになったことは何かを振り返らせたい。そのため、感想の記述は、前半後半1回ずつとしている。

💿 学習カード 1-7-1（2〜5時）

みずあそび　がくしゅうカード

1ねん　　くみ　　なまえ（　　　　　　　　　　）

○^{がく}学しゅうのふりかえり
◎：よくできた　○：できた　△：もうひといき

	2かいめ	3かいめ	4かいめ	5かいめ
日にち	／	／	／	／
水の中でげん気にあそべた				
きまりをまもってなかよくあそべた				
くふうしてあそべた				
できるようになったことに○をつけよう	・シャワー ・水の中をはしる ・かおをつける ・目をあける ・もぐる	・シャワー ・水の中をはしる ・かおをつける ・目をあける ・もぐる	・シャワー ・水の中をはしる ・かおをつける ・目をあける ・もぐる	・シャワー ・水の中をはしる ・かおをつける ・目をあける ・もぐる

水あそびのかんそう

💿 資料 1-7-1（2〜5時）

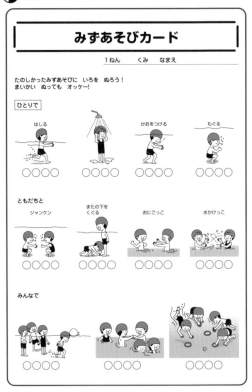

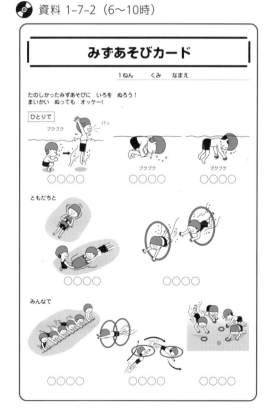

7 水の中を移動する運動遊び、もぐる・浮く運動遊び

8 多様な動きをつくる運動遊び

9 表現遊び

10 走の運動遊び

11 鉄棒を使った運動遊び

12 跳の運動遊び

💿 学習カード 1–7–2（6〜10時）

💿 資料 1–7–2（6〜10時）

みずあそび　がくしゅうカード

1ねん　　くみ　なまえ（　　　　　　　　　　　）

○学しゅうのふりかえり
◎：よくできた　○：できた　△：もうひといき

	6かいめ	7かいめ	8かいめ	9かいめ	10かいめ
日にち	／	／	／	／	／
水の中でげん気にあそべた					
きまりをまもってなかよくあそべた					
くふうしてあそべた					
できるようになったことに○をつけよう	・水の中をはしる ・かおをつける ・目をあける ・もぐる ・うく	・かおをつける ・目をあける ・もぐる ・うく ・くぐる	・かおをつける ・目をあける ・もぐる ・うく ・くぐる	・かおをつける ・目をあける ・もぐる ・うく ・くぐる	・かおをつける ・目をあける ・もぐる ・うく ・くぐる

水あそびのかんそう

みずあそびカード

1ねん　　くみ　なまえ

たのしかったみずあそびに　いろを　ぬろう！
まいかい　ぬっても　オッケー！

ひとりで

ブクブク　　　パッ

ブクブク　　　ブクブク

○○○○　　　○○○○　　　○○○○

ともだちと

○○○○　　　○○○○　　　○○○○

みんなで

○○○○　　　○○○○　　　○○○○

8 多様な動きをつくる運動遊び

5 時間

【単元計画】

1・2時	3時
[第一段階] 体を移動する動き、用具を操作する動きを一つ一つやってみる	
体を移動する動き、用具を操作する動きの行い方を知り、楽しみながら行ったり、伝え合ったりして動きを身に付ける。	体を移動する動き、用具を操作する動きの行い方を知り、学習の場を選んだり、友達に伝えたりして楽しむ。
1・2 「いろいろな歩く・走る」「竹馬・缶ぽっくり」「短なわ」をしよう POINT：教師と一緒に一つ一つ取り組む。 **[主な学習活動]** ○集合・あいさつ・準備運動 ○体を移動する運動「じゃんけんすごろく」 ○多様な動きをつくる運動遊び 〈第1時〉 ・缶ぽっくり、竹馬 ・友達のよい動きや工夫の伝え合い ・缶ぽっくり、竹馬 〈第2時〉 ・フープ、短なわ ・友達のよい動きや工夫の伝え合い ・フープ、短なわ ○振り返り：学習カード（個人）／発表（全体）	**3 選んで楽しもう①** POINT：ローテーションで楽しむ。 **[主な学習活動]** ○集合・あいさつ・準備運動 ○体を移動する運動「じゃんけんすごろく」 ○多様な動きをつくる運動遊び ・フープ、短なわ、缶ぽっくり、竹馬 ・友達のよい動きや工夫の伝え合い ・フープ、短なわ、缶ぽっくり、竹馬 ○振り返り：学習カード（個人）／発表（全体）

授業改善のポイント

主体的・対話的で深い学びの実践に向けて

　本単元では、体を移動する動き、用具を操作する動きの楽しさに触れ、その行い方を知り、体を動かす心地よさを味わったり、基本的な動きを身に付けたりすることを目指している。

　次のような友達同士の伝え合いの中で、楽しく動きを身に付けていきたい。

○「友達の動きを見て見付けたよい動き」「行ってみて楽しいと感じた運動遊びの行い方」を友達に伝える。

○用具を運ぶ運動遊びで、ボールの大きさや種類を変えたり、様々な運び方を試したりして

選んだ行い方を、動作を交えながら友達に伝える。伝える方法は、「運動の最中に友達に直接伝える」「運動遊びに取り組む時間の途中で、友達のよい動きを見せながら教師がどこがよかったか尋ねる」「まとめの時間に学習カードに記入する」「まとめの時間に発表する」などがある。

　子供が、自分の考えをもつことができるように、授業を組み立てることが大切である。少し頑張れば皆ができるような運動遊びからスタートし、もっとやってみたい気持ちを引き出す。

7
水の中を移動する運動遊び、もぐる・浮く運動遊び

8
多様な動きをつくる運動遊び

9
表現遊び

10
走の運動遊び

11
鉄棒を使った運動遊び

12
跳の運動遊び

単元の目標

○知識及び運動

・体を移動する動き、用具を操作する動きの楽しさに触れ、その行い方を知るとともに、基本的な動きを身に付けることができる。

○思考力、判断力、表現力等

・楽しくできる運動遊びを選ぶとともに、友達のよい動きを見付けたり、工夫したりした楽しい遊び方を友達に伝えることができる。

○学びに向かう力、人間性等

・進んで取り組み、きまりを守り仲よく運動をしたり、場の安全に気を付けたりすることができる。

4時	5時
[第二段階] 体を移動する動き、用具を操作する動きを工夫して楽しむ	
体を移動する動き、用具を操作する動きの行い方を知り、友達と協力し合ったり、励まし合ったりして楽しく取り組む。	学習の場をローテーションで移動し、動きを高めて楽しむ。
4 「かけ足」「長なわ」をしよう POINT：教師と一緒に一つずつ取り組む。 [主な学習活動] ○集合・あいさつ・準備運動 ○体を移動する運動「一定の速さでのかけ足」 ○多様な動きをつくる運動遊び 　・ボール、棒、長なわ 　・友達のよい動きや工夫の伝え合い 　・ボール、棒、長なわ ○振り返り：学習カード（個人）／発表（全体）	5 選んで楽しもう② POINT：ローテーションで楽しむ。 [主な学習活動] ○集合・あいさつ・準備運動 ○体を移動する運動「一定の速さでのかけ足」 ○多様な動きをつくる運動遊び 　・ボール、棒、長なわ 　・友達のよい動きや工夫の伝え合い 　・ボール、棒、長なわ ○振り返り：学習カード（個人）／発表（全体）

子供への配慮の例

①運動が苦手な子供

・回す、転がすなど用具を操作することが苦手
➡ボールやフープなど用具の大きさ、柔らかさ、重さを変えて操作しやすくする。

・用具を投げる、捕るなどの動きが苦手➡新聞紙を丸めた球や新聞紙でつくった棒、スポンジのボールなど、恐怖心を感じにくい用具を用いたり、紙鉄砲を用いた遊びを取り入れたりする。

・なわを跳んだり、くぐったりすることが苦手
➡跳び越す位置や動き方を示し、かけ声によってタイミングを合わせていく。

②意欲的でない子供

・体を動かすことを好まない子供➡教室から友達と手をつないで体育館や運動場に移動するなど、授業前から友達と関わりながら自然に運動遊びに加わっていくことができるようにする。

・友達と関わり合うことに意欲的になれない子供➡ペアやグループで調子を合わせて動くことによって、気持ちも弾んでくることが実感できる運動遊びを準備したり、意欲が感じられる子供のつぶやきや動きを取り上げて共感したりする。

本時案

「いろいろな歩く・走る」
「竹馬・缶ぽっくり」
をしよう

本時の目標

体を移動する動きや用具を操作する動きの楽しさに触れ、その行い方を知り、基本的な動きを身に付けることができるようにする。

評価のポイント

体を移動する動きや用具を操作する動きの楽しさに触れ、基本的な動きを身に付けることができたか。

週案記入例

[目標]
「体を移動する運動遊び」「用具を操作する運動遊び」を楽しく行う。

[活動]
友達や教師と一緒に動いてみる。

[評価]
「体を移動する運動遊び」「用具を操作する運動遊び」を楽しく行うことができたか。

[指導上の留意点]
自分や友達の安全に気を付けることを十分に確認する。

本時の展開

	時	子供の活動
はじめ	5分	**集合・あいさつ** ○今日の学習内容:「体を移動する運動遊び」「用具を操作する運動遊び」を知る。
準備運動・体を移動する運動遊び	15分	**準備運動から自然と体を移動する運動遊びを行う** 1 ○「じゃんけんすごろく」 ①アザラシ歩き、②クマ歩き、③コーンの間をスラロームで走る。 ④ミニハードルを両足や片足でいろいろな跳び方で跳ぶ。
伝え合い	5分	**友達のよい動きや楽しい工夫の伝え合い**
用具を操作する運動遊び	15分	**友達と関わりながら楽しむ** 2 ○缶ぽっくりと足場の低い竹馬(または補助付きの竹馬)の乗り方と降り方を確認する。 ○2人1組で挑戦する。
整理運動	2分	**運動で使った部位を友達とほぐす** ○「きゅうりの塩もみ」(P.68参照)。
まとめ	3分	(1)**今日の学習について振り返り、学習カードに記入する** 「どの運動が楽しかったかな。○で囲んでみよう」。 (2)**どの運動遊びが楽しかったか、友達の動きでよかったところなどを発表し合う**

7 水の中を移動する運動遊び、もぐる・浮く運動遊び

8 多様な動きをつくる運動遊び

9 表現遊び

10 走の運動遊び

11 鉄棒を使った運動遊び

12 跳の運動遊び

1 じゃんけんすごろく

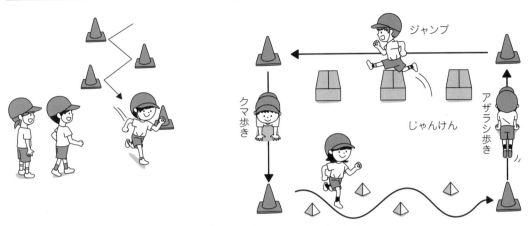

○体じゃんけんで進む。大きくジャンプして全身をめいいっぱい使う。
○勝ったら進む。あいこは2人で進む。2回連続して負けたら進んでよい。

①アザラシ歩き。
②クマ歩き。
③コーンの間をスラロームで走る。
④ミニハードルを両足や片足でいろいろな跳び方で跳ぶ。

2 缶ぽっくり・竹馬（安全面に留意する）

給食室で、マッシュルームや桃などの缶詰の中から手ごろな大きさを選んで作成する。市販の物も売っている。

簡単に操作できるため、コースをつくったり、ミニハードルをまたいだり、踏切板で坂道を体験するのも楽しい。

足場の低い物や、補助付きの物から挑戦し、前に体重がかかる感じを味わわせる。2人1組になって、補助をし合うのもよい。

まず、「乗り方」「降り方」を全員で確認してから始めよう。

本時案

「いろいろな歩く・走る」
「短なわ」をしよう

本時の目標

　体を移動する動きや用具を操作する動きの楽しさに触れ、その行い方を知り、基本的な動きを身に付けることができるようにする。

評価のポイント

　体を移動する動きや用具を操作する動きの楽しさに触れ、基本的な動きを身に付けることができたか。

週案記入例

［目標］
「体を移動する運動遊び」「用具を操作する運動遊び」を楽しく行う。

［活動］
友達や教師と一緒に動いてみる。

［評価］
「体を移動する運動遊び」「用具を操作する運動遊び」を楽しく行うことができたか。

［指導上の留意点］
自分や友達の安全に気を付けることを十分に確認する。

本時の展開

	時	子供の活動
はじめ	5分	**集合・あいさつ** ○今日の学習内容：「体を移動する運動遊び」「用具を操作する運動遊び」を知る。
準備運動・体を移動する運動遊び	5分	**準備運動から自然と体を移動する運動遊びを行う** ○「じゃんけんすごろく」 ①アザラシ歩き、②クマ歩き、③コーンの間をスラロームで走る。 ④ミニハードルを両足や片足でいろいろな跳び方で跳ぶ。
用具を操作する運動遊び	10分	**フープ** 1 ○フープを手首や腰を軸にして回したり、倒れないように転がしたりする。 ○ペアで向かい合ったり、的を決めたりして、フープを真っ直ぐ転がす。
伝え合い	5分	**友達のよい動きや楽しい工夫の伝え合い**
用具を操作する運動遊び	15分	**短なわ** 2 ○なわを折りたたんだまま両手で持ち、足でまたぐことから始める。 ○前に回してまいでみる。何回も繰り返してみる。 ○跳んでみる。
整理運動	2分	**運動で使った部位を友達とほぐす** ○「きゅうりの塩もみ」。
まとめ	3分	**(1)今日の学習について振り返り、学習カードに記入する** 「どの運動が楽しかったかな。○で囲んでみよう」。 **(2)どの運動遊びが楽しかったか、友達の動きでよかったところなどを発表し合う**

1 フープ：手づくりフープ

腕で回すのが怖い子供には、教師が回したり、回すきっかけを手伝ったりする。

決めた的に当たるように、まっすぐ転がすと、ただ転がすよりも楽しい。力の加減が難しい子供にはそっと押すように声をかける。

友達と向かい合って転がす経験も、力の加減が分かりやすい。

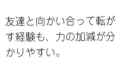

止まって転がすこと以外にも、並走しながら転がす方法も楽しい。

2 短なわ

1年生のはじめの時期は、一つ一つ経験させる。

①なわを折りたたんだまま両手で持ち、足でまたぐことから始めよう。
②前に回してまたぐ。
③何回も繰り返してみよう。
④跳んでみよう。

※難しい子供はなわを横に持って、ジャンプをしてみる。

7 水の中を移動する運動遊び、もぐる・浮く運動遊び

8 多様な動きをつくる運動遊び

9 表現遊び

10 走の運動遊び

11 鉄棒を使った運動遊び

12 跳の運動遊び

本時案

選んで楽しもう①

本時の目標

　楽しくできる運動遊びを選ぶとともに、友達のよい動きを見付けたり、工夫したりした遊び方を友達に伝えることができるようにする。

評価のポイント

　友達のよい動きを見付けたり、工夫したりした遊び方を友達に伝えることができたか。

週案記入例

[目標]
楽しくできる行い方を選んだり、友達に伝えたりすることができる。

[活動]
体を移動する運動遊びや用具を操作する運動遊びを工夫して楽しく行う。

[評価]
楽しくできる行い方を選んだり、友達に伝えたりすることができたか。

[指導上の留意点]
自分や友達の安全に気を付けることを十分に確認する。

本時の展開

	時	子供の活動
はじめ	5分	**集合・あいさつ** 　○今日の学習内容：「体を移動する運動遊び」「用具を操作する運動遊び」を知る。
準備運動・体を移動する運動遊び	5分	**準備運動から自然と体を移動する運動遊びを行う** 　○「じゃんけんすごろく」 　①アザラシ歩き、②クマ歩き、③コーンの間をスラロームで走る。 　④ミニハードルを両足や片足でいろいろな跳び方で跳ぶ。
用具を操作する運動遊び	10分	**ローテーション「缶ぽっくり・竹馬」「フープ」「短なわ」** ■1
伝え合い	5分	**友達のよい動きや楽しい工夫の伝え合い**
用具を操作する運動遊び	15分	**ローテーション「缶ぽっくり・竹馬」「フープ」「短なわ」** ■2
整理運動	2分	**運動で使った部位を友達とほぐす** 　○「きゅうりの塩もみ」。
まとめ	3分	**(1)今日の学習について振り返り、学習カードに記入する** 　「どの運動が楽しかったかな。○で囲んでみよう」。 **(2)どの運動遊びが楽しかったか、友達の動きでよかったところなどを発表し合う**

7 水の中を移動する運動遊び、もぐる・浮く運動遊び

8 多様な動きをつくる運動遊び

9 表現遊び

10 走の運動遊び

11 鉄棒を使った運動遊び

12 跳の運動遊び

1 ローテーションの場合

「缶ぽっくり・竹馬」「フープ」「短なわ」

前後半で 7 ～ 8 分ずつ経験する。フープを転がす方向は、子供がいない方向にするなどの工夫をする。

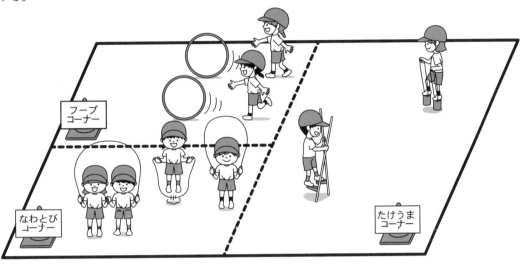

2 2 つの場所で選んで行う場合

「缶ぽっくり・竹馬」と「フープ」、「短なわ」と「フープ」のように、子供に経験したい遊びを聞き、人数が多い場は 2 回分設ける。

本時案

「かけ足」「長なわ」をしよう　4/5

本時の目標

　体を移動する動きや用具を操作する動きの楽しさに触れ、その行い方を知り、基本的な動きを身に付けることができるようにする。

評価のポイント

　体を移動する動きや用具を操作する動きの楽しさに触れ、基本的な動きを身に付けることができたか。

週案記入例

[目標]
「体を移動する運動遊び」「用具を操作する運動遊び」を楽しく行う。

[活動]
友達と一緒に動いてみる。

[評価]
「体を移動する運動遊び」「用具を操作する運動遊び」を楽しく行うことができたか。

[指導上の留意点]
自分や友達の安全に気を付けることを十分に確認する。

本時の展開

	時	子供の活動
はじめ	5分	**集合・あいさつ** ○今日の学習内容：「体を移動する運動遊び」「用具を操作する運動遊び」を知る。
準備運動・体を移動する運動遊び	5分	**準備運動から自然と体を移動する運動遊びを行う** ○「一定の速さでのかけ足」をする（P.239参照）。
用具を操作する運動遊び	10分	**ボール　1** ○ペアで向かい合ったり、的を決めたりして、ボールを真っ直ぐ転がす。 ○友達と背中などでボールをはさんで、いろいろな方向に運ぶ。 ○ボールや棒など大きさや種類の異なる用具を片手や両手で投げたり、捕ったりする。
伝え合い	5分	**友達のよい動きや楽しい工夫の伝え合い**
用具を操作する運動遊び	15分	**長なわ　2** ○大波・小波をする。 ○回っているなわをくぐり抜ける。
整理運動	2分	**運動で使った部位を友達とほぐす** ○「きゅうりの塩もみ」。
まとめ	3分	**(1)今日の学習について振り返り、学習カードに記入する** 「どの運動が楽しかったかな。○で囲んでみよう」。 **(2)どの運動遊びが楽しかったか、友達の動きでよかったところなどを発表し合う**

1　ボールを使った運動遊び

○「ペアで向かい合ってボールを転がす」：「せーの」と声をかけているペアを称賛し、呼吸を合わせる楽しさにも気付かせたい。

○「的を決めて、ボールを真っ直ぐ転がす」：コーンの間を通したり、段ボールの中に入るようにしても楽しい。

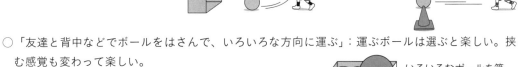

○「友達と背中などでボールをはさんで、いろいろな方向に運ぶ」：運ぶボールは選ぶと楽しい。挟む感覚も変わって楽しい。

よいしょ
よいしょ

しっかり
押してね

いろいろなボールを箱
やかごに入れておく。

○「ボールや棒など大きさや種類の異なる用具を片手や両手で投げたり、捕ったりする」：難しい子供は、ボールをバウンドさせてもよい。棒は、新聞紙を丸めたものが怖くなくてよい。

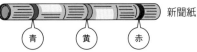

新聞紙

青　黄　赤

ビニールテープで目印を付けると、捕りやすい。

2　長なわを使った運動遊び

くぐり抜けた先に宝があり、「何個運べるかな」と工夫するのも楽しい。

「郵便屋さん」の伝承遊びで楽しむと、自然な流れで回旋跳びになる。苦手な子供には、揺らしたままでよいことにする。急に難しくしないことが大事である。

3分

7
水の中を移動する運動遊び、もぐる・浮く運動遊び

8
多様な動きをつくる運動遊び

9
表現遊び

10
走の運動遊び

11
鉄棒を使った運動遊び

12
跳の運動遊び

本時案

選んで楽しもう②

本時の目標

　楽しくできる運動遊びを選ぶとともに、友達のよい動きを見付けたり、工夫したりした遊び方を友達に伝えることができるようにする。

評価のポイント

　友達のよい動きを見付けたり、工夫したりした遊び方を友達に伝えることができたか。

週案記入例

[目標]
楽しくできる行い方を選んだり、友達に伝えたりすることができる。

[活動]
体を移動する運動遊びや用具を操作する運動遊びを工夫して楽しく行う。

[評価]
楽しくできる行い方を選んだり、友達に伝えたりすることができたか。

[指導上の留意点]
自分や友達の安全に気を付けることを十分に確認する。

本時の展開

	時	子供の活動
はじめ	5分	**集合・あいさつ** ○今日の学習内容：「体を移動する運動遊び」「用具を操作する運動遊び」を知る。
準備運動・体を移動する運動遊び	5分	**準備運動から自然と体を移動する運動遊びを行う** ○「一定の速さでのかけ足」をする。
用具を操作する運動遊び	10分	**ローテーション「ボール」「棒」「長なわ」** 1 2
伝え合い	5分	**友達のよい動きや楽しい工夫の伝え合い**
用具を操作する運動遊び	15分	**ローテーション「ボール」「棒」「長なわ」**
整理運動	2分	**運動で使った部位を友達とほぐす** ○「きゅうりの塩もみ」。
まとめ	3分	**(1)今日の学習について振り返り、学習カードに記入する** 「どの運動が楽しかったかな。○で囲んでみよう」。 **(2)どの運動遊びが楽しかったか、友達の動きでよかったところなどを発表し合う**

7　水の中を移動する運動遊び、もぐる・浮く運動遊び

8　多様な動きをつくる運動遊び

9　表現遊び

10　走の運動遊び

11　鉄棒を使った運動遊び

12　跳の運動遊び

1 ローテーション「ボール」「棒」「長なわ」

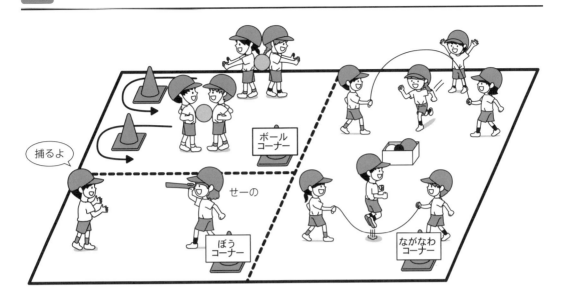

2 お役立ちグッズいろいろ

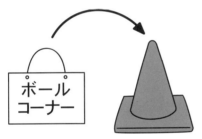

画用紙や板目紙でつくっておく。
毎時間、子供たちが準備する。
運動が苦手な子供たちにも
役割をもたせ、わくわくさせてあげたい。

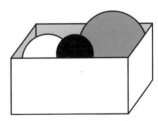

かごや、ダンボールに、いろいろな
形や固さ、大きさのボールを入れ
て、各グループに置く。

ワンポイント
マネジメント！

友達の動きを見るときや、話しを聞くときに、用具をさわっ
てしまいがち。
フープの中で待ったり、ボールを膝の下に入れたりする。

ホワイトボードが常設されていない学
校では、模造紙を段ボールのような厚
くて軽いものに貼って持ち運ぶ。

DVD
収録資料

「多様な動きをつくる運動遊び」学習カード＆資料

使用時 **第1～5時**

平仮名を習い終わったこの頃であれば、○で囲んだり、シールを貼ったりするなど、簡単な方法で学習カードを活用することが可能となる。経験した運動遊びを価値付けるためにも、学習カードは必要不可欠である。教師の授業改善にも活用する。

収録資料活用のポイント

①使い方

1年生が扱いやすいように、色画用紙を2つ折りにして印刷する。裏面には資料を印刷し、中を開くと、毎時間の学習カードを貼って重ねていくようにする。生活科等で使用するバインダーに挟んで持ち歩くことができるようにする。板目紙に貼って重ねていく。

②留意点

学習カードに書いてある設問を意識して、「めあての確認」「動きの見合い」「動きを見ての伝え合い」などを授業中に行っていくことで、子供の思考に沿った学習過程となり、主体的・対話的な学びを促進することになる。「かんそう」については、書ける子供のみでよい。

学習カード 1-8-1（1～3時）

いろいろなうんどうあそび　がくしゅうカード

1ねん　　くみ　なまえ（　　　　　　　　）

1　たのしかったうんどうあそびを ○で かこみましょう。

じゃんけんすごろく「あざらし」	じゃんけんすごろく「くま」	じゃんけんすごろく「スラローム」
じゃんけんすごろく「ミニハードル」	かんぽっくり	たけうま

2　ふりかえり

1　みんなといっしょにじゅんびやかたづけをすることができた。	
2　たのしいほうほうをともだちとはなしながらできた。	
3　たのしく、いろいろなうんどうあそびをすることができた。	

3　かんそう

学習カード 1-8-2（4～5時）

いろいろなうんどうあそび　がくしゅうカード

1ねん　　くみ　なまえ（　　　　　　　　）

1　たのしかったうんどうあそびを ○で かこみましょう。

はしる	ながなわ
ぼう	ボール

2　ふりかえり

1　みんなといっしょにじゅんびやかたづけをすることができた。	
2　たのしいほうほうをともだちとはなしながらできた。	
3　たのしく、いろいろなうんどうあそびをすることができた。	

3　かんそう

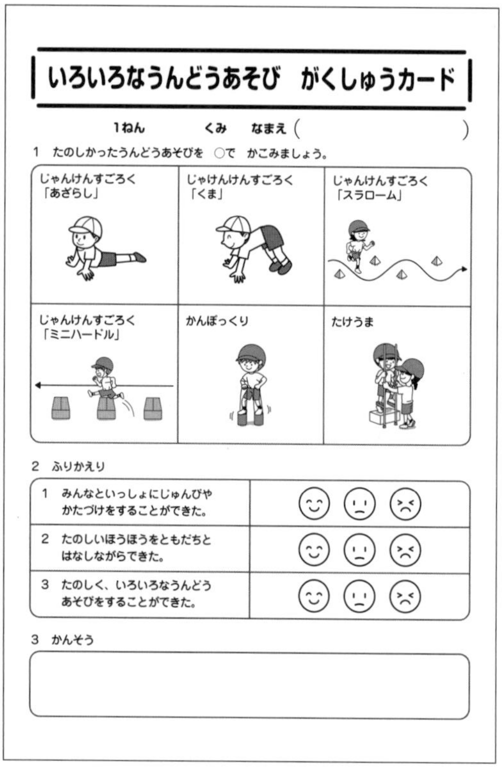

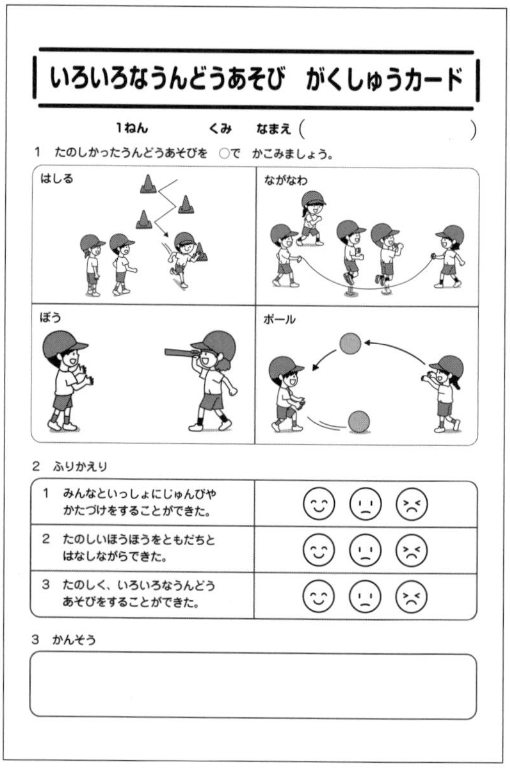

7

水の中を移動する運動遊び、もぐる・浮く運動遊び

8

多様な動きをつくる運動遊び

9

表現遊び

10

走の運動遊び

11

鉄棒を使った運動遊び

12

跳の運動遊び

いろいろなうんどうあそび

やすみじかんや、おうちでもやってみよう！うんどうあそびはたのしいよ！

「いろはにこんぺいとう」

おにをふたりきめます。おにには、「いろはにこんぺいとう」といって、ゴムをすきなかたちでとめます。うしろをみないで、「まんなか」「した」「うえ」すきなとおりかたをいいます。ゴムにからだがぶつかったら、つぎはおにになります。

まんなか　　うえかしたか　まんなかか～　　ピーン！

した　　そろ～り

「ふうせんでいろいろなあそび」

① ふうせんをガムテープでまく。⇒われにくい、やわらかいボールのできあがり！

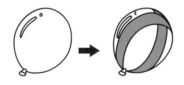

じゅうじにまいたり、
まくスペースをふやしたりする。

② ふうせんのなかにスーパーボールをいれる。⇒はずむと、どこにいくのかわからないたのしさ！

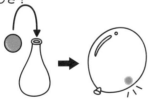

③ かさのふくろロケット⇒さきをビニールテープでまいたり、はねをつけたりすると、たのしくとばせるよ。

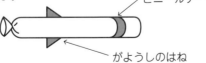

ビニールテープ

がようしのはね

9 表現遊び

5 時間

【単元計画】

1 時	2 時
[第一段階] 表現遊びをしながらいろいろな動きを見付ける	
表現遊びの行い方を知り、楽しむ。	表現遊びをしながら、自分でも動きを見付けて楽しむ。

1.2 表現遊びを楽しみながら動きを見付けよう①②
POINT：こんなこともできる、あんなこともできると、試しにあれこれやってみる。

[主な学習活動]	[主な学習活動]
○おにごっこをする（手つなぎ鬼）。 ○表現遊びを楽しむ。 　①ぴよぴよちゃん 　②だるまさんがころんだ 　③あんたがたどこさ 　④落ちた、落ちた、何が落ちた？ 　⑤体じゃんけん まとめ　本時の振り返りをする。 　　　　次時の内容を知る。	○おにごっこをする（バナナ鬼）。 ○表現遊びをしながら動きを見付ける。 　①ガサゴソ、ガサゴソ、何がいた？ 　②おおかみさん、今何時？ 　③トントントン、何の音？ 　④びっくりばこ 　⑤足、あし、アシ… まとめ　本時の振り返りをする。 　　　　次時の内容を知る。

授業改善のポイント

主体的・対話的で深い学びの実践に向けて

　1年生は、じっとしていられないぐらい体を動かすことが大好きである。歌を伴うと自然と体が弾み出す。まずは教師が指示をする前に、子供が動きたいように動くことができる時間を確保し、教師は見守ることから始めたい。子供が見付けたり工夫した動きは未熟であるかもしれないが、決して否定しないことが主体的な学びへとつながっていく。教師は、子供が見付けたよい動きをすかさずほめて、認めて励ますことが大切である。その際、本時のねらいに沿った言葉かけにすることで、子供は学びのねらいに適した工夫ができるようになる。たとえば、野原で見付けたカマキリになりきるときには「いいね。Aさんは目玉までカマキリになっている！」と伝えるだけで、子供たちの表情が引き締まり、カマキリになった気分に浸っている。「すごい、Bさんのカマキリのかまは体より大きいんだね」と投げかけると、他の子供まで腕を振り構えて大きな動きになってくる。教師は動きを指定するのではなく、子供たちがイメージをもって自分で工夫し始めるような言葉かけをすることが、主体的に学ぶ子供を育てるのである。

単元の目標

○知識及び技能
・表現遊びの行い方を知り、身近な題材の特徴を捉え、そのものになりきって、全身で即興的に踊ることができる。

○思考力、判断力、表現力等
・身近な題材の特徴を捉えて踊り方を工夫したり、友達に伝えたりすることができる。

○学びに向かう力、人間性等
・表現遊びに進んで取り組み、安全に気を付けて誰とでも仲よく踊ることができる。

3時	4時	5時
\[第二段階\]「○○が○○しているところ」という簡単なお話にして楽しむ		
野原や山を思い浮かべて、動物になりきる楽しさを味わう。	池や川を思い浮かべて、動物になりきる楽しさを味わう。	海を思い浮かべて、動物になりきる楽しさを味わう。
3　野原や山で見付けた動物になってお話をつくろう POINT：そのものになりきって動く。 \[主な学習活動\] ○表現遊び「ガサゴソ、ガサゴソ、何がいた？」をする。 ○野原や山で見付けたものを出し合って動きを見付ける（バッタやチョウなど）。 ①教師と一緒に見付ける。 ②友達2〜3人と見付ける。 ○「○○が○○しているところ」という簡単なお話にして楽しむ。 まとめ　本時の振り返りをする。次時の内容を知る。	4　池や川で見付けた動物になってお話をつくろう POINT：場面を思い浮かべて動く。 \[主な学習活動\] ○表現遊び「おおかみさん、今何時？」をする。 ○池や川で見付けたものを出し合って動きを見付ける（メダカやカエルなど）。 ①教師と一緒に見付ける。 ②友達2〜3人と見付ける。 ○「○○が○○しているところ」という簡単なお話にして楽しむ。 まとめ　本時の振り返りをする。次時の内容を知る。	5　海で見付けた動物になってお話をつくろう POINT：特徴を捉えて動く。 \[主な学習活動\] ○表現遊び「トントントン、何の音？」をする。 ○海で見付けたものを出し合って動きを見付ける（クラゲやサメなど）。 ①教師と一緒に見付ける。 ②友達2〜3人と見付ける。 ○「○○が○○しているところ」という簡単なお話にして楽しむ。 まとめ　本時の振り返りをする。

子供への配慮の例

①運動が苦手な子供

　題材の特徴を捉えて踊ることが苦手な子供には、ねじったり回ったり、跳んだり転がったりして全身の動きで特徴を捉えている友達の動きを見合い、真似することができるようにする。

　また、いろいろな動き方を絵に描いて貼っておき、その中からやってみたい動きを選べるようにする。2人組で簡単な動きを真似し合うのもよい。

　本時のめあても1つずつスモールステップで設定する。

②意欲的でない子供

　単元の導入で、その題材に関連する絵本や図鑑などを提示し、題材に対する興味や関心を高めるなどの配慮をする。

　普段の子供たちの遊び、たとえば、「だるまさんがころんだ」や「おおかみさん、今何時？」などから始めて、その遊びの中に表現の要素を組み入れていく。知らず知らずのうちに表現する楽しさを感じ取ることができる。

　また、教師が率先して動いて楽しむことも大切である。

単元計画
129

本時案

表現遊びを楽しみながら動きを見付けよう①

1/5

本時の目標

表現遊びを楽しみながら、次々とその遊びにふさわしい動きを見付けることができるようにする。

評価のポイント

友達と一緒に表現遊びを楽しみながら、自分から進んで動きを見付けることができたか。

週案記入例

[目標]
表現遊びに親しむ。

[活動]
表現遊びのやり方を知って、いろいろな動きを見付ける。

[評価]
誰とでも仲よく表現遊びに取り組んでいたか。

[指導上の留意点]
遊びを通して、知らず知らずのうちに多様な動きが体感できるようにする。

本時の展開

	時	子供の活動
はじめ	5分	**集合・あいさつ** ○本時の学習内容を確認する。
準備運動	5分	**おにごっこをする** ○手つなぎ鬼をして楽しむ。 ○体育館中を思いきり走り回る。
表現遊びのいろいろ	30分	**表現遊びを楽しみながら、いろいろな動きを見付ける** (1)ぴよぴよちゃん 1 ○教師の動きをすぐに真似して動く。 ○教師とかけ合いで声を出しながら動く。 (2)だるまさんがころんだ 2 ○ピタッと止まる。 ○「だるまさんが泳いでいる」「だるまさんが宇宙遊泳をしている」など、いろいろな場面を想定して動くことを楽しむ。 (3)あんたがたどこさ 3 ○歌に合わせて、「さ」のところでポーズを工夫する。 ○どんなポーズを考えたのか見せ合ったり、真似し合ったりする。 (4)落ちた、落ちた、何が落ちた ○歌に合わせてスキップをし、「○○が落ちた！」のところで、いろいろな落ち方や、受け止め方を見付ける。 (5)体じゃんけん ○グーチョキパーの特色を捉えて、いろいろな形を工夫する。
整理運動	2分	**運動で使った部位をゆったりとほぐす** ○伸びたり縮んだりする動きを中心に、全身の筋肉をほぐす。
まとめ	3分	**今日の学習について振り返る** ①楽しかったところを発表する。 ②友達の動きで、真似してみたいと思ったことを発表する。

1 表現遊び：「ぴよぴよちゃん」

表現遊びを通して、いろいろな動きを自然に体験することが大切である。

学習活動	教師の言葉かけ
「ぴよぴよちゃん」の遊び方を知る。 ・教師の後について、真似をして動く。	先生が「ぴよぴよちゃん」と言ったら、みんなは「何ですか？」と元気に答えてね。先生が「こんなこと、こんなこと、できますか？」と言って動いたら、「こんなこと、こんなこと、できますよ」と言って真似をして動いてね。
「ぴよぴよちゃん」で、いろいろな動きをする。	先生の動きを真似して、いろいろな動きをしましょう。 大きな声で、大きく動こうね。 **教師**「ぴよぴよちゃん」　　　　　　　　　**子供**「何ですか？」 　　　「こんなこと、こんなこと、できますか？」　　　「こんなこと、こんなこと、できますよ」 　　　（いろいろな動作をする）　　　　　　　　　（真似して動く） 繰り返しながら、いつの間にかいろいろな動作に慣れ親しんでいくように工夫する。

2 表現遊び：「だるまさんがころんだ」

学習活動	教師の言葉かけ
「だるまさんがころんだ」の遊び方を知る。通常行われている「だるまさんがころんだ」の遊び方で楽しむ。	「だるまさんがころんだ」の遊びをしましょう。 止まるところ、しっかり止まれるかな？ ピタッと止まって、髪の毛も目も動かない！
「だるまさん」の動きを変化させて遊ぶ。	先生の言葉をよく聞いてね。いろいろな止まり方をするよ。 ・だるまさんが片足で止まった！ ・だるまさんが友達とくっついた！
「だるまさんが○○している」に合わせて模倣する。	今度はだるまさんがいろいろなことをするよ。 ・だるまさんが泳いでいる。 ・だるまさんが宇宙遊泳をしている。 ・だるまさんがカエルになってぴょんぴょん跳ねている！

3 表現遊び：「あんたがたどこさ」

学習活動	教師の言葉かけ
歌に合わせて、右方向に4つ跳び、「さ」のところで左方向に戻る。	6～8人で輪になりましょう。「あんたがたどこさ」と歌いながら、歌に合わせて右へ両足跳びをするよ。「さ」のところで、ぴょんと左へ戻ってね。元気よく声を出して、リズミカルに跳ぶといいね。
「さ」のところで、いろいろな動きに挑戦する。	「さ」のところでいろいろなポーズをしてみましょう。 ・猟師のポーズ 　（鉄砲をあちこちに向ける） ・狸のポーズ ・木のポーズ、など
いろいろな速さで動く。	速さを変えてやってみましょう。

7　水の中を移動する運動遊び、もぐる・浮く運動遊び

8　多様な動きをつくる運動遊び

9　表現遊び

10　走の運動遊び

11　鉄棒を使った運動遊び

12　跳の運動遊び

本時案

表現遊びを楽しみ ながら動きを 見付けよう②

本時の目標

表現遊びを楽しみながら、次々とその遊びにふさわしい動きを見付けることができるようにする。

評価のポイント

友達と一緒に表現遊びを楽しみながら、自分から進んで動きを見付けることができたか。

週案記入例

[目標]
表現遊びに親しむ。

[活動]
表現遊びのやり方を知って、いろいろな動きを見付ける。

[評価]
誰とでも仲よく表現遊びに取り組んでいたか。

[指導上の留意点]
遊びを通して、知らず知らずのうちに多様な動きが体感できるようにする。

本時の展開

	時	子供の活動
はじめ	5分	**集合・あいさつ** ○本時の学習内容を確認する。
準備運動	5分	**おにごっこをする** ○バナナ鬼をして楽しむ。 **1** ○体育館中を思いきり走り回る。
表現遊びのいろいろ	30分	**表現遊びを楽しみながら、いろいろな動きを見付ける** (1)**ガサゴソ、ガサゴソ、何がいた?** (第3時:P.135参照) 　○「○○をみ〜つけた」で、○○の言葉の数と同じ人数で集まる。 　○「○○をみ〜つけた」で、○○になって動く。 (2)**おおかみさん、今何時?** (第4時:P.137参照) 　○「○○の時間」の○○になって動く。 　○「夜中の12時」でおおかみに捕まらないように素早く逃げる。 (3)**トントントン　何の音?** (第5時:P.139参照) 　○「○○の音」の○○になって動く。 　○「お化けの音」のとき、鬼に捕まらないように素早く逃げる。 (4)**びっくりばこ** **2** 　○いろいろなものになって飛び出す。 　○飛び出すものの特徴を捉えて、飛び出し方を工夫する。 (5)**足、あし、アシ…** **3** 　○教師が言う言葉の強弱や、イントネーションを感じ取って、それに合わせて足の動きを工夫する。
整理運動	2分	**運動で使った部位をゆったりとほぐす** ○伸びたり縮んだりする動きを中心に、全身の筋肉をほぐす。
まとめ	3分	**今日の学習について振り返る** ①楽しかったところを発表する。 ②友達の動きで、真似してみたいと思ったことを発表する。

1 準備運動：「バナナ鬼」

体育館中を思いきり走る。いろいろなバナナの形を見付けながら鬼ごっこをして楽しむ。

学習活動	教師の言葉かけ
バナナ鬼のやり方を知って楽しむ。	鬼にタッチされたら、バナナの形になってピタッと止まるよ。 仲間の1人がタッチして助けてくれたら、皮が半分むけます。 2人にタッチしてもらったら復活！また逃げられるよ。 面白いバナナの形を考えてね。 逃げるだけでなく、お友達も助けてあげてね。

2 表現遊び：「びっくりばこ」

飛び出すものの特徴を捉えて、飛び出し方を工夫する。

学習活動	教師の言葉かけ
やり方を知る。	あちこちにスキップして行こう。先生が「あ！びっくり箱み〜つけた！」と言ったら、パッと止まるよ。 びっくり箱の中に押し込められるよ、ギュギュギュギュギュー。 ふたを開けたら……飛び出した！
いろいろな飛び出す方法を見付ける。 飛び出すものによって、飛び出し方を変える。	何が飛び出すのかな。 カエルが飛び出した！ 次は…お化けが飛び出した！ ちょうちょが飛び出した！ ロケットが飛び出した！ 自分でも何が飛び出すか考えてやってみよう。

3 表現遊び：「足、あし、アシ…」

教師の言葉の調子を聞き取って、それに合う動き方をする。

学習活動	教師の言葉かけ
やり方を知る。 教師の言葉の調子に合わせていろいろな足の動かし方をする。	「あし！あし！あし！」と強く言ったら、足を力強く動かすよ。 「あし…　あし…　あし…」と弱く言ったら、どうしたらいいかな？ 足をそっと動かすといいね。 「あああ〜あああ〜ししししししし…」と、いろいろなおもしろいリズムで言うから、そのリズムに合わせて足を動かせるかな。 「あ〜し、あ〜し、あああ！ししし！あしあしあしあし、あ！し！」 足がいろいろに動いてきたね。
2人組で工夫する。	2人組で、順番に「あし」をいろいろな言い方にして、やってみよう。おもしろい動かし方ができるかな？
「足」を違う部位に変えて動きを見付ける。	「足」ではなく「肩」でやってみましょう。肩のいろいろな動かし方を見付けてね。 （「腰」「手」「へそ」「髪の毛」「肘」など、いろいろやってみる）

7 水の中を移動する運動遊び、もぐる・浮く運動遊び

8 多様な動きをつくる運動遊び

9 表現遊び

10 走の運動遊び

11 鉄棒を使った運動遊び

12 跳の運動遊び

本時案

野原や山で見付けた 動物になって お話をつくろう

本時の目標

　簡単なお話のつくり方を知り、野原や山で見付けたものになってお話をつくることができるようにする。

評価のポイント

　教師の言葉かけに沿って、途切れずに動きを見付けることができたか。

週案記入例

[目標]
野原で見付けたものになりきる。

[活動]
○○が○○しているところという簡単なお話にして模倣遊びをする。

[評価]
次々と動きを見付けることができたか。

[指導上の留意点]
自然に質の違う動きが見付けられるような言葉かけをする。

本時の展開

	時	子供の活動
はじめ	5分	**集合・あいさつ** ○本時の学習内容を確認する。
準備運動	8分	**表現遊び「ガサゴソ、ガサゴソ、何がいた？」をする** 　1 ○あちこちを探す動きを工夫する。 ○文字数と同じ人数で集まって、そのものの模倣をする。
表現遊び	12分	**野原や山で見付けたものを出し合って動きを見付ける** 　2 ①野原にいる生き物を思い浮かべてイメージを広げる。 ②みんなが見付けたものを板書する（模造紙に書いてもよい）。 ③みんなで出し合ったものを、教師と一緒に次々と即興的に動いてみる。 ④2～3人組になり、順番を決める。 →1番さんからやりたいものを言って、それを2～3人組で動く。 ⑤順番に、2番さん、3番さんが同様に行う。
	15分	**「○○が○○しているところ」という簡単なお話にして楽しむ** 　3 ①2～3人組で、いろいろやってみた中から1つ題を決める。 ②どんなことをしているところがあるか、試しにやってみる。 ③その中からやってみたいことを決め、「○○が○○しているところ」という簡単なお話にする。
整理運動	2分	**運動で使った部位をゆったりとほぐす** ○学習を振り返りながら、手足や全身をゆったりと動かし、体の緊張をほぐす。
まとめ	3分	**今日の学習について振り返る** ①楽しかったお話を発表する。 ②お話づくりで工夫したことを発表する。 ③次時は「池や川で見付けたもの」に取り組むことを知る。

7 水の中を移動する運動遊び、もぐる・浮く運動遊び

8 多様な動きをつくる運動遊び

9 表現遊び

10 走の運動遊び

11 鉄棒を使った運動遊び

12 跳の運動遊び

1 準備運動：「ガサゴソ、ガサゴソ、何がいた？」

○文字数と同じ人数で集まったり、そのものになったりして楽しむ。

教師「ガサゴソ、ガサゴソ、何がいた？」　　　子供「ガサゴソ、ガサゴソ、何がいた？」

教師「ガサゴソ、ガサゴソ、まだ見えない」　　子供「ガサゴソ、ガサゴソ、まだ見えない？」

　　と、かけ合いながらあちこちを探すように動く。

教師「あ！（指さす動作）　み〜つけた！」　　子供「み〜つけた！」（ピタッと止まる）

教師「みつばち」（○○○○）　　　　　　　　子供　文字数と同じ4人組になって、みつばちの

　　（文字数の4回リズム太鼓を叩く）　　　　　　　模倣をする。

　　同様にほかのものを取り上げて繰り返す（ヘビ：2人、ツバメ：3人、ダンゴムシ：5人、など）。

2 「野原や山で見付けたもの」

　野原や山で見付けたものを出し合って動きを見付ける。野原にいるものを想像してもよい。動きの質が違うものになるよう、言葉かけをする。

あれ？なにか跳ねているよ。

- ・バッタ　　・スズムシ　・ノミ
- ・イナゴ　　・キリギリス

地面をもぞもぞ動いているね。

- ・ミミズ　　・モグラ　　・ヘビ
- ・ダンゴムシ　・アリ　　・クモ
- ・トカゲ　　・青虫　　・ムカデ

野原を飛び回っているもの、見〜付けた！

- ・チョウチョ　・ツバメ　　・トンボ　・セミ
- ・テントウムシ　・スズメバチ　　・ミツバチ
- ・蚊　　・ボウフラ　・コガネムシ　・小鳥

わあ、強そうだ！何かな？かっこいいよ。

- ・カブトムシ　・クワガタ
- ・カマキリ　・カミキリムシ

3 「○○が○○しているところ」

○いろいろな生き物を見付けたね。気に入ったのはどれかな？

○今度は、「何が何をしているところ」か、簡単なお話にして動いてみましょう。

〈例〉

子供たちが考えたお話	教師のアドバイス
アリがえさを運んでいるところ	重そうに引っ張ってね。右へ行ったり、左へ行ったり。お友達と力を合わせて運ぶのもいいね。
カブトムシが戦っているところ	構えて！ねらって！向かっていくよ…。それ〜！負けそうになったり、勝ちそうになったり。最後は？
青虫がチョウチョになるところ	もぞもぞ動いている青虫。だんだんさなぎになって…さあ、チョウチョになって大空を舞いましょう！

本時案

池や川で見付けた動物になってお話をつくろう

本時の目標

簡単なお話のつくり方を知り、池や川で見付けたものになってお話をつくることができるようにする。

評価のポイント

出来事を想像して、それにふさわしい動きを見付けながらお話をつくることができたか。

週案記入例

【目標】
池や川で見付けたものになりきる。

【活動】
○○が○○しているところという簡単なお話にして模倣遊びをする。

【評価】
簡単なお話をつくることができたか。

【指導上の留意点】
どんな出来事が起こるか想像させて、動きを見付けさせる。

本時の展開

	時	子供の活動
はじめ	5分	**集合・あいさつ** ○本時の学習内容を確認する。
準備運動	8分	**表現遊び「おおかみさん、今何時？」をする** 1 ○「夜中の12時！」で逃げる遊びをする。 ○途中で指定されたものになって動きを見付ける。
表現遊び	12分	**池や川で見付けたものを出し合って動きを見付ける** 2 ①池や川にいる生き物を思い浮かべてイメージを広げる。 ②みんなが見付けたものを板書する（模造紙に書いてもよい）。 ③みんなで出し合ったものを、教師と一緒に次々と即興的に動いてみる。 ④2～3人組になり、順番を決める。 →1番さんからやりたいものを言って、それを2～3人組で動く。 ⑤順番に、2番さん、3番さんが同様に行う。
	15分	**「○○が○○しているところ」という簡単なお話にして楽しむ** 3 ①どんな出来事が起こるか、そのときどうなるかを考えていろいろ試しにやってみる。 ②その中からやってみたいことを決め、「○○が○○しているところ」という簡単なお話にする。
整理運動	2分	**運動で使った部位をゆったりとほぐす** ○学習を振り返りながら、手足や全身をゆったりと動かし、体の緊張をほぐす。
まとめ	3分	**今日の学習について振り返る** ①楽しかったお話を発表する。 ②お話づくりで工夫したことを発表する。 ③次時は「海で見付けたもの」に取り組むことを知る。

7 水の中を移動する運動遊び、もぐる・浮く運動遊び

8 多様な動きをつくる運動遊び

9 表現遊び

10 走の運動遊び

11 鉄棒を使った運動遊び

12 跳の運動遊び

1 準備運動：「おおかみさん、今何時？」

子供「はじめの一歩！」（安全地帯から飛び出てくる）
子供「おおかみさん、今何時？」（おおかみの方に近付いて止まる）
教師「3時！」（時間を言ったときは子供たちは動かない）
子供「おおかみさん、今何時？」（おおかみの方にどんどん近付く）
教師「泳いでいる時間」（子供たちは泳ぐ模倣をする）
　※台風が吹き荒れている時間、花火大会の時間…などいろいろな場面を指定すると楽しい。これを繰り返す。
教師「夜中の12時！」
　と言ったら、おおかみが子羊を捕まえるので一斉に安全地帯まで逃げる。
　※途中で捕まった子供は、おおかみの仲間になり、おおかみが増えていく。

```
○○○○○○○○
 子供たち（子羊）

安全地帯のラインを
決めておく

● 教師
　（おおかみ）
```

2 「池や川で見付けたもの」

池や川で見付けたものを出し合って動きを見付ける。想像してもよい。

見付けたものに次々となりきりましょう。

・オタマジャクシ　・カエル　・コイ　・フナ　・サケ
・メダカ　・アメンボ　・ゲンゴロウ　・ボウフラ
・ナマズ　・ドジョウ　・カメムシ　・タニシ　・サワエビ
・ザリガニ　・カッパ

3 「○○が○○しているところ」

どんな出来事が起こるかな。そのとき、どうなるかな？

・池に石ころが投げ込まれる→魚たちが大騒ぎ
・どんぐりが池に落ちてくる→ドジョウと仲よくなって遊ぶ
・夕立が降ってくる　　　　→カッパが喜んで、踊り出す
出来事を思い浮かべながら「○○が○○しているところ」という簡単なお話にしてみましょう。

〈例〉

子供たちが考えたお話	教師のアドバイス
川が滝のようになって、そこを、サケが登ろうとしているところ	わあ、大変。すぐには登れないね。でも、何度も何度も頑張るよ。だんだん力を強くしていくといいね。
釣り人がやってきて、釣られそうになるところ	釣り人と、魚の役を決めて、やってもおもしろいね。釣られそうなとき、魚はピチャピチャ跳ねるよね。
池に雷様がやってきて、カエルたちが驚いているところ	どんな雷様なのかな？ピカピカドッカーン、ゴロゴロゴロゴロ…声に出しながらやってみよう。カエルは？
アメンボが池の葉っぱから葉っぱへ泳いでいるところ	音もなく池をスイスイすべるね。葉っぱはいっぱいあるよ。あっちにも、こっちにも。いろいろな方向に行こう。

本時案

海で見付けた
動物になって
お話をつくろう

本時の目標

海で見付けたものになって、特徴ある動きを見付けながらお話をつくることができるようにする。

評価のポイント

3つの海ごとに、自分や友達が考えたお話を伝え合いながら、つなげて動くことができたか。

週案記入例

[目標]
海で見付けたものになって簡単なお話をつくる。

[活動]
3つの海で見付けたものを簡単なお話にして、続けて踊る。

[評価]
途切れずに続けられたか。

[指導上の留意点]
質の違った動きとなるように3つの海を想定する。

本時の展開

	時	子供の活動
はじめ	5分	**集合・あいさつ** ○本時の学習内容を確認する。
準備運動	8分	**表現遊び「トントントン、何の音?」をする** 1 ○「トントントン、何の音?」の遊びをする。 ○何の音か、子供たち自身も考えて動きを見付ける。
表現遊び	7分	**海で見付けたものを出し合って動きを見付ける** 2 ①海にいる生き物を思い浮かべてイメージを広げる。 ②みんなが見付けたものを、3つの海に分けて板書する。 　（模造紙に書いておいてもよい） ③出し合ったものを、教師と一緒に次々と即興的に動いてみる。
	20分	**「○○が○○しているところ」という簡単なお話にして、続けて踊る** 3 ①教師の言葉かけで、海を渡っていく模倣をする。 ②「キラキラの海」で見付けたものを簡単なお話にする。 ③教師の言葉かけで、海を渡っていく模倣をする。 ④「ユラユラの海」で見付けたものを簡単なお話にする。 ⑤教師の言葉かけで、海を渡っていく模倣をする。 ⑥「パワフルな海」で見付けたものを簡単なお話にする。 ⑦①～⑥を続けて踊る。
整理運動	2分	**運動で使った部位をゆったりとほぐす** ○学習を振り返りながら、手足や全身をゆったりと動かし、体の緊張をほぐす。
まとめ	3分	**今日の学習について振り返る** ①楽しかったや、がんばったことを発表する。 ②今度やってみたいことを発表する。 **子供たちの成長したところを伝え、称賛する**

7
水の中を移動する運動遊び、もぐる・浮く運動遊び

8
多様な動きをつくる運動遊び

9
表現遊び

10
走の運動遊び

11
鉄棒を使った運動遊び

12
跳の運動遊び

1 準備運動：「トントントン、何の音？」

♪あずき立った煮え立った、煮えたかどうだか食べてみよう。ムシャムシャムシャ、まだ煮えない
あずき立った煮え立った、煮えたかどうだか食べてみよう。ムシャムシャムシャ、もう煮えた♪

この歌に続いて、教師が「戸棚の中にしまっておこう。おや？戸棚から音が聞こえるよ」と言いながら、かけ合いを始める。

教師　「トントントン！」（リズム太鼓を叩く）　　　**子供**　「何の音？」（声を揃えて尋ねる）

教師　「風の音〜ピュルルルル〜」　　　　　　　　**子供**　＊風になりきって模倣する。

このかけ合いを繰り返し、教師は、「メダカが泳ぐ音」「宇宙へロケットが飛んでいく音」「クジラの潮吹の音」「猫のけんかの音」などと投げかけ、子供はそのものになりきって模倣する。

2 「海で見付けたもの」：動物に限らず、多様なものを見付けて、楽しむ

海で見付けたものを出し合って動きを見付ける。想像してもよい。

さあ、3つの海の探検に出発！どんなものが見付かるかな？

①キラキラの海
・タコ　・エビ　・イカ　・カニ
・ペンギン　・スイミー
・クマノミ　・ラッコ　・ヤドカリ　・カメ
・竜宮城　・サーフィン

②ユラユラの海
・クラゲ　・イソギンチャク
・クリオネ　・プランクトン
・ワカメ　・コンブ　・ヒトデ
・水のあわ　・深海魚

③パワフルな海
・トビウオ　・イルカ　・クジラ
・サメ　・アザラシ　・ウミヘビ　・海坊主
・うずしお　・海底火山　・あらし　・海賊船

3 「○○が○○しているところ」：3つの海の探検を簡単なお話にしてつなげる

教師の言葉かけの例	学習活動
カヌーに乗って「キラキラの海」に出発！	教師と一緒にカヌーの動きを見付けて動く。
着いた、着いた。「キラキラの海」だ。何を見付けたかな？	友達と、「キラキラの海」で見付けたものを、○○が○○しているところ、という簡単なお話にする。
わあ、嵐が来た〜。泳げ、泳げ！	教師と一緒に嵐にもまれる動きを見付けて動く。
やったあ！「ユラユラの海」に着いた！何かがユラユラしているね。	友達と、「ユラユラの海」で見付けたものを、○○が○○しているところ」という簡単なお話にする。
いろいろな波がくるよ。さざ波だ〜。今度は、岩をもくだく大波だ！	教師と一緒にいろいろな波を見付けて動く。
わあ、すごい。ここは「パワフルな海」だよ。何が起こるのかな？	友達と、「パワフルな海」で見付けたものを、○○が○○しているところ」という簡単なお話にする。

「表現遊び」学習カード＆資料

使用時 第3〜5時

本カードは、第3時〜5時の「○○が○○したところ」という簡単なお話にして模倣するところで使用する。動物を見付けることができたか、友達と一緒に考えたか、簡単なお話にすることができたかを振り返るカードである。やってみた中で一番気に入っているものを書き込む欄も設けた。

収録資料活用のポイント

①使い方

3つのことを振り返っていくことを知らせ、学習する上で大切なことを理解できるよう活用する。

また、いろいろやってみた中で、一番気に入ったものを書き込むことによって、学びの足跡を残し、次時へ役立たせていく。自己評価をし、「にこちゃんマーク」の当てはまるところに色を塗る。

②留意点

資料の「みつけたものずかん」は、全てをやる必要はない。配布したり掲示したりして、子供たちのイメージを広げていく。やってみたいことのヒントになるよう活用する。

📀 学習カード 1-9-1 （3〜5時）

いろいろなどうぶつ、み〜つけた！　がくしゅうカード

1ねん　　くみ　　なまえ（　　　　　　　　　　）

のはらややまで、み〜つけた！

		みつけたもののなかで、おきにいりはなんですか。
みつけたものになって、うごくことができましたか	☺ ☺ ☹	
ともだちといっしょに、うごきをかんがえることができましたか	☺ ☺ ☹	
○○が○○しているところというおはなしがつくれましたか	☺ ☺ ☹	

いけやかわで、み〜つけた！

		みつけたもののなかで、おきにいりはなんですか。
みつけたものになって、うごくことができましたか	☺ ☺ ☹	
ともだちといっしょに、うごきをかんがえることができましたか	☺ ☺ ☹	
○○が○○しているところというおはなしがつくれましたか	☺ ☺ ☹	

うみで、み〜つけた！

		みつけたもののなかで、おきにいりはなんですか。
みつけたものになって、うごくことができましたか	☺ ☺ ☹	
ともだちといっしょに、うごきをかんがえることができましたか	☺ ☺ ☹	
○○が○○しているところというおはなしがつくれましたか	☺ ☺ ☹	

せんせいから

みつけたものずかん

みつけたものの〇をぬりましょう

みつけたものをつぎつぎとやってみましょう。おはなしもどんどんつくりましょう。

のはらややまでみつけたもの

〇バッタ 　〇アリ 　〇キリギリス 　〇モグラ 　〇ダンゴムシ

〇クモ 　〇カブトムシ 　〇カマキリ 　〇ミツバチ 　〇クワガタ

〇スズムシ　〇ノミ　〇イナゴ　〇ミミズ　〇ヘビ　〇青虫　〇トンボ　〇ムカデ
〇テントウムシ　〇チョウチョ　〇ツバメ　〇セミ　〇スズメバチ　〇ボウフラ　〇スズメ
〇ことり　〇コガネムシ　〇カミキリムシ

いけやかわでみつけたもの

〇オタマジャクシ 　〇カエル 　〇ゲンゴロウ 　〇アメンボ

〇カッパ 　〇ザリガニ 　〇ナマズ

〇コイ　〇フナ　〇サケ　〇メダカ　〇ドジョウ　〇タニシ　〇カメムシ　〇サワエビ

うみでみつけたもの

〇カニ 　〇クマノミ 　〇フグ 　〇ヤドカリ 　〇カメ

〇ワカメ 　〇トビウオ 　〇クジラ

〇タコ　〇エビ　〇イカ　〇ペンギン　〇スイミー　〇ニモ　〇ラッコ　〇りゅうぐうじょう
〇ダイバー　〇サーフィン　〇クラゲ　〇イソギンチャク　〇クリオネ　〇プランクトン
〇こんぶ　〇ひとで　〇水のあわ　〇しんかいぎょ　〇たつのおとしご　〇イルカ　〇マグロ
〇サメ　〇マンタ　〇アザラシ　〇ウツボ　〇ウミヘビ　〇うみぼうず　〇うずしお
〇かいていかざん　〇かいぞくせん

7 水の中を移動する運動遊び、もぐる・浮く運動遊び

8 多様な動きをつくる運動遊び

9 表現遊び

10 走の運動遊び

11 鉄棒を使った運動遊び

12 跳の運動遊び

10 走の運動遊び

5時間

【単元計画】

1 時	2 時
[第一段階] **いろいろな走り方や飛び越し方を生かしたリレー遊びを通して、動きの楽しさを味わう**	
いろいろな走り方や走り越し方を知り、走ったり、走り越したりすることを楽しむ。	いろいろな走り越し方を知り、折り返しのリレー遊びを楽しむ。
1 走ったり走り越したりしてみよう POINT：いろいろな走り方や、障害物を走り越えること等の多様な運動遊びを経験する。	**2 リレー遊びをしてみよう** POINT：リレー遊びの方法を知り、友達と協力したり、競走したりすることができるようにする。
[主な学習活動] ○集合・あいさつ ○学習の進め方を知る。 ○本時の運動につながる準備運動をする。 ○いろいろなかけっこ遊びを楽しむ。 ○障害物を置いたリレーを知る。 ○使った部位をゆったりとほぐす。 ○まとめ 　①クラス全体で楽しかったことや、頑張ったことなどについて振り返る。 　②次時の学習内容を知る。	**[主な学習活動]** ○集合・あいさつ ○学習の進め方を知る。 ○本時の運動につながる準備運動をする。 ○障害物を置いたいろいろな折り返しリレー遊びを知る。 ○使った部位をゆったりとほぐす。 ○まとめ 　①よい動きや声かけを価値付けする。 　②次時の学習内容を知る。

授業改善のポイント

主体的・対話的で深い学びの実践に向けて

　走の運動遊びでは、子供が走ることや走り越すこと、夢中になってリレー遊びに取り組むことで、学習の内容が身に付くようにしたい。

　その1つが楽しく活動できるような運動遊びの場や行い方を整えることであり、もう1つは動きを広げるように子供が楽しみ方を選択したり工夫したりして、ポイントに気付かせたりする仕掛けづくりである。低い障害物を走り越す運動遊びでは、1学期に行った折り返しのリレーより、子供が選択できる条件を増やすことができるため、チームで伝え合って、楽し

いコースづくりをしたり、他のチームのアイデアを共有したりする活動がスムーズにできることが期待できる。

　できるだけ速度を落とさないようにして走ったり、確実にバトンパスを行ったりするにはどうしたらよいかといった課題を投げかけながら、子供の気付きを取り上げていくとよい。

7 水の中を移動する運動遊び、もぐる・浮く運動遊び

8 多様な動きをつくる運動遊び

9 表現遊び

10 走の運動遊び

11 鉄棒を使った運動遊び

12 跳の運動遊び

単元の目標

○知識及び技能
・走の運動遊びの行い方を知り、低い障害物を走り越えたり、折り返しのリレーをしたりすることができる。

○思考力、判断力、表現力等
・安全に気を付け、いろいろな運動遊びの場の中から自己に適した場や遊び方を選んだり、コースの工夫をしたりするとともに、見付けたよい動きや友達のよさを伝えることができる。

○学びに向かう力、人間性等
・順番やきまりを守り仲よく体を進んで動かしたり、話合いに積極的に関わったり、勝敗を素直に受け入れたりすることができる。

3・4時	5時
[第二段階] **自分や友達が工夫してつくったコースで折り返しのリレーを楽しむ**	
折り返しのリレー遊びを通して、自分たちでコースをつくったり、友達と協力して競走したりすることを楽しむ。	これまでの学習を生かして、リレー遊びの仕方や競走を工夫し、友達と協力したり競走したりすることを楽しむ。
3・4　工夫してコースをつくってみよう①② POINT：試行錯誤しながらコースを考え、友達と協力・競走することができるようにする。	**5　みんなでリレー遊びを楽しもう** POINT：これまでの学習を生かし、自己やチームの能力に合った楽しみ方を選べるようにする。
[主な学習活動] ○集合・あいさつ ○学習の進め方を知る。 ○本時の運動につながる準備運動をする。 ○走りやすいコースを考える。 ○障害物を置いた折り返しのリレー遊びを楽しむ。 ○使った部位をゆったりとほぐす。 ○まとめ 　①よい動きや声かけを価値付けする。 　②次時の学習内容を知る。	**[主な学習活動]** ○集合・あいさつ ○学習の進め方を知る。 ○本時の運動につながる準備運動をする。 ○友達がつくったコースで折り返しのリレー遊びを楽しむ。 ○使った部位をゆったりとほぐす。 ○まとめ 　①頑張ったこと・工夫したこと等を振り返る。 　②よい動きや工夫等を価値付けする。

子供への配慮の例

①運動遊びが苦手な子供

　低い障害物をリズムよく走り越えることが苦手な子供は、障害物と接触することへの恐怖心があると考えられる。このことを踏まえて、障害物を置かない状態でコースに目印を書いたり紅白玉を置いたりして、障害物につまずきにくい状況をつくったり、同じ障害物でも高さを低くしたり、障害物の間隔を広くしたりするなど柔軟に対応することが必要である。教師や友達が付き添ったり、一緒に走ったりするのもよい。

②意欲的でない子供

　最後までうまく走ったり、走り越したりできないなど、達成感を味わうことが難しい子供には、易しい場や課題を用意し、うまくできた喜びをスモールステップで味わえるようにする。

　対人関係をうまく保つことのできない子供には、「Aさんはこんなところに気を付けて、上手に動いていたね」「あなたの声かけでBさんがとても楽しそうでした」などと紹介することで、友達のよさに気付いたり、人と関わり合う心地よさを味わわせたりしたい。

本時案

走ったり走り越し
たりしてみよう

本時の目標

いろいろな走り方や跳び越し方を知り、走ったり走り越したりすることを楽しむことができるようにする。

評価のポイント

いろいろな走り方や、障害物を走り越えることなどを、安全に気を付けながら楽しむことができたか。

本時の展開

	時	子供の活動
はじめ	5分	**集合・あいさつ** ○生活班（4〜5人）ごとに整列する。 ○本時の学習内容を知る。
準備運動	3分	**本時の運動につながる準備運動をする** ○特に足・足首・腰・肩のストレッチ運動をする。 →体に負荷がかかっているところに気付かせるような声かけをする。
かけっこ遊び①	15分	**陸上運動につながる動きをする** ○「背中合わせで玉取りゲーム」「棒つかみダッシュ」をする。 **1** ○ケンパー、スキップ、ギャロップ等を、歩幅を変えて走る。 ○くねくね・ジグザグ・くるくるコース等の場で走る。 →30m 程度のコースに、短なわを3本程度自由に置かせる。
かけっこ遊び②	15分	**いろいろな障害物を置いたかけっこ遊びを楽しむ** ○30m 程度のコースにコーンを3〜4つ置いてジグザグコースを走る。 →あらかじめ校庭に必要なラインを書いておく。 ○コーンを障害物に変えて、走り越す。 →あらかじめ紅白玉・水入りペットボトル・段ボール・ミニハードル・フラフープ等の障害物となるものを用意しておく。 **2** →陸上運動につながるよい動きを価値付けする。 **3**
整理運動	2分	**運動で使った部位をゆっくりほぐす** ○特に足・足首・腰・肩のストレッチ運動をする。 →特に使った部位を意識できるような声かけをする。
まとめ	5分	(1)**クラス全体で楽しかったこと、頑張ったことなどについて振り返る** ○本時の学習について振り返り、学習ノードに記録する。 (2)**次時の学習内容を知る**

7 水の中を移動する運動遊び、もぐる・浮く運動遊び

8 多様な動きをつくる運動遊び

9 表現遊び

10 走の運動遊び

11 鉄棒を使った運動遊び

12 跳の運動遊び

1 いろいろな運動遊びの例

(1)背中合わせで玉取りゲーム

- ・2人組になって背中合わせに立つ。2人の間隔は1mくらい離し、その中央に紅白玉を置く。
- ・教師の合図で素早く振り向き、玉を取り合う。玉の数や、2人の間隔等を変化させることもできる。
- ・2人の間隔が近すぎると、素早く振り向いた際に衝突する危険性があるので注意する。

(2)棒つかみダッシュ

- ・2人組になって離れて立つ。共に棒を垂直に立てて合図を待つ。教師の合図で手を放すが、これをもう一方の子供が地面に倒れる前につかむ。
- ・「互いに棒の右側を通って相手の棒をつかむ」など、子供の動線を統一することで、衝突を防ぐことにつながる。
- ・うまくいったら2人の距離を徐々に遠くしたり、4人で正方形をつくって同じことをしたりする。

2 障害物の例

コーン
ペットボトル
ダンボール
タイヤ
ゴムマット

- ・障害物があることで、スムーズな走り方ができなくなってしまう子供も見られる。また、持ち運びのことも考え、あまり大きくないもの、硬く重くないものが望ましいが、校庭の場合は風のことも考慮して、ある程度の重さがあるものを選ぶようにするとよい。工夫次第でいろいろなものが障害物として使える。

3 学習指導要領における発達の段階に応じた系統性

- ・走跳の運動遊び【低学年】、走跳の運動【中学年】、陸上運動【高学年】における障害物を走り越える運動（遊び）については、以下のように記されている。

低学年	走の運動遊びでは、いろいろな方向に走ったり、低い障害物を走り越えたりすること
中学年	小型ハードル走では、小型ハードルを**調子よく**走り越えること
高学年	ハードル走では、ハードルを**リズミカルに**走り越えること

- ・高学年でのハードル走の指導では、等間隔なインターバルで設置されたハードルを連続して走り越えるときに、リズムを崩したり、スピードを落としたりすることのないよう声かけをする。リズムに乗って調子よく走り越える快感こそが、他の運動では味わえない楽しさとなる。
- ・1年生の子供には、技能の教え込みは必要ないが、リズムよく走り越えていたり、低い姿勢で走り越えようとしたりしている姿などは価値付けをしていきたい。

リレー遊びを
してみよう

本時の目標

　いろいろな跳び越し方を知り、折り返しのリレー遊びを楽しむことができるようにする。

評価のポイント

　リレー遊びの方法を知り、友達と協力したり、競走したりすることを楽しむことができたか。

週案記入例

[目標]
走りつないでいくリレー遊びを楽しむ。

[活動]
一人一人の走りをつなぐリレー遊びをする。

[評価]
安全に気を付けながら、リレー遊びを楽しむことができたか。

[指導上の留意点]
走りをつなぐためのバトンパスの大切さにも気付けるようにする。

本時の展開

	時	子供の活動
はじめ	3分	**集合・あいさつ** ○生活班（4〜5人）ごとに整列する。 ○本時の学習内容を知る。
準備運動	5分	**本時の運動につながる準備運動をする** ○特に足・足首・腰・肩のストレッチ運動をする。 →体に負荷がかかっているところに気付かせるような声かけをする。 ○「スキップじゃんけん」遊びをする。　**1**
かけっこ遊び	10分	**リレーにつながる運動遊びをする** ○「腕組ダッシュ」をする。　**1** ○「おいかけ競走」をする。
リレー遊び	20分	**障害物を置いたコースでリレー遊びをする** ○ジグザグコースでリレー遊びをする（P.45参照）。 ○障害物を含んだ折り返しリレーをする。　**2** →「ジグザグコース」で使ったコーンの場所に、障害物（段ボール等）を配置し、生活班でバトンパスをしながら走る。 →障害物があるとどんな点が難しいか、どんな点に気を付けたらよいかを考えさせるようにする。よい気付きが見られたときには、これを価値付けし、共有化する。
整理運動	2分	**運動で使った部位をゆっくりほぐす** ○特に足・足首・腰・肩のストレッチ運動をする。 →特に使った部位を意識できるような声かけをする。
まとめ	5分	**⑴クラス全体で楽しかったこと、協力できたこと等について振り返る** ○本時の学習について振り返り、学習ノードに記録する。 **⑵次時の学習内容を知る**

7
水の中を移動する運動遊び、もぐる・浮く運動遊び

8
多様な動きをつくる運動遊び

9
表現遊び

10
走の運動遊び

11
鉄棒を使った運動遊び

12
跳の運動遊び

1 いろいろな運動遊びの例

(1)スキップじゃんけん

- BGM を流している最中は、全員がバラバラになって校庭中をスキップして移動する。途中で教師が合図をして BGM を止めたとき、近くにいた友達とじゃんけんをする。
- じゃんけんが終わったら手をつなぎ、一緒にスキップをして移動する。これを繰り返す。次にじゃんけんができる人は、先ほど勝った人のみ。

(2)腕組ダッシュ

楽しいけど腕を使わないと走りづらい…。

腕を振って走ると速く走れるね。

- 腕をあえて振らないで走ったときの走りにくさを実感させる。両手を後ろで組んだり、腕組みをしたり、バンザイで走ったりすることと、腕を振って走ったときとの違いから、速く走るためには、腕の振りが必要なのだということを体感的につかませることができる。

(3)おいかけ競走

追いかける人　　逃げる人(位置は任意)

- 2 人組になって追いかける人と逃げる人を決める。追いかける人は、逃げる人との距離を自由に決められる。
- 教師の合図で逃げる人を追いかける。追う人は30m くらい先に用意されている安全ラインまでにタッチできればよい。

2 障害物を含んだ折り返しリレーの例

- 障害物が加わることで、ただ走るときとは異なる「スピードを持続させながら走り越すタイミングやリズム」「走り越した後に加速する能力」など、多様な経験をすることができる。

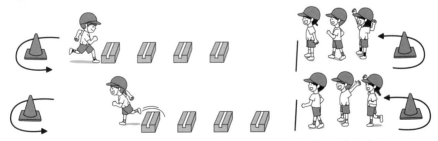

- 走り越すことが苦手な子供には、ラインで川を書き、そこを走り越すようにさせたり、紅白玉等を置いたりするなどして、障害物を走り越すことに抵抗を感じにくいものを使う。

本時案

工夫してコースを
つくってみよう①

本時の目標

　折り返しのリレー遊びを通して、自分たちでコースをつくったり、友達と協力して競走し、一人一人の走りをつなぐことを楽しむことができるようにする。

評価のポイント

　試行錯誤しながらコースを考えたり、他のチームが工夫したコースを走ってみたりして楽しむことができたか。

週案記入例

【目標】
工夫してコースを考えたり、友達と協力して競走したりする。

【活動】
友達と相談しながら工夫してつくったオリジナルのコースでリレー遊びをする。

【評価】
友達と工夫したり協力したりして、リレー遊びを楽しむことができたか。

【指導上の留意点】
チームによるコースの違いから、走りやすいコースを自ら工夫できるようにする。

本時の展開

	時	子供の活動
はじめ	3分	**集合・あいさつ** ○あらかじめつくったチーム（4〜5人）ごとに整列する。 ○本時の学習内容を知る。
準備運動	5分	**本時の運動につながる準備運動をする** ○特に足・足首・腰・肩のストレッチ運動をする。 ○川跳びの連続跳びをする。 **1**
リレー遊び①	5分	**折り返しリレーを楽しむ** ○障害物を含んだジグザグコースで折り返しリレーをする。 →よい動きをしている子供の姿を価値付けし、共有化する。
リレー遊び②	25分	**条件を変えて折り返しリレーをする** ○友達と相談しながら障害物を置く位置を考える。 **2** ○再度折り返しのリレーを楽しむ。 →子供が決めたコーンの位置の根拠を大切にする。一部の子供の意見が強要されないように配慮する。 ○他チームのコースを体験し、走りやすいコースについて考える。 ○自分たちのチームのコースに生かして再度折り返しのリレーを楽しむ。
整理運動	2分	**運動で使った部位をゆっくりほぐす** ○特に足・足首・腰・肩のストレッチ運動をする。 →特に使った部位を意識できるような声かけをする。
まとめ	5分	**(1)チーム内で協力できたこと、工夫したこと等について振り返る** ○本時の学習について振り返り、学習カードに記録する。 **(2)次時の学習内容を知る**

1 いろいろな運動遊びの例：川跳びの連続跳び

　校庭に幅50cm程度の川を書いておく。川を何本か書いておけば連続して走り越す感覚が味わえる。インターバルを同じにしておけば、リズムよく走り越す心地よさも味わわせることができる。

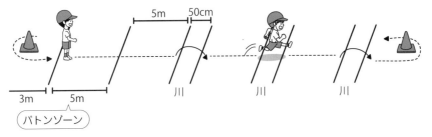

2 折り返しリレー遊びを繰り返しながら、いろいろな工夫に気付かせる

(1)統一する条件を確認する

（統一例）

①スタートからゴールまでの距離は一定にする。

②走者の数（走る回数）を一定にする。

③設置する障害物の数を一定にする。

・子供の実態や、そのときに学ばせたい内容により、統一する条件を変えていくとよい。例えば、走りやすさを実感させるには、わざと障害物の数を変えて比較させるということも１つの方法である。

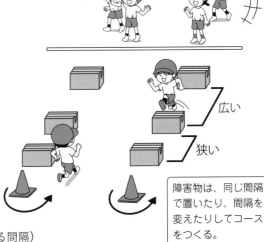

障害物は、同じ間隔で置いたり、間隔を変えたりしてコースをつくる。

(2)置き方を変えることで走り方や走るリズムに変化が生まれることに気付かせる

①障害物の間隔（広い・狭い）（等間隔・異なる間隔）

②障害物の高さ（高い・低い）

③障害物の位置（まっすぐ・くねくね）

・十分走らせた後に、子供が感じた走りやすさや走りにくさを共有する。走りにくさは、自分たちのアイデアで変えられることを伝え、できるだけ速度を落とさずに走れるコースを考える楽しさを味わわせたい。大切なのは、子供が走った感覚をもとにして、コースの設定の仕方を学んでいくことである。

(3)他のチームの工夫から学ばせる

・自分たちのコースで十分に折り返しリレーを楽しんだ後、他のチームのコースを走らせてみることは、自分たちが気付かなかった工夫や改善点に気付くことができ効果的である。教師から一方的に与えられた運動の場で楽しむだけでなく、自分たちでよりよく改善した運動の場をつくるよさを経験することで、主体的に学習に取り組む態度が自然と育まれる。

7 水の中を移動する運動遊び、もぐる・浮く運動遊び

8 多様な動きをつくる運動遊び

9 表現遊び

10 走の運動遊び

11 鉄棒を使った運動遊び

12 跳の運動遊び

本時案

工夫してコースを
つくってみよう②

本時の目標

　折り返しのリレー遊びを通して、自分たちでコースをつくったり、友達と協力して走りをつないだりして、競走を楽しむことができるようにする。

評価のポイント

　試行錯誤しながらコースを考えたり、友達と協力して競走したりすることができたか。

週案記入例

[目標]
工夫してコースを考えたり、友達と協力して競走したりする。

[活動]
工夫してつくったオリジナルのコースで他チームとリレー遊びの競走をする。

[評価]
友達と工夫したり協力したりして、リレー遊びを楽しむことができたか。

[指導上の留意点]
競走の場面では、障害物をしっかり跳び越しているか確認する。

本時の展開

	時	子供の活動
はじめ	3分	**集合・あいさつ** ○あらかじめつくったチーム（4〜5人）ごとに整列する。 ○本時の学習内容を知る。
準備運動	5分	**本時の運動につながる準備運動をする** ○特に足・足首・腰・肩のストレッチ運動をする。 ○これまで体験した運動を楽しみ、心と体をほぐす。
場の設定	6分	**折り返しリレーの場を設定する** ○障害物を含んだジグザグコースをつくる（一定の条件の範囲内で）。 ○完成したコースで折り返しリレーを楽しむ。
リレー遊び①	8分	**折り返しリレーを楽しむ** ○他チームがつくった全てのコースを走って楽しむ。 ○全体の場で走りやすさや・チームの工夫した点等を共有する。
リレー遊び②	16分	**よりよいコースで折り返しリレーをする** ○友達と相談しながら障害物を置く位置を考える。 ○完成したコースで折り返しのリレーを楽しむ。 ○折り返しリレーで競走する相手チームを決める。 ○両チームがつくったコースで、それぞれ競走をする。
整理運動	2分	**運動で使った部位をゆっくりほぐす** ○特に足・足首・腰・肩のストレッチ運動をする。
まとめ	5分	**(1)チーム内で協力できたこと、工夫したこと等について振り返る** ○本時の学習について振り返り、学習カードに記録する。　1 →よい動きや工夫した点、友達との関わり方等を取り上げ評価する。 **(2)次時の学習内容を知る**

7

水の中を移動する運動遊び、もぐる・浮く運動遊び

8

多様な動きをつくる運動遊び

9

表現遊び

10

走の運動遊び

11

鉄棒を使った運動遊び

12

跳の運動遊び

1 目指す子供の姿

- 1年生の発達の段階では、学習課題を明確にもつことや、友達との関わり等について意識をしながら運動遊びをすることは難しい。しかし、教師は、子供が気付かないよさの表れを見取り、価値付け、評価することが求められる。
- また、中学年や高学年への系統を意識した上で、1年生のうちに身に付けておきたいことを意図的・計画的に実践することも求められる。そこで、子供の学びの足取りを深く理解するために、無理のない範囲で学習カードを活用し、子供が学んだこと、感じたこと、工夫したことなどを以下のように把握することに努める。

(1)知識及び技能に関する例

（問い）がんばってできるようになったこと・楽しかったことは何かな。

- コーンがうまく回れなかったけど、小さく走ったら回れるようになってうれしかった。
- 箱をうまく跳べるようになって先生にほめられて楽しかった。
- いっぱい体を動かせて楽しかった。

(2)思考力、判断力、表現力等に関する例

（問い）楽しかった（難しかった）のはどんなことかな。それはどうしてかな。

- 私たちがつくったコースが一番跳びやすかった。箱を低くしてよかったから。
- ○チームの段ボールを跳ぶのは難しかった。でもぴょんぴょん跳べて気持ちよかった。
- ○チームは段ボールを離してあったから跳びやすかった。
- 先生が「いろいろ自由に考えていいよ」って言ってくれたので楽しかった。

（問い）みんなはどんな工夫をしたのかな。

- 手でタッチするときに、手をいっぱい伸ばしてタッチしました。
- 箱と箱の間が狭いと跳びにくいと分かったので、広くしました。

(3)学びに向かう力、人間性等に関する例

（問い）今度やってみたいことはどんなことですか。

- もっと難しいコースをつくって、みんなに挑戦してもらいたい。
- リレーでもっと速く走れるように工夫したい。
- ○さんの真似をして、速く走りたい。

（問い）お友達のことですごいと思ったことはどんなことですか。

- ○さんは、ほかのチームのよいところをたくさん見付けていました。
- とっても足が速くて、速く走る方法を教えてくれました。
- 優しくてみんなの意見を聞いてくれます。

本時案

みんなでリレー 遊びを楽しもう

本時の目標

これまでの学習を生かして、リレー遊びの仕方や競走を工夫し、友達と協力したり競走したりすることを楽しむことができるようにする。

評価のポイント

これまでの学習を生かし、自己やチームの能力に合った楽しみ方を選ぶことができたか。

[目標]
工夫してコースを考えたり、友達と協力して競走したりすることを楽しむ。

[活動]
他チームとリレー遊びの競走をする。

[評価]
友達と工夫したり協力したりして、リレー遊びを楽しむことができたか。

[指導上の留意点]
チームの話合いを重視し、走りやすいコースを選択したり協力して運動遊びをしたりすることができるようにする。

本時の展開

	時	子供の活動
はじめ	3分	**集合・あいさつ** ○あらかじめつくったチーム（4～5人）ごとに整列する。 ○本時の学習内容を知る。
準備運動	6分	**本時の運動につながる準備運動をする** ○特に足・足首・腰・肩のストレッチ運動をする。 ○これまで体験した運動を楽しみ、心と体をほぐす。
場の設定	5分	**折り返しリレーの場を設定する** ▶1 ○障害物を含んだジグザグコースをつくる（一定の条件の範囲内で）。 ○折り返しリレーで競走する相手チームを決める。
リレー遊び①	7分	**競走相手がつくったコースでリレーを楽しむ** ▶2 →走る順番やバトンタッチの仕方を工夫できることを促す。 ○競走相手がつくったコースの楽しさの理由を全体で共有する。 ○次に競走する相手チームを確認する。
リレー遊び②	7分	**競走相手がつくったコースでリレーを楽しむ** ○競走相手がつくったコースの楽しさの理由を全体で共有する。 ○次に競走する相手チームを確認する。
リレー遊び③	5分	**競走相手がつくったコースでリレーを楽しむ**
整理運動	4分	**運動で使った部位をゆっくりほぐす** ○特に足・足首・腰・肩のストレッチ運動をする。
まとめ	8分	**チーム内で協力できたこと、工夫したこと等について振り返る** ○単元で身に付いた力、子供のよい動きや望ましい姿等を価値付けする。 ○本時の学習について振り返り、学習カードに記録する。

10 走の運動遊び

152

1 障害物の置き方を工夫した折り返しのリレー遊び

バトンゾーン

・全チームで障害物の種類や個数などは同じにして、それをどこに設置したらよいかはそれぞれの
　チーム内で自由に決めさせる。

・障害物の置き方の工夫で勝敗が左右されることもあるので、子供は楽しみながらコースを考えるよ
　うになる。最終的には障害物が等間隔にあることや、高さが低くないもの、障害物がなくまっすぐ
　走れるコースの確保等が走りやすさにつながる視点として挙げられる。教師から教え込むのではな
　く、子供が実際に走ったときの感覚から気付くことができるように働きかけたい。

2 チーム対抗で競走をする

・各チーム4〜5人の6〜8チーム（偶数となるように）を編成しておく（はじめは2チーム対抗
　で行うなどしてもよい）。

A

B

C

D

スタート

・発展としては、コースを直線だけでなく、トラック型や8の字型で行う方法もある。コースに変
　化が付くので飽きずに運動遊びができるとともに、曲線が含まれるので、スピードをコントロール
　しながら走るといった技能も身に付くことが期待できる。

・中学年以降、トラックを走る機会が増えていくことから、単元の後半には、このような仕掛けも考
　慮していくとおもしろい。

7 水の中を移動する運動遊び、もぐる・浮く運動遊び

8 多様な動きをつくる運動遊び

9 表現遊び

10 走の運動遊び

11 鉄棒を使った運動遊び

12 跳の運動遊び

「走の運動遊び」学習カード＆資料

使用時 **第2〜5時**

本カードは、低い障害物を加えたリレー遊びを楽しむ段階（2時間目）と、自分や友達が工夫したコースでリレー遊びを楽しむ段階（3〜5時間目）に分けて使用する。走の運動遊びは1学期の経験があるため、2学期は工夫することの楽しさや、友達のよさを発見することの楽しさにも着目できるように配慮したい。

収録資料活用のポイント

①使い方

1学期同様、授業のはじめにカードを配り、1時間のめあてを確認する際に使用する。紛失や折れ・破れを防止するために、厚紙に貼ったり、色画用紙の表紙をつくったりして管理させるとよい。授業の終わりに、学習の振り返りを行い、できたことを記入させる。

②留意点

1学期のカードと比較して、チームの勝敗について書き込む項目を増やした。しかし、上位と下位のチームが固定してしまうことも予想されるので、チームとしての高まり（タイムが速くなった、よい作戦を思いついた、仲よくリレー遊びができた等）に着目できるような価値付けを心がけたい。

🔘 学習カード 1-10-1（2時）

かけっこ・リレーあそびカード①

1ねん　　くみ　なまえ（　　　　　　　　　）

きょうの　たいいくの　がくしゅうを　ふりかえりましょう。
（よくできた◎　できた○　もうすこしだった△）

	がつ	にち
なかよく　できたよ		
やくそくを　まもれたよ		
けがに　きを　つけたよ		
ちからいっぱい　はしったよ		

たのしかったことを　せんせいに　おしえてね

せんせいから

🔘 学習カード 1-10-2（3〜5時）

かけっこ・リレーあそびカード②

1ねん　　くみ　なまえ（　　　　　　　　　）

きょうの　たいいくの　がくしゅうを　ふりかえりましょう。
（よくできた◎　できた○　もうすこしだった△）

	がつ	にち	がつ	にち	がつ	にち
たいせんあいては　だれかな						
けっかは　どうだったかな	かち・まけ・ひきわけ		かち・まけ・ひきわけ		かち・まけ・ひきわけ	
たのしく　できたよ						
なかよく　できたよ						
やくそくを　まもれたよ						
ちからいっぱい　はしったよ						
みんなのいいところ　みつけたよ						

きがついたら　かきましょう

せんせいに　たのしいさくせんを　おしえてね

せんせいから

かけっこ・リレーあそびのポイント

○ダンボールなどすこしたかさのあるものをまたぎこすとき

（れい）

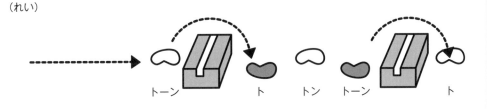

トーン　　　　ト　　トン　トーン　　　　ト

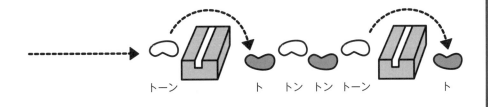

トーン　　　　ト　トン　トン　トーン　　　ト

> トントーン（トントントーン）
> ってはしっているよ

> きもちよさそうに
> リズムよくはしっているね

> スピードがおちてない！
> すごいね！

7 水の中を移動する運動遊び、もぐる・浮く運動遊び

8 多様な動きをつくる運動遊び

9 表現遊び

10 走の運動遊び

11 鉄棒を使った運動遊び

12 跳の運動遊び

11 鉄棒を使った運動遊び

5 時間

【単元計画】

1 時	2・3 時
[第一段階] いろいろな鉄棒を使った運動遊びの仕方を知り、ぶら下がる、跳び上がる、下りる、揺	
鉄棒の握り方や運動するときのきまりを知り、いろいろなぶら下がり方をして遊ぶ。	鉄棒に跳び上がったり、跳び下りたりする遊びをする。
1 いろいろなぶら下がり方をして遊ぼう POINT：学習カードをもとに、鉄棒遊びの学習の進め方や約束について理解する。鉄棒を使った簡単な運動を行い、鉄棒を使った運動遊びの楽しさに気付く。 **[主な学習活動]** ○集合・あいさつ ○準備運動をする。 ○固定施設を使った運動遊びをする。 ○鉄棒を使った簡単な遊びをする。 ○いろいろなぶら下がり方をして遊ぶ。 ○運動で使った部位をゆったりとほぐす。 ○まとめ　振り返り、学習カードに記入する。 　　　　　次時の学習内容を知る。	**2 跳び上がっていろいろな遊びをしよう** **3 いろいろな行い方で跳び下りよう** POINT：鉄棒に跳び上がり、鉄棒を持った状態で足を動かしたり、いろいろな姿勢になったりして楽しむ。いろいろな方向に跳び下りる遊びに挑戦する。 **[主な学習活動]** ○集合・あいさつ ○準備運動をする。 ○固定施設を使った運動遊びをする。 ○鉄棒を使った簡単な遊びをする。 **2 時**：跳び上がり、いろいろな姿勢になって遊ぶ。 **3 時**：いろいろな跳び下り方をして遊ぶ。 ○運動で使った部位をゆったりとほぐす。 ○まとめ　振り返り、学習カードに記入する。 　　　　　次時の学習内容を知る。

授業改善のポイント

主体的・対話的で深い学びの実践に向けて

　鉄棒運動を苦手としている子供は体育を嫌いになることがある。だからこそ、体重が比較的軽く、逆さ感覚や回転の感覚を身に付けやすい低学年の間に、いろいろな鉄棒を使った遊びを経験させたいものである。

　これらのことから鉄棒を使った運動遊びでは、特に「仲間や教師との対話」が重要なポイントとなってくる。

　仲間が鉄棒にぶら下がる、跳び上がる、跳び下り、支持をして揺れる、回るなどの技を見て自分も取り組んでみたい、自分はできそうな動

きから挑戦してみたい、もっとすごいことをしてみたいと工夫の幅を広げることでよりよく学習課題を解決し、深い学びの実践につながっていくと考えた。

　また仲間だけでなく、「そんな技を考えたんだ」「次はどんな技ができるかな」「○○さんの技を見てみて」などの教師との対話も課題解決を促進すると考えられる。

　また、タブレット端末等で動画を撮り、子供たちがどんな技をしているのかを見せることも課題解決の有効な手立てである。

7	水の中を移動する運動遊び、もぐる・浮く運動遊び
8	多様な動きをつくる運動遊び
9	表現遊び
10	走の運動遊び
11	鉄棒を使った運動遊び
12	跳の運動遊び

単元の目標

○知識及び技能

・鉄棒を使った運動遊びの行い方を知り、支持しての揺れや上がり下り、ぶら下がりや易しい回転ができる。

○思考力、判断力、表現力等

・簡単な遊び方を選び、友達のよい動きを見付けたり考えたりしたことを友達に伝えることができる。

○学びに向かう力、人間性等

・運動遊びに進んで取り組み、順番やきまりを守ることができる。

4 時	5 時
	[第二段階] 今までの遊び方を工夫する
れる、回るなどの遊びをして楽しむ	
いろいろな回る遊びをする。	いろいろな鉄棒遊びをする。
4　回って遊ぼう POINT：手や腹、膝で支持しながら、回る遊びに挑戦し、自ら工夫して楽しむ。	**5　いろいろな遊び方でもっと楽しもう** POINT：今まで学習したいろいろな鉄棒遊びを、真似したり、工夫したりして楽しむ。
[主な学習活動] ○集合・あいさつ ○準備運動をする。 ○固定施設を使った運動遊びをする。 ○鉄棒を使った簡単な遊びをする。 ○いろいろな回る遊びをする。 ○運動で使った部位をゆったりとほぐす。 ○まとめ　振り返り、学習カードに記入する。 　　　　　次時の学習内容を知る。	[主な学習活動] ○集合・あいさつ ○準備運動をする。 ○鉄棒を使った簡単な遊びをする。 ○いろいろな鉄棒遊びをする。 ○運動で使った部位をゆったりとほぐす。 ○まとめ　振り返り、学習カードに記入する。

子供への配慮の例

①運動遊びが苦手な子供

　跳び上がることが苦手な子供には、台などを設置して、技を行いやすい場に設定するなどの配慮をする。

　鉄棒上で支えたりバランスをとったりすることが苦手な子供には、伸ばす部位を助言したり、支持しているときの目線の先を示したりして、動きが身に付くようにするなどの配慮をする。

　体を揺らすことが苦手な子供には、動かして反動を付けたり、補助を受けて体を軽く揺らしたりして、揺れるための体の動かし方が身に付くようにするなどの配慮をする。

②運動遊びに意欲的でない子供

　怖くて運動遊びに取り組めない子供には、鉄棒の高さを変えたり、鉄棒の下にマットを敷くなど、痛くないような場を設定したりして、条件を変えた場を複数設定して選択できるようにするなどの配慮をする。

　自信がもてない子供には、成功回数が多くなる簡単な運動遊びを取り入れたり、できたことを称賛したりして、肯定的な働きかけができるようにするなどの配慮をする。

本時案

いろいろな
ぶら下がり方をして
遊ぼう

本時の目標

鉄棒の握り方や運動するときのきまりを知り、いろいろなぶら下がり方をして遊ぶことができるようにする。

評価のポイント

鉄棒を使った運動遊びの学習の進め方や約束について理解するとともに、いろいろなぶら下がり方をして楽しく遊ぶことができたか。

週案記入例

[目標]
鉄棒遊びの約束を理解して、楽しく鉄棒遊びをする。

[活動]
いろいろなぶら下がり方をする。

[評価]
いろいろなぶら下がり方ができたか。

[指導上の留意点]
着地するまで鉄棒を離さないように声をかける。

本時の展開

	時	子供の活動
はじめ	5分	**集合・あいさつ** ○決められた3〜4人組ごとに整列する。 ○学習カードを使い、鉄棒遊びの学習内容と約束について知る。
準備運動	10分	**(1)準備運動をする** ○リズム太鼓に合わせて、首、手首、足首等の運動をする。 **1** →逆さになる姿勢を多く取り入れる。 **(2)固定施設を使った運動遊びをする** ○ジャングルジム、雲梯、登り棒にぶら下がったり、登ったりする。 **2** →手でしっかり握り、着地するまで手を離さないように声かけをする。
鉄棒遊び	25分	**(1)鉄棒を使った簡単な遊びをする** ○鉄棒の握り方について知る。 **3** ○鉄棒を使って補助的な運動をする。 **4** →そりぬけは少しずつ低い鉄棒で挑戦するように声かけをする。 **(2)いろいろなぶら下がり方をして遊ぶ** **5** ○両手で鉄棒にぶら下がり、いろいろなポーズを取ったり、前後左右に揺れたりする。 ○自分のできるほかのぶら下がり方をして遊ぶ。 →絶対に手を離さないように声かけをする。
整理運動	2分	**運動で使った箇所をゆったりとほぐす** ○全身のストレッチ運動をする。
まとめ	3分	**(1)クラス全体で本時の学習について振り返る** ○学習について振り返り、学習カードに記入する。 ・いろいろなぶら下がり方ができたか。 ・安全に運動できたか。 **(2)次時の学習内容を知る**

1 準備運動

逆さの状態で歩く

逆さの状態で友達とじゃんけん

2 固定遊具を使った運動遊び

ジャングルジム遊び

くぐるのもできるぞ。

登る・下りる

雲梯遊び

ぶら下がる・移動する

登り棒遊び

※つかまって止まっても可

登る・下りる

3 鉄棒の握り方

握り方

順手　　　　逆手
※親指は中にしまわない。

4 補助的な運動

握り押し離し

鉄棒から離れてやってみよう。

そりぬけ

もっと低い鉄棒でもやってみよう

歩いてくぐりぬけるぞ。

5 いろいろなぶら下がり方・自分のできるほかのぶら下がり方

両手ブランコ

ダンゴムシ

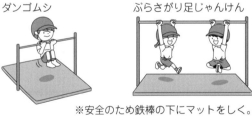

ぶらさがり足じゃんけん

大きくブランコ

片手ブランコ

ブタのまるやき

※安全のため鉄棒の下にマットをしく。
※高さを恐がっている子供には台などを設置する。

ぶらさがり手じゃんけん

7　水の中を移動する運動遊び、もぐる・浮く運動遊び

8　多様な動きをつくる運動遊び

9　表現遊び

10　走の運動遊び

11　鉄棒を使った運動遊び

12　跳の運動遊び

本時案

跳び上がって
いろいろな
遊びをしよう

本時の目標

　鉄棒に跳び上がって、いろいろな遊びができるようにする。

評価のポイント

　跳び上がっていろいろな姿勢になり、楽しく遊ぶことができたか。

週案記入例

[目標]
鉄棒に跳び上がって楽しく鉄棒遊びをする。

[活動]
跳び上がっていろいろな姿勢をする。

[評価]
鉄棒に跳び上がり、いろいろな動きをして楽しめたか。

[指導上の留意点]
落下防止のために注意するよう声をかける。安全のために鉄棒の下にマットを敷く。

本時の展開

	時	子供の活動
はじめ	5分	**集合・あいさつ** ○決められた3〜4人組ごとに整列する。 ○学習カードを使い、本時の学習内容と約束について知る。
準備運動	8分	**(1)準備運動をする** ○リズム太鼓に合わせて、首、手首、足首等の運動をする。 →逆さになる姿勢を多く取り入れる。 **(2)固定施設を使った運動遊びをする** ○ジャングルジム、雲梯、登り棒にぶら下がったり、登ったりする。 →手でしっかり握り、着地するまで手を離さないように声かけをする。
鉄棒遊び	27分	**(1)鉄棒遊びに関わる補助的な運動をする** ○鉄棒を使って補助的な運動をする。 **1** →前時に行った簡単な鉄棒遊びを取り入れる。 **(2)跳び上がって遊ぶ** ○順番や場の安全について確かめる。 →握り方について再確認し、順番の約束について説明をする。 ○ツバメの姿勢について知り、試してみる。 ○ツバメの姿勢でいろいろな動きをする。 **2** ○自分のできるほかの姿勢になって遊ぶ。 **3** →無理をせずに易しい姿勢になるように声かけをする。
整理運動	2分	**運動で使った箇所をゆったりとほぐす** ○全身のストレッチ運動をする。
まとめ	3分	**(1)クラス全体で本時の学習について振り返る** ○学習について振り返り、学習カードに記入する。 ・いろいろな跳び上がり方ができたか。 ・安全に運動できたか。 **(2)次時の学習内容を知る**

---

1 鉄棒を使った補助的な運動

両手ブランコ　　　　ダンゴムシ　　　　ぶらさがり足じゃんけん　　　大きくブランコ

2 ツバメの姿勢でのいろいろな動き

ツバメの姿勢

膝もつま先も
ぴんと伸びているね。

足を開く　前後　左右

左右にも
開いてみよう。

足打ち

自転車こぎ

ツバメの綱渡り

※跳び上がるのが恐い子供には台などを設置する。

左右に移動する

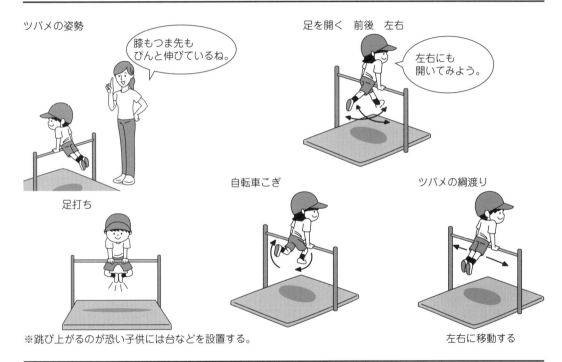

3 跳び上がり、自分のできる他の姿勢

ふとんほし　　　片足かけ　　　　　　おすわり　　　　コウモリ

目は前を見ると
いいよ。

そんな技を考えたんだね。

7 水の中を移動する運動遊び、もぐる・浮く運動遊び

8 多様な動きをつくる運動遊び

9 表現遊び

10 走の運動遊び

11 鉄棒を使った運動遊び

12 跳の運動遊び

本時案

いろいろな行い方
で跳び下りよう

本時の目標

いろいろな行い方で鉄棒から跳び下りる遊び
ができるようにする。

評価のポイント

いろいろな跳び下り方をして、楽しく遊んだ
り自ら工夫したりすることができたか。

<table>
<tr><td colspan="2" align="center">週案記入例</td></tr>
</table>

[目標]
鉄棒から跳び下りて楽しく鉄棒遊びをする。

[活動]
いろいろな跳び下り方に挑戦したり、工夫したり
する。

[評価]
いろいろな跳び下り方をすることができたか。

[指導上の留意点]
安全のために鉄棒の下にマットを敷く。跳び下り
るときは膝を曲げ、安全に下りるよう声かけをす
る。

本時の展開

	時	子供の活動
はじめ	5分	**集合・あいさつ** ○決められた3〜4人組ごとに整列する。 ○学習カードを使い、本時の学習内容を知る。
準備運動	7分	**(1)準備運動をする** ○リズム太鼓に合わせて、首、手首、足首等の運動をする。 →逆さになる姿勢を多く取り入れる。 **(2)固定施設を使った運動遊びをする** ○ジャングルジム、雲梯、登り棒にぶら下がったり、登ったりする。 →手でしっかり握り、着地するまで手を離さないように声かけをする。
鉄棒遊び	28分	**(1)鉄棒遊びに関わる補助的な運動をする** ○鉄棒を使って補助的な運動をする。　**1** →前時までに行った簡単な鉄棒遊びを取り入れる。 **(2)いろいろな跳び下り方をして遊ぶ** ○順番や場の安全について確かめる。 ○跳び上がって、その場、後ろ、横向きに跳び下りる。　**2** →周りに気を付けて跳び下りるように声かけをする。 ○いろいろな姿勢から、いろいろな方向への下り方を工夫し、挑戦してみる。 ○自分のできるほかの跳び下り方をして遊ぶ。　**3** →工夫した技は全体に広め、工夫の幅を広げる。
整理運動	2分	**運動で使った箇所をゆったりとほぐす** ○全身のストレッチ運動をする。
まとめ	3分	**(1)クラス全体で本時の学習について振り返る** ○学習について振り返り、学習カードに記入する。 ・いろいろな跳び下り方ができたか。 ・安全に運動できたか。 **(2)次時の学習内容を知る**

1 鉄棒を使った補助的な運動

両手ブランコ

ぶらさがり足じゃんけん

足を開く　前後　自転車こぎ

2 跳び上がって、その場、後ろ、横向きに跳び下りる

そのまま下り

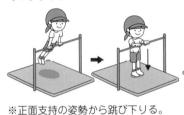

後ろ下り

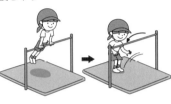

横向き下り

※正面支持の姿勢から跳び下りる。

最初は鉄棒から手を離さないで跳び下りよう。

3 自分のできるほかの跳び下り方をして遊ぶ

ぶらさがり前下り

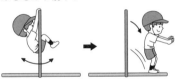

ぶらさがり後ろ下り

ツバメから遠くへ跳び下り

横向きで遠くへ跳び下り

前回り下り

できる子は静かに下りてみよう。

コウモリ下り

手をついて下りる

7 水の中を移動する運動遊び、もぐる・浮く運動遊び

8 多様な動きをつくる運動遊び

9 表現遊び

10 走の運動遊び

11 鉄棒を使った運動遊び

12 跳の運動遊び

本時案

回って遊ぼう

本時の目標

いろいろな回る遊びができるようにする。

評価のポイント

揺れたり、回ったりするいろいろな遊びに挑戦し、自ら工夫して楽しむことができたか。

週案記入例

[目標]
回って楽しく鉄棒遊びをする。

[活動]
いろいろな揺れ方、回り方に挑戦したり、工夫したりする。

[評価]
いろいろな動きを工夫することができたか。

[指導上の留意点]
自分のできる動き、できそうな動きをするように声かけをする。

本時の展開

	時	子供の活動
はじめ	5分	**集合・あいさつ** ○決められた3～4人組ごとに整列する。 ○学習カードを使い、本時の学習内容を知る。
準備運動	6分	**(1)準備運動をする** ○リズム太鼓に合わせて、首、手首、足首等の運動をする。 **(2)固定施設を使った運動遊びをする** ○ジャングルジム、雲梯、登り棒にぶら下がったり、登ったりする。 →手でしっかり握り、着地するまで手を離さないように声かけをする。
鉄棒遊び	29分	**(1)鉄棒遊びに関わる補助的な運動をする** ○鉄棒を使って補助的な運動をする。 ■1 →前時までに行った簡単な鉄棒遊びを取り入れる。 **(2)いろいろな回り方をして遊ぶ** ○順番や場の安全について確かめる。 ○いろいろな回る遊びをする。 ■2 →しっかりと鉄棒を握るように声かけをする。 ○自分のできるほかの回り方をして遊ぶ。 ■3 →工夫した技は全体に広め、工夫の幅を広げる。
整理運動	2分	**運動で使った箇所をゆったりとほぐす** ○全身のストレッチ運動をする。
まとめ	3分	**(1)クラス全体で本時の学習について振り返る** ○学習について振り返り、学習カードに記入する。 ・いろいろな跳び下り方ができたか。 ・安全に運動できたか。 **(2)次時の学習内容を知る**

1 鉄棒を使って補助的な運動をする

大きくブランコ　　　ツバメの綱渡り　　　ふとんほし　　　片足かけ

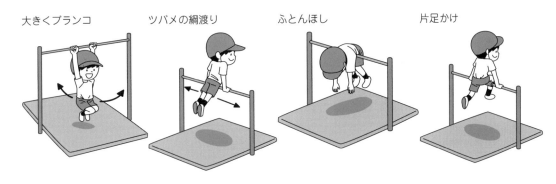

2 いろいろな回る遊びをする

前回り下り　　　　　　　足抜き回り（前後）

前も
やってみよう

3 自分のできるほかの回り方や揺れ方をする

だるま回り　　　　　　　　地球回り

ももと後ろを
持つと回りや
すいよ。

おしりを高く
上げておくと
いいよ。

膝かけふり

ぎゅっと鉄棒を
握りますよ。

7
水の中を移動する運動遊び、もぐる・浮く運動遊び

8
多様な動きをつくる運動遊び

9
表現遊び

10
走の運動遊び

11
鉄棒を使った運動遊び

12
跳の運動遊び

本時案

いろいろな遊び方でもっと楽しもう

本時の目標

いろいろな鉄棒遊びを、友達と協力して楽しむことができるようにする。

評価のポイント

今まで学習したいろいろな鉄棒遊びを、真似したり、工夫したりして楽しくできたか。

<table>
<tr><td colspan="2" style="text-align:center">週案記入例</td></tr>
<tr><td>

[目標]
いろいろな鉄棒遊びを進んで楽しくする。

[活動]
自分のできる遊び方をしたり、工夫したりする。

[評価]
いろいろな動きを工夫することができたか。

[指導上の留意点]
子供の努力や工夫を見付け、励ます。また全体に広める。
</td></tr>
</table>

本時の展開

	時	子供の活動
はじめ	5分	**集合・あいさつ** ○決められた3〜4人組ごとに整列する。 ○学習カードを使い、本時の学習内容を知る。
準備運動	5分	**(1)準備運動をする** ○リズム太鼓に合わせて、首、手首、足首等の運動をする。 **(2)鉄棒遊びに関わる補助的な運動をする** ○鉄棒を使って補助的な運動をする。 →前時までに行った簡単な鉄棒遊びを取り入れる。
鉄棒遊び	30分	**今まで学習したいろいろな遊び方をする** ○順番や場の安全について確かめる。 ○いろいろな遊びをする。 **1** →無理な遊び方をしないように声かけをする。 →できるようになった技があったら大いにほめる。 ○友達の真似をしたり、工夫したりして遊ぶ。 **2** →工夫した技は全体に広め、工夫の幅を広げる。
整理運動	2分	**運動で使った箇所をゆったりとほぐす** ○全身のストレッチ運動をする。
まとめ	3分	**クラス全体で本時の学習について振り返る** ○学習について振り返り、学習カードに記入する。 ・いろいろな遊び方ができたか。 ・安全に運動できたか。

1 いろいろな遊びをする

遊びごとにゾーンを決めて、移動しながら遊ぶ。

ぶらさがりゾーン

ツバメゾーン

跳び下りゾーン

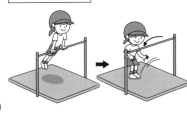

揺れるゾーン

回るゾーン

2 友達の真似をしたり、工夫したりして遊ぶ

動きを組み合わせる。

跳び上がり→ツバメ→後ろ跳び下り

ぼくは前回り
下りで下りて
みようかな

跳び上がり→ふとんほし→前回り下り

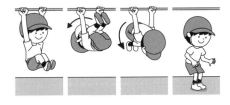

こんな技を
考えたよ

足抜き回り→コウモリ下り

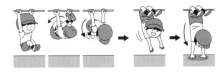

跳び上がり→ツバメ自転車こぎ→後ろ横跳び下り

いろんな技を
組み合わせた
んだね

7 水の中を移動する運動遊び、もぐる・浮く運動遊び

8 多様な動きをつくる運動遊び

9 表現遊び

10 走の運動遊び

11 鉄棒を使った運動遊び

12 跳の運動遊び

「鉄棒を使った運動遊び」学習カード＆資料

使用時 **第1〜5時**

本カードは第1時から第5時まで、1時間ごとに使用する。鉄棒遊びに対する興味・関心や技能、思考力などの変容を見取るカードである。学習の流れ、取り組む技がひと目で分かるようになっているので、めあてを立てやすくなっている。取り組む技が載っているので視覚的にも理解しやすい。

収録資料活用のポイント

①使い方

　まず、授業のはじめに本カードを子供一人一人に配布する。1時間に1枚使用する。授業の最後に振り返りを行う。また次時の内容も見て分かるようになっているので、学習の見通しをもつことができるようにした。

②留意点

　本カードに取り組む技が載っているが、その技をもとに自分のできる技で取り組ませたい。無理をさせないことが大切である。また、「こうやったらうまくできるよ」を書くことによって単なる感想ではなく、「思考・判断・表現」の見取りができるようになっている。

💿 学習カード 1-11-1（1時）

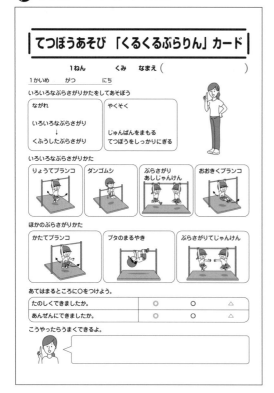

💿 学習カード 1-11-2（2時）

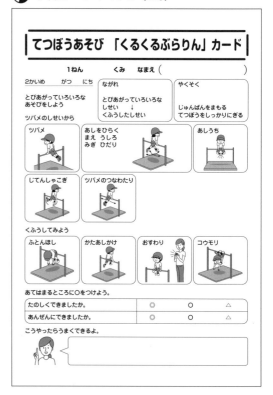

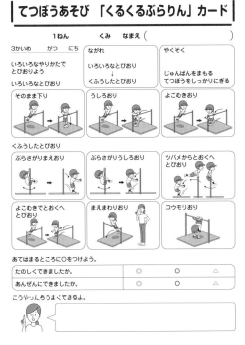

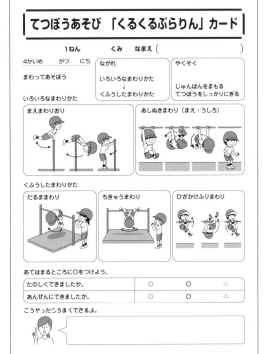

7 水の中を移動する運動遊び、もぐる・浮く運動遊び

8 多様な動きをつくる運動遊び

9 表現遊び

10 走の運動遊び

11 鉄棒を使った運動遊び

12 跳の運動遊び

12 跳の運動遊び

[5 時間]

【単元計画】

1・2時	3時
［第一段階］ **いろいろな跳び方を知り、運動遊びを楽しむ**	
跳の運動遊びの学習内容を知り、いろいろな跳び方を知って運動遊びを楽しむ。	跳び方や場を工夫して、運動遊びをすることの楽し
1・2　片足や両足でいろいろな跳び方をしよう①② POINT：跳の運動遊びの行い方や場の安全について知る。 **［主な学習活動］** ○集合・あいさつ ○今日の運動につながる準備運動をする。 ○いろいろな跳び方を知る。 　①ケンパー跳び遊び。 　②ゴム跳び遊び。 　③幅跳び遊び。 ○片付け、整理運動をする。 ○まとめ 　①クラス全体で今日の学習について振り返る。 　②次時の学習内容を知る。	**3　ケンパー跳び遊びをしよう** POINT：ケンステップの置き方を工夫し、前方に跳んだり、連続して跳んだりする。 **［主な学習活動］** ○集合・あいさつ ○今日の運動につながる準備運動をする。 ○ケンパー跳び遊びをする。 　①運動遊びを工夫して楽しむ。 　②友達のよい動きを見付けながら、遊び方を工夫して楽しむ。 ○片付け、整理運動をする。 ○まとめ 　①クラス全体で今日の学習について振り返る。 　②次時の学習内容を知る。

授業改善のポイント ···

主体的・対話的で深い学びの実践に向けて

　全ての子供が跳の運動遊びを楽しくできるようにするためには、以下の3点が学習のポイントとなる。

①全ての子供が夢中になって取り組むことのできる易しい運動の場の提示。

②今もっている力で楽しんだり、遊び方を工夫して楽しんだりすることのできる単元の内容。

③子供が継続して運動遊びに取り組むための教師の言葉かけ。

　易しい運動課題を提示することにより、「不安」や「飽き」が解消され、子供は夢中になって運動し、そこで工夫が生まれる。

　また、友達や教師と関わり合いながら運動遊びを行うことで、自分の動きを紹介し合ったり、友達のよい動きを見付けられたりするようになる。

　教師は一方的に遊びを示すのではなく、子供の動きを見取り、称賛したり価値付けたり、自由で楽しい雰囲気の中での学習になるようにふるまったりする。そのことで、子供はより遊び方を工夫し、夢中になって運動遊びに取り組む。

7	水の中を移動する運動遊び、もぐる・浮く運動遊び
8	多様な動きをつくる運動遊び
9	表現遊び
10	走の運動遊び
11	鉄棒を使った運動遊び
12	跳の運動遊び

○知識及び技能
・跳の運動遊びの行い方を知り、助走を付けて片足で踏み切り、前方や上方に跳んだり、片足や両足で連続して跳んだりすることができる。

○思考力、判断力、表現力等
・自己に適した運動遊びの場を選んだり、遊び方を工夫したりするとともに、友達のよい動きを見付けたり、考えたりしたことを友達に伝えたりすることができる。

○学びに向かう力、人間性等
・きまりを守り誰とでも仲よく進んで運動したり、場の安全に気を付けたりすることができる。

4時	5時
[第二段階] **跳び方や場を工夫して、運動遊びを広げる**	
さを味わいながら、前方や上方に跳んだり、連続して跳んだりする跳の動きを身に付ける。	
4　ゴム跳び遊びをしよう POINT：ゴムの高さや場を工夫し、上方に跳んだり、連続して跳んだりする。 [主な学習活動] ○集合・あいさつ ○今日の運動につながる準備運動をする。 ○ゴム跳び遊びをする。 　①運動遊びを工夫して楽しむ。 　②友達のよい動きを見付けながら、遊び方を工夫して楽しむ。 ○片付け、整理運動をする。 ○まとめ 　①クラス全体で今日の学習について振り返る。 　②次時の学習内容を知る。	**5　幅跳び遊びをしよう** POINT：場を工夫し、前方や上方に跳んだり、連続して跳んだりする。 [主な学習活動] ○集合・あいさつ ○今日の運動につながる準備運動をする。 ○幅跳び遊びをする。 　①運動遊びを工夫して楽しむ。 　②友達のよい動きを見付けながら、遊び方を工夫して楽しむ。 ○片付け、整理運動をする。 ○まとめ 　①クラス全体で今日の学習について振り返る。

子供への配慮の例

①運動が苦手な子供

　幅跳び遊びで踏み切りが上手にできない子供には、足を置く位置の目印として輪（ケンステップ等）を置き、リズミカルに助走して踏み切ることができるようにする。

　ゴム跳び遊びで、高く跳ぶことやしっかりジャンプすることが苦手な子供には、高さを変えることができる場を設ける。

　さらに着地の場が硬いと子供は安心して跳ぶことができないので場を工夫する。また、足の裏で着地することができるように、準備運動で安全な着地につながる運動を取り入れる。

②意欲的でない子供

　子供が怖さを感じることがないよう、運動遊びの場を設定する。子供が接触することを考え、障害物等は弾力性があり、形状が変化するものを選ぶ。

　うまく跳ぶことができない子供には、易しい動きの場を複数設定し、達成感を味わうことができるようにする。

　また、友達との競争を好まない場合は、いろいろな跳び方で勝敗を競わず楽しめる場を設定したり、行い方を工夫したりし、個人の伸びや関わりを称賛するようにする。

本時案

片足や両足で
いろいろな跳び方を
しよう①

1/5

本時の目標

　跳の運動遊びの学習内容を知り、いろいろな
跳び方を知って楽しむことができるようにす
る。

評価のポイント

　順番やきまりを守り、進んで跳の運動遊びに
取り組むことができたか。

週案記入例

[目標]
いろいろな跳び方を知って楽しむ。

[活動]
跳んだときにいろいろな動作をしたり、ケンパー
跳び遊びをしたりして楽しむ。

[評価]
順番やきまりを守り、進んで跳の運動遊びに取り
組むことができたか。

[指導上の留意点]
安全に運動するためにきまりや着地方法について
確認する。

本時の展開

	時	子供の活動
はじめ	5分	**集合・あいさつ** ○教室と同じ位置になるように整列をする。 ○本時の学習内容を知る。
準備運動	5分	**楽しい雰囲気をつくり、運動をする** 1 ○音楽やリズム太鼓に合わせ、首や手首・足首等の運動をする。 ○「ぴよぴよちゃん」を行う。
きまりの確認	3分	**きまりや遊び方について確認する** ○順番やきまりを守ることを確認する。 ○必ず足の裏で着地することや、用具の安全な使い方を丁寧に確認する。
跳の運動遊び①	15分	**いろいろな跳び方で跳ぶ** 2 ①体じゃんけん：上方に跳びながら手と足でグーチョキパーを表現する。 ②見て見てジャンプ：上方に跳んだときにいろいろな動作をする。
跳の運動遊び②	10分	**ケンパー跳び遊びをする** 3 ○片足や両足で、いろいろな間隔に並べられたケンステップを連続して前方に跳ぶ。
整理運動	2分	**運動で使った部位をゆったりとほぐす** ○特に手首・足首を中心に動かす。
まとめ	5分	(1)今日の学習について振り返り、学習カードに記入する 　①楽しく運動できたか。 　②順番やきまりを守って運動できたか。 　③よい動きを見付けたか。 (2)楽しかったこと、友達のよかったことを発表し合う

7 水の中を移動する運動遊び、もぐる・浮く運動遊び

8 多様な動きをつくる運動遊び

9 表現遊び

10 走の運動遊び

11 鉄棒を使った運動遊び

12 跳の運動遊び

1 準備運動（教室と同じ位置になるように整列させる）

○「楽しい体育が始まる」という意欲がもてるように、音楽をかけて準備運動を行う。

○「ぴよぴよちゃん」等、楽しみながら全身を動かせる遊びに取り組む。

ぴよぴよちゃん

教師「ぴよぴよちゃん」

子供「なんですか」

教師「こんなこと　こんなことできますか」

　　（手本となる動きを提示する）

子供「こんなことこんなこと　できますよ」

　　（教師の真似をする）

2 いろいろな跳び方で跳ぶ

体じゃんけん

上方に跳び、手と足でグーチョキパーを表現する。

①グーチョキパーの確認をする。

②教師とじゃんけんする。

③ペアでじゃんけんする。

見て見てジャンプ

上方に跳んだときにいろいろな動作をする。

大の字跳び

向き変え跳び

手たたき跳び

3 ケンパー跳び遊びをする

①片足や両足で踏み切り、連続で前方に跳ぶ。

②1回目は右足、2回目は左足といったように、左右のバランスを考える。

③簡単なリズムで跳べる置き方から、置き方を変えて違うリズムで跳べる場を用意する。

　（ケン・パ・ケン・パ等の口伴奏をするとリズミカルに跳ぶことができる）

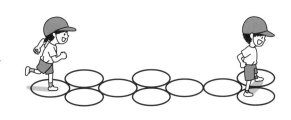

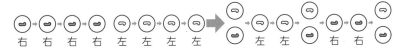

右　右　右　右　左　左　左　左　　　　左　左　　　右　右

本時案

片足や両足で
いろいろな跳び方を
しよう②

本時の目標

　跳の運動遊びの学習内容を知り、いろいろな跳び方を知って楽しむことができるようにする。

評価のポイント

　順番やきまりを守り、進んで跳の運動遊びに取り組むことができたか。

週案記入例

[目標]
いろいろな跳び方を知って楽しむ。

[活動]
ゴム跳び遊びをしたり、幅跳び遊びをしたりして楽しむ。

[評価]
順番やきまりを守り、進んで跳の運動遊びに取り組むことができたか。

[指導上の留意点]
安全に運動するためにきまりや着地方法について確認する。

本時の展開

	時	子供の活動
はじめ	5分	**集合・あいさつ** ○教室と同じ位置になるように整列をする。 ○本時の学習内容を知る。
準備運動	5分	**楽しい雰囲気をつくり、運動をする** ○音楽やリズム太鼓に合わせ、首や手首・足首等の運動をする。 ○「ぴよぴよちゃん」を行う。
跳の運動遊び①	15分	**ゴム跳び遊びをする** **1** ○助走を付けて片足でしっかり地面を蹴って上方に跳ぶ。 ○片足や両足で連続して上方に跳ぶ。
跳の運動遊び②	15分	**幅跳び遊びををする** **2** ○助走を付けて片足でしっかり地面を蹴って前方に跳ぶ。
整理運動	2分	**運動で使った部位をゆったりとほぐす** ○特に手首・足首を中心に動かす。
まとめ	3分	(1)**今日の学習について振り返り、学習カードに記入する** 　①楽しく運動できたか。 　②順番やきまりを守って運動できたか。 　③よい動きを見付けたか。 (2)**楽しかったこと、友達のよかったことを発表し合う**

7

水の中を移動する運動遊び、もぐる・浮く運動遊び

8

多様な動きをつくる運動遊び

9

表現遊び

10

走の運動遊び

11

鉄棒を使った運動遊び

12

跳の運動遊び

1 ゴム跳び遊びをする

○ゴムひもの場を多く準備して、一人一人がたくさん跳ぶことができるようにする。

○子供が不安を感じないように、高さを低くし、易しい場を準備する。並べ方も工夫する（支柱が準備できない場合は、ゴムひもを子供たちで持ち、動きを見合いながら行うようにする）。

○跳ぶ方向を決めたり、着地の仕方を確認したりして、安全に運動遊びに取り組む。

①助走を付けて片足で踏み切り、上方に跳ぶ。
②片足や両足で連続して上方に跳ぶ。

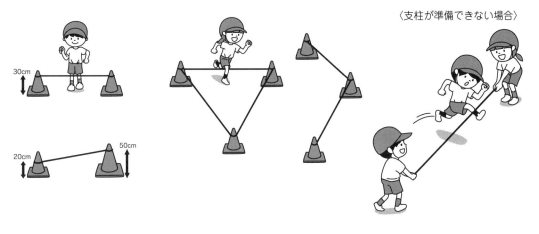

〈支柱が準備できない場合〉

2 幅跳び遊びをする

○リボンテープや長なわを川や池に見立てて、跳び越える（リボンテープや長なわを使うことで、子供が川や池の幅を広げたり縮めたりする工夫ができる）。

○川や池の場を多くして、一人一人がたくさん跳ぶことができるようにする。

○川や池の幅を変えることで、意欲をもって取り組むことができる。

○跳ぶ方向を決めたり、着地の仕方を確認したりして、安全に運動遊びに取り組む。

助走を付けて片足で踏み切り、前方に跳ぶ。

〈まっすぐな川〉

〈くねくねした川〉

本時案

ケンパー跳び遊び をしよう ③/⑤

本時の目標

　ケンステップでの跳び方や置き方を工夫して、前方に跳んだり、連続して跳んだりする動きを身に付けることができるようにする。

評価のポイント

　ケンパー跳び遊びに楽しんで取り組みながら、動きを広げることができたか。

週案記入例

[目標]
ケンパー跳び遊びを工夫して楽しみながら、よい動きを身に付ける。

[活動]
ケンパー跳び遊びを工夫して楽しんで取り組む。

[評価]
ケンパー跳び遊びを工夫して楽しみながら、よい動きを身に付けることができたか。

[指導上の留意点]
友達の遊び方を紹介したり、よい動きを称賛したりしながら、遊び方を広めていく。

本時の展開

	時	子供の活動
はじめ	5分	**集合・あいさつ** ○教室と同じ位置になるように整列をする。 ○本時の学習内容を知る。
準備運動	5分	**楽しい雰囲気をつくり、運動をする** ○音楽やリズム太鼓に合わせ、首や手首・足首等の運動をする。 ○「ぴよぴよちゃん」を行う。
きまりの確認	3分	**きまりや遊び方について確認する** ◀1 ○遊び方の工夫ができるよう、視点を簡単に示す。 ○安全面の確認をする。
跳の運動遊び	25分	**ケンパー跳び遊びをする** ①運動遊びを工夫して楽しむ。 ◀2 →少人数グループ（3〜4人）で取り組み、互いの動きを見ることができるようにする。 →動きや場を工夫している子供を称賛する。 ◀3 ②友達のよい動きを見付けながら、遊び方を工夫して楽しむ。 →友達のよい動きを真似したり、友達の考えた場で遊んだりするよう言葉かけをする。 ◀4
整理運動	2分	**運動で使った部位をゆったりとほぐす** ○特に手首・足首を中心に動かす。
まとめ	5分	**(1)今日の学習について振り返り、学習カードに記入する** ①楽しく運動できたか。 ②順番やきまりを守って運動できたか。 ③よい動きを見付けたり、工夫したりできたか。 **(2)楽しかったこと、友達のよかったことを発表し合う**

7
水の中を移動する運動遊び、もぐる・浮く運動遊び

8
多様な動きをつくる運動遊び

9
表現遊び

10
走の運動遊び

11
鉄棒を使った運動遊び

12
跳の運動遊び

1 きまりや遊び方について確認する

○第1時に確認した順番やきまりを守ること、着地について確認する。
○自分たちで遊びを工夫して、楽しい遊びにするために、工夫の視点を提示する。
①**場の工夫**➡・ケンステップとケンステップの距離を変える（等間隔、不規則）。
　　　　　　・ケンステップの色によって着地足を変える。
②**動きの工夫**➡・横向きや後ろ向きで行う。片足や両足で踏み切ったり、着地したりする。
　　　　　　　・回転を加えたり、手を広げたりと、跳んだときにいろいろな動作をする。

2 運動遊びを工夫して楽しむ

工夫例

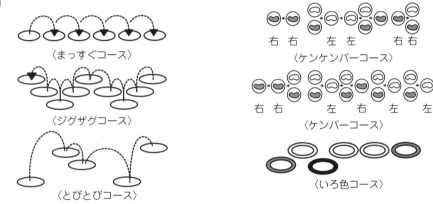

〈まっすぐコース〉

〈ジグザグコース〉

〈とびとびコース〉

右　右　　　左　左　　　右　右
〈ケンケンパーコース〉

右　右　　　　左　右　　　左　　　左
〈ケンパーコース〉

〈いろ色コース〉

○最後にじゃんけんゲームやリレー遊びを取り入れると、より楽しく取り組める（子供には工夫として提示はしない）。

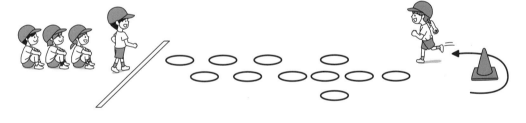

3・4 子供への言葉かけ

①指導のねらいに合わせた言葉かけ

連続して跳ぶのが難しいな。

上手に跳んでいる友達を見付けてみよう。

②動きを広げるための言葉かけ

友達の跳び方が面白かった。

・どんなところが工夫していて面白かったかな？
・真似をしてみよう。

本時案

ゴム跳び遊びを
しよう

本時の目標

　ゴムひもの高さや置き方を工夫して片足や両足で踏み切り、上方に跳んだり、連続して跳んだりする動きを身に付けることができるようにする。

評価のポイント

　ゴム跳び遊びに楽しみながら取り組み、動きを広げることができたか。

週案記入例

[目標]
ゴム跳び遊びを工夫して楽しみながら、よい動きを身に付ける。

[活動]
ゴム跳び遊びを工夫して楽しんで取り組む。

[評価]
ゴム跳び遊びを工夫して楽しみながら、よい動きを身に付けることができたか。

[指導上の留意点]
友達の遊び方を紹介したり、よい動きを称賛したりしながら、遊び方を広めていく。

本時の展開

	時	子供の活動
はじめ	5分	**集合・あいさつ** ○教室と同じ位置になるように整列をする。 ○本時の学習内容を知る。
準備運動	5分	**楽しい雰囲気をつくり、運動をする** ■1 ○音楽やリズム太鼓に合わせ、首や手首・足首等の運動をする。 ○「ぴよぴよちゃん」を行う。
きまりの確認	3分	**きまりや遊び方について確認する** ○前時の工夫した運動遊びを振り返り、本時に生かすようにする。 ○安全面の確認をする。
跳の運動遊び	25分	**ゴム跳び遊びをする** ①運動遊びを工夫して楽しむ。 ■2 ■3 →少人数グループ（3～4人）で取り組み、互いの動きを見ることができるようにする。 →動きや場を工夫している子供を称賛する。 ②友達のよい動きを見付けながら、遊び方を工夫して楽しむ。 →友達のよい動きを真似したり、友達の考えた場で遊んだりするよう言葉かけをする。
整理運動	2分	**運動で使った部位をゆったりとほぐす** ○特に手首・足首を中心に動かす。
まとめ	5分	**(1)今日の学習について振り返り、学習カードに記入する** ①楽しく運動できたか。 ②順番やきまりを守って運動できたか。 ③よい動きを見付けたり、工夫したりできたか。 **(2)楽しかったこと、友達のよかったことを発表し合う**

7
水の中を移動する運動遊び、もぐる・浮く運動遊び

8
多様な動きをつくる運動遊び

9
表現遊び

10
走の運動遊び

11
鉄棒を使った運動遊び

12
跳の運動遊び

1 楽しい雰囲気をつくり、運動する

○ゴム跳び遊びでは、上方に跳んだり、連続して跳んだりするため、入念に足首の運動をする（自分の体重を左右にかけ、けがの予防をする）。

2 運動遊びを工夫して楽しむ

○自分たちの考えで場を楽しく工夫することで、より主体的に学習に取り組めるようにしたい。教師ははじめから具体的に遊びを提示せず、子供の発想を大切にする。また、よい動きを称賛し、全体に広げる時間を適宜設ける。

①場の工夫例
・ゴムひもの左右の高さを変える。
・ゴムひもの置き方を変える（小型ハードル・三角形・十字・メリーゴーランド等）。

②動きの工夫例
・前向きや横向きで跳んだり、連続で跳んだりする。
・片足や両足で踏み切ったり、着地したりする。
・友達と一緒に跳んだり、ゲームをしたりする。

〈連続跳びコース〉

〈三角跳びコース〉

〈ジグザグ跳びコース〉

〈メリーゴーランド〉

〈十字コース〉

50cm　20cm
〈ガタガタコース〉

3 用具の工夫

○身近なものを活用することで、多くの場をつくることができる。
○ゴムひもの両端に洗濯バサミを付ける（ゴムひもを強く引っぱらない）。

〈コーン〉

〈ペットボトル〉

本時案

幅跳び遊びをしよう ⑤/⑤

本時の目標

　川や池の幅を工夫して、前方や上方に跳んだり、連続して跳んだりする動きを身に付けることができるようにする。

評価のポイント

　幅跳び遊びに楽しみながら取り組み、動きを広げることができたか。

本時の展開

	時	子供の活動
はじめ	5分	**集合・あいさつ** ○教室と同じ位置になるように整列をする。 ○本時の学習内容を知る。
準備運動	5分	**楽しい雰囲気をつくり、運動をする** 1 ○音楽やリズム太鼓に合わせ、首や手首・足首等の運動をする。 ○「ぴよぴよちゃん」を行う。
きまりの確認	15分	**きまりや遊び方について確認する** ○これまでの工夫した運動遊びを振り返り、本時に生かすようにする。 ○安全面の確認をする。
跳の運動遊び	15分	**幅跳び遊びをする** ①運動遊びを工夫して楽しむ。 2 →少人数グループ（3～4人）で取り組み、互いの動きを見ることができるようにする。 →動きや場を工夫している子供を称賛する。 ②友達のよい動きを見付けながら、遊び方を工夫して楽しむ。 →友達のよい動きを真似したり、友達の考えた場で遊んだりするよう言葉かけをする。
整理運動	2分	**運動で使った部位をゆったりとほぐす** ○特に手首・足首を中心に動かす。
まとめ	3分	(1)**今日の学習について振り返り、学習カードに記入する** ①楽しく運動できたか。 ②順番やきまりを守って運動できたか。 ③よい動きを見付けたり、工夫したりできたか。 (2)**楽しかったこと、友達のよかったことを発表し合う**

1 楽しい雰囲気をつくり、運動する

○幅跳び遊びでは、前方や上方に跳んだり、連続して跳んだりするため、入念に足首の運動をする（自分の体重を左右の足にかけ、けがの予防をする）。

2 運動遊びを工夫して楽しむ

○これまでの学習を振り返り、自分たちで運動遊びのきまりを考えるようにする。よい動きを見付けることやきまりを考えることで、運動遊びにより主体的に関わることができるようになり、対話が生まれる。教師は子供の様子を見取って称賛し、全体に学びを広げていく。

①**場の工夫例**
・リボンテープや長なわの幅を変える。
・浮島や岩を置く。
　浮島：ケンステップを置き、川や池の上で足をつくことができる場所とする。
　岩　：ポリ袋に新聞紙を入れたものを岩に見立て、川や池を跳び越える障害物とする。横や縦に並べたり、重ねたりしてもよい。

②**動きの工夫例**
・片足や両足で踏み切ったり、着地したりする。
・助走を付けて跳ぶ。いろいろな方向から川や池を跳び越える。
・友達と一緒に跳んだり、ゲームをしたりする。

〈浮島コース〉

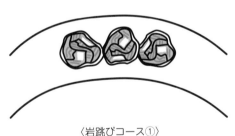

〈岩跳びコース①〉
岩を縦に並べ、遠くに跳べるようにする。

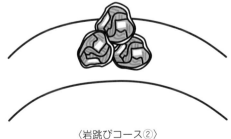

〈岩跳びコース②〉
岩を上に重ね、高く跳べるようにする。

〈岩跳びコース③〉
岩を横に並べ、確実に岩の上を跳べるようにする。

7
水の中を移動する運動遊び、もぐる・浮く運動遊び

8
多様な動きをつくる運動遊び

9
表現遊び

10
走の運動遊び

11
鉄棒を使った運動遊び

12
跳の運動遊び

「跳の運動遊び」学習カード＆資料

本カードは、学習内容の見通しをもつとともに、自分や友達の動きのよさや工夫を振り返るために使用する。「跳の運動遊び」での3つの資質・能力の変容を見取るカードである。1年生でも記述できる項目を設け、自分との対話や教師との対話ができる場とする。評価に活用し、次時の指導に生かす。

収録資料活用のポイント

①使い方

　まず、単元の指導前に、カード①とカード②を色画用紙に両面印刷して配布する。次に、学習の進め方を補説し、記入内容についても説明する。授業の終わりに、学習の振り返りを行うように指導する。

②留意点

　1年生であるが、振り返りで記述欄を設けている。短い言葉で自分の感じたことを表現することで、自分との対話が生まれるからである。また、記述することを習慣にすることで、次学年以降の学習につながる。子供が運動遊びに主体的に取り組み、工夫できるよう、具体的な例示はできるだけ避け、行き詰まったり、困ったりしたときはヒントや助言などを与えて支援する。

💿 学習カード 1-12-1（1〜2時）

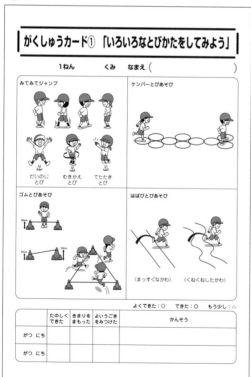

💿 学習カード 1-12-2（3〜5時）

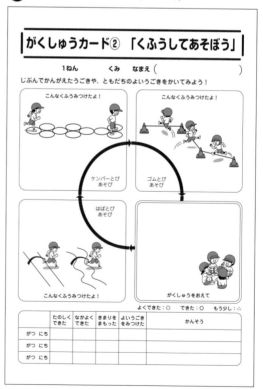

もっとたのしく！　ゲームのしかた

１ねん　　くみ　　なまえ

・じゅんばんやきまりをまもり、だれとでもなかよくしよう。
・「かち」「まけ」をうけいれよう。

●ケンパーとびリレー
・チームにわかれてリレーをおこないます。
・手でつぎの人にタッチします。

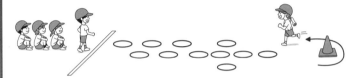

> かたあしやりょうあしでふみきったり、ちゃくちしたりしよう。

> れんぞくでとんでみよう。

●ゴムとびゲーム
・ゴムをすこしずつたかくします。
・ゴムをとびこせたら３てん、さわってとびこせたら２てん、かたあしだけとびこせたら１てんです。
・チームのごうけいのとくてんがおおいチームがかちです。

だんだん
たかく

> まえからとんだり、よこからとんだりしてみよう。

> しっかりゆかをけってみよう。

●はばとびゲーム
・じょそうをつけてかたあしでふみきったり、りょうあしでふみきったりします。
・りょうあしでちゃくちします。
・とんだながさでとくてんがきまります。
・チームのごうけいのとくてんがおおいチームがかちです。
　※きょりはみんなでそうだんしてきめます。

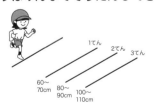

1てん　2てん　3てん
60〜70cm　80〜90cm　100〜110cm

> うでをしっかりとふって、からだをもちあげるようにしよう。

> しっかりゆかをけってみよう。

> ひざをまげてちゃくちしよう。

7 水の中を移動する運動遊び、もぐる・浮く運動遊び

8 多様な動きをつくる運動遊び

9 表現遊び

10 走の運動遊び

11 鉄棒を使った運動遊び

12 跳の運動遊び

13 表現遊び

6 時間

【単元計画】

	1時	2時	3時
	[第一段階] **次々と動物を見付けて動きにする**		
	歌や遊びから動きを見付けて楽しむ。	カードの言葉をヒントにして、動きを見付けて楽しむ。	特徴の違う動きを見付けて楽しむ。
	1 遊びや歌から動きを見付けよう POINT：途切れずに次々と動く。 **[主な学習活動]** ○「円形コミュニケーション遊び」をする。 ○「猛獣狩りに行こうよ」をする。いろいろな動物を取り入れて次々と即興的に動いて楽しむ。 ○『ゆかいな牧場』の歌に合わせて、登場する動物の模倣をして楽しむ。 まとめ　本時の振り返りをする。次時の内容を知る。	**2 カードを引いて動きを見付けよう** POINT：登場する動物になりきる。 **[主な学習活動]** ○「ミラーごっこ」をする。 ○「どうぶつカード」を引いて、そのものになりきって動く。 ○「どうぶつカード」と「うごきカード」を引いて、組み合わせて動きを工夫する。 まとめ　本時の振り返りをする。次時の内容を知る。	**3 次々と動物になりきろう** POINT：特徴を捉えて工夫する。 **[主な学習活動]** ○「この指ついておいで」をする。 ○次々と動物を見付けて、なりきって動く。 ①速く走る動物。 ②大きくて重たい動物。 ③ぴょんぴょん跳ぶ動物。 ④ゴソゴソ這っている動物。 ⑤空を飛ぶ動物。 まとめ　本時の振り返りをする。次時の内容を知る。

授業改善のポイント

主体的・対話的で深い学びの実践に向けて

　導入の段階から、イメージを広げていく言葉かけを工夫したい。「1、2、3、4」と号令をかけて体の部位を動かすのではなく、「朝顔のつるが伸びる伸びる…ねじれて伸びる〜」「風船がふくらんで、ふくらんで…空気を抜くよ。シュルルルル〜」といった言葉かけにすると、そのものの特徴を捉えて動くという表現遊びの基礎が培える。

　友達と、真似っこしたり、考え合ったりする活動を多く取り入れ、動きを見付ける喜びを共有し合えるようにする。

　子供たちが動いているとき、教師はまず、「いいね、何をしているところかな？」と問いかけて子供の考えを引き出し、「なるほど、いいね。その調子！」と認めて励ますことがポイントとなる。低学年では、子供たちなりに感じたり考えたりしながら動いていることを最優先して指導することが大切である。

　子供たちが考えたお話は、カードに簡単な絵や文にして書き留めて、掲示しておくとよい。それが積み重なっていくことで自己の振り返りができるとともに、友達の考えも知ることができる。「もっとやってみよう」と、次への意欲につなげることができる。

単元の目標

○**知識及び技能**
・表現遊びの行い方を知り、身近な題材の特徴を捉え、全身で踊ることができる。

○**思考力、判断力、表現力等**
・身近な題材の特徴を捉えて踊ったり、考えたことを友達に伝えたりすることができる。

○**学びに向かう力、人間性等**
・運動遊びに進んで取り組み、誰とでも仲よく踊ったり、場の安全に気を付けたりすることができる。

4時	5時	6時
[第二段階]「○○が、○○しているところ」という簡単なお話にする		
簡単なお話のつくり方を知る。	友達と考えを出し合ってお話をつくる。	いくつかのお話をつなげ、まとめる。
4　お話のつくり方を知ろう POINT：強弱のメリハリを付ける。	5　友達と考えを出し合ってお話をつくろう POINT：特徴を捉えて工夫する。	6　森の出来事とつなげて、つくったお話を見せ合おう POINT：よい動きを見付ける。
[主な学習活動] ○新聞紙を使った遊びをする。 ○「○○が、○○しているところ」という簡単なお話にする。 ①教師と一緒にイメージを広げる。 ②出された出来事を教師と一緒にやってみる。 まとめ　本時の振り返りをする。次時の内容を知る。	[主な学習活動] ○「あなたも○○、私も○○遊び」をする。 ○「○○が、○○しているところ」という簡単なお話にする。 ①教師と一緒に動くところと友達と考えるところを交互に進める。 まとめ　本時の振り返りをする。次時の内容を知る。	[主な学習活動] ○「ふしぎな森の木遊び」をする。 ○「○○が、○○しているところ」という簡単なお話にする。 ①森の出来事でつなぎながらお話をつくる。 ②見せ合う。 まとめ　本時の振り返りをする。楽しかったことや、友達の動きのよかったところを話し合う。

子供への配慮の例

①運動遊びが苦手な子供

　教師や友達の動きを真似することを伝えたり、教師がその子供のそばで声かけしたりして安心感をもたせる。

　単元の導入で動物や森の様子が分かる絵本や図鑑などを提示して、イメージを広げ、動きを見付けやすくする。また、「どうぶつカード」や「うごきカード」を活用して、無理なく動けるようにし、体験を増やしていく。

②運動遊びに意欲的でない子供

　ゲームや歌遊びを楽しく取り組むところから始める。子供の好きな遊びを多く取り上げたい。その遊びの中に、表現する要素を組み入れていくと、いつの間にか表現遊びに親しむことができる。

　動物や森の様子が分かる絵や写真を掲示して、興味・関心を広げる。また、動物の鳴き声や、森やジャングルの雰囲気が漂う音楽をバックミュージックのように流すことも効果的である。

本時案

遊びや歌から
動きを見付けよう

本時の目標

　遊びや歌に出てくる動物になりきって、動きを見付けることができるようにする。

評価のポイント

　遊びや歌に出てくる動物を思い浮かべて、即興的に動きを見付けることができたか。

週案記入例

[目標]
次々と動きを見付ける。

[活動]
遊びや歌から動物の動きを見付ける。

[評価]
即興的に動くことができたか。

[指導上の留意点]
遊びを通して、知らず知らずのうちに動物の動きを見付けられるようにする。

本時の展開

	時	子供の活動
はじめ	5分	**集合・あいさつ** ○本時の学習内容を確認する。
準備運動	5分	**「円形コミュニケーション遊び」をする** **1** ○全員で輪になって座り、前の人の肩に手をかけて左右前後に揺れたり、背中にもたれたり、後ろに寄りかかったりといろいろな動きを楽しむ。
表現遊びのいろいろ	30分	**遊びや歌から動きを見付ける** **2** ①「もうじゅうがりに行こうよ」をする。 ・教師の後に続いて、声に出しながら動作を楽しむ。 ・見付けた動物になって動きを見付ける。 ・見付けた動物の名前の文字数と同じ人数で集まって、動きを工夫する。 ・動きのパターンを変えて楽しむ。 ②『ゆかいな牧場』の歌に合わせて、動物の模倣をする。 **3** ・手拍子をしながら歌う。 ・動物が出てきたら、その動物の模倣をする。 ・歌の後、その動物がどうしたかを考えて動きにする。 ③動物が出てくる歌遊びを出し合う。 ・知っている歌を出し合って、動きを見付けて楽しむ。
整理運動	2分	**運動で使った部位をゆったりとほぐす** ○伸びたり縮んだりする動きを中心に、全身の筋肉をほぐす。
まとめ	3分	**今日の学習について振り返る** ①楽しかったところを発表する。 ②友達の動きで、真似してみたいと思ったことを発表する。

1 「円形コミュニケーション遊び」

○輪になって座る。
○前の人の肩に手をかけて、前後左右に揺れる。
○前に寄りかかったり、後ろに寄りかかったりする。
○「あ〜」と声を出しながら、前の人の背中をトントンと
　たたいて、声が震えることを楽しむ。
○ジェットコースターに乗っていることを想定して、後ろ
　に傾いたり、急に前に倒れたり、右や左に傾いたりする
　動作を楽しむ。

2 表現遊び：「もうじゅうがりに行こうよ」

○教師の後について、子供たちが歌いながら教師の真似をして動く。
①その場で軽くジャンプをしながら
　教師「もうじゅうがりに行こうよ！」　　**子供**「もうじゅうがりに行こうよ！」
②動物の動きを真似しながら
　教師「ゴリラなんてこわくない」　　　　**子供**「ゴリラなんてこわくない」
　教師「ライオンなんてこわくない」　　　**子供**「ライオンなんてこわくない」
③鉄砲や槍を持っている動作をしながら
　教師「だって鉄砲持ってるもん」　　　　**子供**「だって鉄砲持ってるもん」
　教師「槍だって持ってるもん」　　　　　**子供**「槍だって持ってるもん」
④近くの友達と手をつないで
　教師「友達だっているもん」　　　　　　**子供**「友達だっているもん」
⑤手を挙げてあちこちを指さす。その場で回りながらあちこちを指さす
　教師「あっ！」　**子供**「あっ！」　　　**教師**「あ〜あっ！」　　**子供**「あ〜あっ！」
⑥教師が言った動物に変身して動く
　　例：**教師**「ワニ」　　　　　　　　　　**子供**　ワニの模倣。
⑦教師が言った動物の名前の文字数と同じ人数で集まって、動物に変身する
　　例：**教師**「ガラガラヘビ」　　　　　　**子供**　6人で集まってガラガラヘビの模倣をする。
※「海水浴に行こうよ」「宇宙旅行に行こうよ」などにアレンジして取り組むのもおもしろい。

3 表現遊び：『ゆかいな牧場』（作詞：小林幹治／アメリカ民謡）

○リズムをとりながら歌う。
○出てくる動物の鳴き声や動きを模倣をしながら歌う。
○2番では「あひる」、3番では「七面鳥」。ほかにも
　「こぶた」「こうし」「ろば」などが出てくる。
○自分たちで考えた動物を替え歌にして楽しむ。

13
表現遊び

14
マットを使った運動遊び

15
ボールゲーム

16
多様な動きをつくる運動遊び

17
ボールゲーム

18
跳び箱を使った運動遊び

本時案

カードを引いて
動きを見付けよう

本時の目標

　カードに書かれていた動物になりきり、動きを見付けることができるようにする。

評価のポイント

　カードに書かれていた動物の特徴を思い浮かべて、すぐにそのものになりきって即興的に動きを見付けることができたか。

週案記入例

[目標]
次々といろいろな動物になりきる。

[活動]
カードを引いて、すぐにそのものの動きを見付ける。

[評価]
即興的に動くことができたか。

[指導上の留意点]
「どうぶつカード」と「うごきカード」は色や形を変えるなどして混ざらないようにする。

本時の展開

	時	子供の活動
はじめ	5分	**集合・あいさつ** ○本時の学習内容を確認する。
準備運動	5分	**「ミラーごっこ」をする** 1 ○教師の動きを鏡に映ったように真似する。 ○2人組で、鏡に映ったように動きを真似し合う。
表現遊び	30分	**いろいろな動物の動きを見付ける** 2 ①「どうぶつカード」を引いて、書かれていた動物になりきる。 ・スキップで移動し、教師の「み〜つけた！」の合図で、カードを引き、そこに書かれていた動物になって動く。 　繰り返して、いろいろな動物になって動く。 ・2人組で、同様に行う。 ・慣れてきたら、4人組で同様に行う。 ②「どうぶつカード」と「うごきカード」を引いて、動きを広げる。 ・2人組で、1人が「どうぶつカード」を引き、もう1人が「うごきカード」を引いて、それを合わせて、動物の動きを広げる。 ・慣れてきたら、4人組で同様に行う。 ・いろいろやってみた中から、気に入ったものを見付け、「○○が○○しているところ」という簡単なお話にして、見せ合う。
整理運動	2分	**運動で使った部位をゆったりとほぐす** ○伸びたり縮んだりする動きを中心に、全身の筋肉をほぐす。
まとめ	3分	**今日の学習について振り返る** ①楽しかったところを発表する。 ②友達の動きで、真似してみたいと思ったことを発表する。 ③もっとやってみたいことを発表する。

13
表現遊び

14
マットを使った運動遊び

15
ボールゲーム

16
多様な動きをつくる運動遊び

17
ボールゲーム

18
跳び箱を使った運動遊び

1　準備運動：「ミラーごっこ」

①教師の動きをよく見て、鏡に映ったように真似をする。

②2人組で、1人が好きなポーズをする。もう1人は鏡に映ったように真似する。

③2人組で、1人が4呼間の動きをする。もう1人は鏡に映ったように真似する。

④交代して同様に行う。

※相手が真似できるよう同じ動きを繰り返す。

2　表現遊び：「どうぶつカード」「うごきカード」

　教師のリズム太鼓に合わせて、スキップで移動する。教師の「み〜つけた！」の合図で、体育館にランダムに置かれた「どうぶつカード」を1枚めくる。そこに書かれていた動物になって動く。

①どうぶつカードの例

・チーター　・ダチョウ　・シマウマ　・キリン　・ゾウ　・カバ　・ウシ　・チンパンジー
・トラ　・サイ　・オオカミ　・ハイエナ　・ヘビ　・トカゲ　・ゴリラ　・ウサギ　・ネズミ
・リス　・コンドル　・トンビ　・コウモリ　・エリマキトカゲ　・パンダ、など

※事前に、子供たちからやってみたい動物や、知っている動物を聞き取ってカードにしておく。

②うごきカードの例

本時案

次々と動物に なりきろう

本時の目標

特徴の違う動物を見付けて、その特徴を捉え、動くことができるようにする。

評価のポイント

「速く走る」「大きくて重たい」など、特徴の違いによって動きの質を変えることができたか。

週案記入例

[目標]
動物の特徴を捉える。

[活動]
動物によって違う動きを見付ける。

[評価]
動きを変えることができたか。

[指導上の留意点]
子供たちが動物の特徴を捉えやすいように、動きの質が変わるであろうことが予想できるものを順番に提示する。

本時の展開

	時	子供の活動
はじめ	5分	**集合・あいさつ** ○本時の学習内容を確認する。
準備運動	8分	**表現遊び「この指ついておいで」をする** 1 ○2人組で体じゃんけんをする。 ○勝った方は、自分の人差し指を、頭上で大きく左右に振ったり、くるくる回したり、波のように動かして移動したりする。 ○負けた方は、その人差し指の動きに合わせて動く。
表現遊び	27分	**表現遊び「どんなどうぶつ、見付かった?」をする** 2 ○次々と特徴の違う動物を見付けて、特徴を捉えて動く。 ①「速く走る動物」を見付けて、その動物になって動く。 　　例:チーター、ダチョウ、馬、など。 ②「大きくて重たい動物」を見付けて、その動物になって動く。 　　例:ゾウ、キリン、キョウリュウ、など。 ③「ぴょんぴょん跳ぶ動物」を見付けて、その動物になって動く。 　　例:カンガルー、ウサギ、カエル、など。 ④「ゴソゴソ、這っている動物」を見付けて、その動物になって動く。 　　例:ヘビ、トカゲ、ワニ、など。 ⑤「空を飛ぶ動物」を見付けて、その動物になって動く。 　　例:コンドル、ワシ、ツバメ、など。 ⑥「好きな動物」を見付けて、その動物になって動く。 　　例:リス、パンダ、ハムスター、など。
整理運動	2分	**運動で使った部位をゆったりとほぐす** ○学習を振り返りながら、手足や全身をゆったりと動かし、体の緊張をほぐす。
まとめ	3分	**今日の学習について振り返る** ①気に入った動物を発表し合う。 ②友達の動きでいいなと思ったことを発表し合う。 ③次時の学習では、お話づくりをすることを知る。

1 準備運動：「この指ついておいで」

①２人で向かい合う。

②体じゃんけんをする。

③勝った子供は、人差し指を大きく動かす。

　　※指だけを動かすのではなく、全身を使って動かす。

　　※上下させたり、左右に波打たせたり、走っていって

　　　ジャンプしたりするなど、大きく動かす。

④負けた子供は、その人差し指の動きを追いながら動く。

2 表現遊び：「どんなどうぶつ、見付かった？」

〈指導の流れ〉

学習活動	指導の言葉かけの例　　　　　　　　　□…予想される動きの質	
イメージを広げる。	どんな動物を知ってる？ （イメージを引き出し共有する。前時に使用した「どうぶつカード」を活用して掲示するのも効果的）	
速く走る動物を見付けて動く。	ここは、広い森です。いろいろな動物がやってくるよ。 ①あ、すご〜く速く走っている動物、み〜つけた！ 　わあ、速い速い。何の動物かな？ 　（タタタタタタ…とリズム太鼓を速く小刻みにたたく）	素早く走る動き
大きくて重たそうな動物を見付けて動く。	②大きくて、重たそうな動物、み〜つけた！ 　（ドン！ドン！ドン！とゆっくりリズム太鼓をたたく） ゾウさんかな？なるほど、クマになっているのね。 こっちはライオンだね。目が鋭くてライオンらしいね。	ゆっくり、どっしりした動き
元気に跳びはねる動物を見付けて動く。	③ピョーン、ピョーン、跳びはねている動物、み〜つけた！ 何の動物になっているのかな？わあ、すごいジャンプ。 カンガルーだね。かわいいジャンプをしているのはウサギね。 （トトーン、トトーンとリズム太鼓を軽やかにたたく）	軽やかに跳びはねる動き
地面を這う動物を見付けて動く。	④ゴソゴソ、地面を這っている動物、み〜つけた！ ガサガサゴソゴソ…、何の動物かな？ 地面を這いながらも強そうだね。怖そうな動物もいるね。	腹ばいで床を這う動き
大空を飛ぶ動物を見付けて動く。	⑤スーイスーイ、空を飛ぶ動物、み〜つけた！ わあ、大空で気持ちよさそうだね。 空中回転している子もいるね。	体育館を広く使う動き
好きな動物になって動く。	⑥最後は好きな動物になあれ。 　わあ、かわいいリスもいる。パンダが笹を食べているのね。おもしろいな。 今日はたくさん動物を見付けたね。５人で見付けていた子もいたね。	

本時案

お話のつくり方を 知ろう

本時の目標

「○○が、○○しているところ」という簡単なお話のつくり方を知り、いろいろな動きをすることができるようにする。

評価のポイント

出来事を思い浮かべて、簡単なお話に沿って変化を付けながら動くことができたか。

<table>
<tr><td colspan="2" align="center">週案記入例</td></tr>
<tr><td colspan="2">【目標】
お話のつくり方を知る。</td></tr>
<tr><td colspan="2">【活動】
選んだ動物や出来事に合う動きを見付ける。</td></tr>
<tr><td colspan="2">【評価】
選んだものによって動きを変えることができたか。</td></tr>
<tr><td colspan="2">【指導上の留意点】
教師の「できあがり！」の合図で、ピタッと止まる約束をする。</td></tr>
</table>

本時の展開

	時	子供の活動
はじめ	5分	**集合・あいさつ** ○本時の学習内容を確認する。
準備運動	15分	**表現遊び：「新聞紙遊び」をする** ◀**1** ①新聞紙と戯れる。 ・体から落とさないように走る。 ・投げ上げて体のどこかで受け止める。 ②教師が動かす新聞紙の動きに合わせて動く。 ③２人組で、１人が新聞紙をいろいろ動かし、もう１人がその新聞紙の動きに合わせて動く。交代して楽しむ。
表現遊び	20分	**「○○が、○○しているところ」という簡単なお話にする** ◀**2** ①どんな出来事が起こりそうかアイデアを出し合う。 例　・ナマケモノが木から落ちそうなところ。 　　・大蛇と大蛇がからまってしまったところ。 　　・カンガルーが驚いて跳びまわっているところ。 　　・リスがえさを探して大騒ぎしているところ。 　　・ウサギとカメの競争。カメが勝ったところ。 ②出された事柄を、教師と一緒にやってみる。
整理運動	2分	**運動で使った部位をゆったりとほぐす** ○学習を振り返りながら、手足や全身をゆったりと動かし、体の緊張をほぐす。
まとめ	3分	**今日の学習について振り返る** ①楽しかったことを発表し合う。 ②次にやってみたいことを出し合う。

1 準備運動：「新聞紙遊び」をする

気分を解放して、思いきり自由に動くことに没頭する。

①動かし方の例

・新聞紙をピンと広げたり、縮めたりする。
・ひらひらさせながら上下にゆっくり動かす。
・バサバサさせながら、激しく上下に動かす。
・左右に揺らしたり、8の字に回したりする。
・頭上でくるくる回す。
・床に広げる。一部分を持って、だんだんと持ち上げていく。
・ねじる。
・ぐちゃぐちゃに丸める。
・丸めた新聞紙を転がしたり、投げ上げたり、遠くへ放り投げたりする。
・新聞紙を広げながら、いきなりバシャッと破る。

②2人で、相手を動かして遊ぶ

2 「○○が、○○しているところ」という簡単なお話にする

どんなことが起こるのかな？
考えを出し合いましょう。

みんなで一緒にやって
みましょう。

チンパンジーが、木から木へうつってあそんでいるところ

リスたちが、土の中からえさをさがしているところ

ゾウとゾウが、おすもうをしているところ

〈例〉

カンガルーが、ジャンプきょうそうをしているところ

たんけんたいが、どうくつをたんけんしているところ

ウサギが、ダンスをしているところ

へびが、えものをねらっているところ

本時案

友達と考えを出し合ってお話をつくろう

本時の目標

　お話のつくり方を理解するとともに、友達と考えを出し合いながら、簡単なお話をつくることができるようにする。

評価のポイント

　自分の考えを伝えたり、友達の考えを受け入れたりしながら、お話をつくることができたか。

週案記入例

[目標]
友達と考えを出し合ってお話をつくる。

[活動]
動物に限らず、森の中をイメージして「○○が、○○しているところ」という簡単なお話をつくる。

[評価]
自分がやりたいことを伝えることができたか。

[指導上の留意点]
オノマトペを言いながら動く。

本時の展開

	時	子供の活動
はじめ	5分	**集合・あいさつ** ○本時の学習内容を確認する。
準備運動	10分	**「あなたも○○、私も○○遊び」をする** 1 ○「○○」の中にいろいろなものを当てはめて、そのものになりきって動くことを楽しむ。 ○動くときにオノマトペを使ってイメージを広げる。
表現遊び	25分	**「○○が、○○しているところ」という簡単なお話にする** 2 ①森の出来事を考える。 ②考えが出たら、すぐにみんなで試してみる。 ③3人組になり、リーダーになる順番を決める。 ④教師と一緒に草むらをかき分けて進む模倣をする。 ⑤教師が「み〜つけた！」と言ったら、1番リーダーが「○○が○○しているところ！」と言う。グループの子供もそのものになって動く。 ⑥教師と一緒に一本橋を渡る模倣をする。 ⑦教師が「み〜つけた！」と言ったら、2番リーダーがやることを発表し、グループの子供もそのものになって動く。 ⑧教師と一緒に岩をよじ登る模倣をする。 ⑨教師が「み〜つけた！」と言ったら、3番リーダーがやりたいことを言って、グループの子供もそのものになって動く。
整理運動	2分	**運動で使った部位をゆったりとほぐす** ○学習を振り返りながら、手足や全身をゆったりと動かし、体の緊張をほぐす。
まとめ	3分	**今日の学習について振り返る** ①楽しかったことや、がんばったことを発表する。 ②友達の考えたお話のよいところを発表する。

1 準備運動：「あなたも○○、私も○○遊び」

歌うように、○○に言葉を当てはめて、そのあとオノマトペを言いながらそのものになって動く。

〈例〉
あなたも雷、私も雷
ピカッ、ピカッ、ゴロゴロゴロゴロ
ピカッ、ピカッ、ゴロゴロゴロゴロ

ピカッ、ピカッ、ゴロゴロゴロゴロ
と言いながら雷になりきって動く。

あなたもゴキブリ、私もゴキブリ
ガサガサガサガサ、ゴソゴソゴソゴソ
ガサガサガサガサ、ゴソゴソゴソゴソ

あなたも打ち上げ花火、私も打ち上げ花火
シュルシュルシュルシュル…ドッカーン！
シュルシュルシュルシュル…ドッカーン！

2 「○○が、○○しているところ」という簡単なお話にする

○森の出来事を考える。動物に限らなくてもよい。
○事前に考えを集めたり、カードにしておくのもよい。

ソウが水遊び

コウモリが追いかけっこ

クモの巣にひっかかった
えさだ えさだ。

嵐がきて飛ばされている

・突然大雨が降ってきたところ
・道に迷ってしまったところ
・森の小人と出会ったところ
・大きな岩が落ちてきたところ
・どうくつの中で、迷っているところ
・宝物を見付けたところ
・クマが冬眠から起きたところ
・お化けの木が揺れているところ
・底なし沼からはい上がるところ
・川に流されそうなところ
・カエルたちが歌っているところ
・リスが木登りしているところ

〈進め方〉
教師とみんなで一緒にやるところと、友達3人で考えるところとを交互に進める。

教師と一緒にみんなで	友達3人と	教師と一緒にみんなで	友達3人と	教師と一緒にみんなで	友達3人と
草むらをかき分ける	1番リーダーがやりたいこと	1本橋をわたる	2番リーダーがやりたいこと	岩をよじ登る	3番リーダーがやりたいこと

本時案

森の出来事と つなげて、つくった お話を見せ合おう

本時の目標

つくったお話を「どうぶつ森のお話」にまとめて見せ合いながら、よい動きを見付けることができるようにする。

評価のポイント

やりたい場面を工夫してお話にまとめて見せ合い、友達のよい動きを見付けることができたか。

週案記入例

[目標]
つくったお話を見せ合う。

[活動]
いろいろやった中から一番やりたいことを決めて、「○○が、○○しているところ」というお話にして、見せ合う。

[評価]
やりたいことを決めて工夫することができたか。

[指導上の留意点]
友達のよい動きが見付けられるようにする。

本時の展開

	時	子供の活動
はじめ	5分	**集合・あいさつ** ○本時の学習内容を確認する。
準備運動	5分	**「ふしぎな森の木遊び」をする** 1 ○教師が叩くリズム太鼓の調子に合わせて、いろいろな移動の仕方をして、合図でピタッと止まる。 ○体育館を森に見立てて、教師が「ふしぎな森の木、み〜つけた」と言ったら、近くの友達と、面白い形をつくって「木」になる。
表現遊び	30分	**(1)「○○が、○○しているところ」という簡単なお話にする** 2 ①森の出来事でどんなことがあったかを思い起こす。 ②3人組で、前時にやらなかった出来事なども次々とやってみる。 ③いろいろやってみた中から、どれをやりたいか3つ決める。 ④何をしているところかが強調されるよう繰り返す。 ⑤次の流れでお話を続ける。 　┌教師と一緒にみんなで┤─┤3人でつくったお話├─ 　┌教師と一緒にみんなで┤─┤3人でつくったお話├─ 　┌教師と一緒にみんなで┤─┤3人でつくったお話├─┤最後の形│ **(2)つくったお話を見せ合う** ①クラスを2つに分け、2交代で見せ合う。 　➡ペアグループで見せ合ってもよい。 ②友達のつくったお話でよいところを発表し合う。
整理運動	2分	**運動で使った部位をゆったりとほぐす** ○学習を振り返りながら、手足や全身をゆったりと動かし、体の緊張をほぐす。
まとめ	3分	**今日の学習について振り返る** ①楽しかったことや、がんばったことを発表する。 ②どんなことができるようになったかを振り返る。 ③学習カードに記入する。

14

マットを使った運動遊び

15

ボールゲーム

16

多様な動きをつくる運動遊び

17

ボールゲーム

18

跳び箱を使った運動遊び

1 準備運動：「ふしぎな森の木遊び」

教師の叩くリズム太鼓の調子に合わせて、体育館をいろいろに移動する。教師は叩き方をいろいろ工夫する。

ドン・ドン・ドン・ドン・ドン （力強く叩く）	力強く踏みしめるように
カカカカカカカカカ…（リズム太鼓の淵を軽く細かく）	小刻みにつま先や、かかとで
タターン、タターン、タターン…（調子よく）	スキップしながら
ドーン、ドーン…、ドンドンドンドン…ドドドドド…	ゆっくりな動きがだんだん速くなって

①教師が「ふしぎな森の木…」と言い始めたら、近くの友達と集まる（何人でもいい）。
②教師が「み〜つけた！」と言ったら、パッと友達と面白い形をつくって「木」になる。
③「ふしぎな森のお化けの木…」と言ったら、お化けの木になる。
④教師は「大きな木」「倒れそうな木」「枝が曲がっている木」「枝が絡まっている木」「まっすぐ天に伸びる木」「葉が生い茂っている木」などアレンジして投げかける。

2 「○○が、○○しているところ」という簡単なお話にして見せ合う

森の出来事を考える。動物に限らなくてもよい。教師のナレーションで、自分たちがつくったお話を続ける。簡単な発表会をする（2交代で見せ合う）。友達のよいところを見付ける。

	教師のナレーション	予想される子供たちの動き
教師と	ここは不思議などうぶつ森。どんな出来事が起こるかな？どうぶつ森のお話、始まり、始まり〜。	3人組で、ふしぎな木の形を工夫する。
	さあ、森に出かけましょう。草むらをかき分けて、かき分けて…ずんずんずんずん進んできました。	草むらをかきわける動きを工夫して進む。
3人で	あれ、何かな？み〜つけた！ どうなった？	3人で決めた1つ目のものをする。おわりの形をつくる。
教師と	もっと森の奥へと行ってみましょう。岩山をよじ登ったり、岩と岩の間をくぐりぬけたり…。	岩をよじ登ったり、くぐったりする動きで進む。
3人で	あれ、何かな？み〜つけた！ どうなった？	3人で決めた2つ目のものをする。おわりの形をつくる。
教師と	わあ、嵐がやってきた！	嵐にもまれる様子を工夫する。
3人で	あれ、何かな？み〜つけた！ どうなった？　どうぶつ森のお話、お・し・ま・い。	3人で決めた3つ目のものをする。おわりの形をつくる。

「表現遊び」学習カード＆資料

使用時 **第3時**

Aカードは、第3時の「次々と動物になりきろう」で使用する。どんな動物が気に入ったかを記録して、特徴が意識できるようにした。活動に入るときに掲示したり、声に出して唱えたりすると効果的である。

収録資料活用のポイント

①使い方

　第3時が終わったとき、どんな動物がいたか、どんな特徴だったかを振り返るときに使用する。マークの欄には、基本的には「たいへんよくできたとき：◎」「よくできたとき：○」「もう少しのとき：△」を記入するが、自分で好きなマークを考えてもよい。その子供が◎ではものたりないと思ったら、◎にしたり◉にしたりして工夫するであろう。その子供らしさが表れてよい。

②留意点

　動きの特徴はある程度の基準であって、正確性を求めるものではない。また、選んだ動物によっても違ってくるであろう。その子供なりの判断に任せてよい。教師側から見て適切かどうかではなく、あくまでも自己評価であり、その子供の思いを受け止めるものである。

💿 学習カード 1-13-1 （3時）

どうぶつ森のおはなし

Aカード　　1ねん　　くみ　　なまえ（　　　　　　　　）

こんなうごき、できたかな？		マーク
はやくはしるどうぶつ	すばやいうごきができたかな？	
おおきくて、おもたいどうぶつ	どっしりしたうごきができたかな？	
ぴょんぴょん、とぶどうぶつ	かるいうごきができたかな？	
ごそごそ、はっているどうぶつ	じめんをはいながらできたかな？	
そらをとぶどうぶつ	あちこちにとんでいけたかな？	
きにいったどうぶつはなあに？		

使用時 **第5～6時**

Ｂカードは、第二段階の第5時～第6時の「○○が、○○しているところ」という簡単なお話をつくるときに使用する。考えたお話を書き留め、学級全体で共有できるようにするものである。

収録資料活用のポイント

①使い方

　見付けたものを書き留めて、学級全員に共有できるよう掲示するため、画用紙などの少し厚めの紙に印刷するとよい。見付けたこと1つについて1枚使用する。見付けたものの数だけ集まることになるので、たくさん見付けようと意欲の向上につながる。Ａ4判の用紙の半分ぐらいの大きさが適当である。「おすすめ」のところは、おすすめ度によって、○の数をなぞって示す。「マーク」のところは、簡単な何か自分のマークをつくって書き入れると楽しいし、掲示したとき自分のカードが見付けやすい。学習した日付でもよい。

②留意点

　枚数を競うものではない。次へのヒントとしたり、達成感をもたせるものであることに留意したい。同じようなお話は近くにまとめて貼るなどして、分類してもよい。たとえば、「ゾウさんのおはなし」など、動物ごとにすると効果的である。

💿 学習カード 1-13-2（5～6時）

どうぶつ森のおはなし

| マーク | Ｂカード　　1ねん　　くみ　　なまえ（　　　　　　　） |

こんなおはなしだよ。

きにいっているところはここ！　　　　　　おすすめ

14 マットを使った運動遊び

5 時間

【単元計画】

第 1 時	第 2 時
[第一段階] 前転がりや後ろ転がりなど、いろいろな転がり方で遊ぶ	
いろいろな方向へ転がって遊ぶ。	いろいろな方向へ転がる遊びを工夫する。
1　いろいろな転がり方で遊ぼう POINT：転がる場を与えるのではなく、楽しく遊べる方法を考えさせる。 [主な学習活動] ○集合・あいさつ・準備運動 ○今日の運動につながる動きを用いたリレーをする。 ○今までにやったことのある遊びをする。 ○工夫して遊ぶ。 ○整理運動 ○振り返り	**2　転がる遊びの工夫をしよう** POINT：工夫の視点を与え（人数・方向・スピードを変える、動きを合わせる、競争する）、前時の遊びを広げる。 [主な学習活動] ○集合・あいさつ・準備運動 ○今日の運動につながる動きを用いたリレーをする。 ○前時の遊びをする。 ○工夫して遊ぶ。 ○整理運動 ○振り返り

授業改善のポイント

主体的・対話的で深い学びの実践に向けて

　子供に「やってみたい」という気持ちをもたせるために、次のことをポイントに置く。

①子供と一緒に魅力的な場をつくる。

②よい動きをしている子供を全体に紹介する。

　①については、教師が一方的に場を与えるのではなく、マットを使って楽しく遊ぶにはどうしたらよいかを子供が考え工夫し、子供にとって魅力的な場をつくる。

　②については、友達の動きや遊び方を紹介し、「自分もやってみたい」という意欲をもたせる。そのためには、教師が子供から引き出したい動きや遊びをあらかじめ想定しておく必要がある。

　遊びを工夫する場面では、仲間と伝え合ったり相談したりして遊びをよりよくしようとする姿を目指す。壁登り逆立ちでドーンじゃんけん、後ろ転がりの競争、動き合わせた前転がりなどのアイデアが、仲間との話合いの中で生まれてくることを目指したい。このような姿が現れるように、話し合いながら遊びを工夫している子供を称賛することがポイントとなる。

13

表現遊び

14

マットを使った運動遊び

15

ボールゲーム

16

多様な動きをつくる運動遊び

17

ボールゲーム

18

跳び箱を使った運動遊び

単元の目標

○知識及び技能
・マットを使った運動遊びの行い方を知り、いろいろな方向へ転がったり、手で支えての体の保持や回転をしたりすることができる。

○思考力、判断力、表現力等
・マットを使った遊び方を考えたり工夫したりして、友達に伝えることができる。

○学びに向かう力、人間性等
・運動遊びに進んで取り組み、順番やきまりを守り、誰とでも仲よく運動したり、安全に運動したりすることができる。

第3時	第4時	第5時
[第二段階] 壁登り逆立ちなど、いろいろな形での逆立ちで遊ぶ		
いろいろな形の逆立ちで遊ぶ。	いろいろな形の逆立ちでの遊びを工夫する。	場を選んで遊び、いろいろな動きを身に付ける。
3　いろいろな形の逆立ちで遊ぼう POINT：いろいろな形の逆立ちをする場を与えるのではなく、楽しく遊べる方法を考えさせる。 [主な学習活動] ○集合・あいさつ・準備運動 ○今日の運動につながる遊び ○今までにやったことのある遊びをする。 ○工夫して遊ぶ。 ○整理運動 ○振り返り	4　逆立ちの遊び方を工夫しよう POINT：工夫の視点を与え（人数・方向・スピードを変える、息を合わせる、競争する）、前時の遊びを広げる。 [主な学習活動] ○集合・あいさつ・準備運動 ○今日の運動につながる遊び ○前時の遊びをする。 ○工夫して遊ぶ。 ○整理運動 ○振り返り	5　選んで遊ぼう POINT：やってみたい場を選ばせ、繰り返し運動させる。 [主な学習活動] ○集合・あいさつ・準備運動 ○今日の運動につながる動きを用いたリレー／遊び ○2時の遊びの中から選んで遊ぶ。 ○4時の遊びの中から選んで遊ぶ。 ○整理運動 ○振り返り

子供への配慮の例

①運動が苦手な子供

①動きがやりやすくなる場の設定
②図やタブレット端末などによる視覚的な支援
③段階的な指導

①については、傾斜のある場で勢いよく転がれるようにするなどが考えられる。

②については、よい動きをした姿を録画しておき、動画で見せることなどが考えられる。

③の例として、支持での川跳びでは、はじめはマットに手をついた状態から取り組み、最終的には手をつけない姿勢からできるようにするなどが考えられる。

②意欲的でない子供

意欲を低下させる原因によって、配慮の仕方を変える必要がある。

「怖い」「痛そう」と思っている子供には、教師が補助したり、仲間と一緒にやらせたりして、恐怖心を減らすような工夫が必要である。できたときは称賛したい。

やり方が分からない子供には、図で示すなど、視覚的な支援が効果的である。

本時案

いろいろな転がり方で遊ぼう

本時の目標

マットを使った運動遊びの行い方を知り、いろいろな転がり方で遊ぶことができるようにする。

評価のポイント

進んで運動に取り組み、いろいろな転がり方で遊ぶことができたか。

週案記入例

[目標]
いろいろな転がり方で遊べるようにする。

[活動]
楽しく遊べる場をつくり、いろいろな転がり方で遊ぶ。

[評価]
いろいろな場で、いろいろな転がり方で遊ぶことができたか。

[指導上の留意点]
転がる場を与えるのではなく、楽しく遊べる方法を考えさせる。

本時の展開

	時	子供の活動
はじめ	5分	**集合・あいさつ** ○今日の学習内容を知る。 ○マットを使った運動遊びの行い方を知る。
準備運動	5分	**本時の運動につながる準備運動をする** 1 ○クマ歩きリレーをする。
マットを使った運動遊び①	15分	**今までやったことのある遊び方をする** ①前転がり、後ろ転がり。 ②丸太転がり。 ③ゆりかご、だるま転がり。
マットを使った運動遊び②	15分	**遊び方を工夫する** 2 ①坂道にしたマットでの前転がりや後ろ転がり。 ②1枚のマットで、何回前転がりや後ろ転がりができるか。 ③2枚のマットで、何回連続で前転がりや後ろ転がりができるか。
整理運動	2分	**運動で使った部位をゆったりとほぐす** ○特に首や手首を中心に動かす。
まとめ	3分	**(1)今日の学習について振り返り、学習カードに記入する** ①どうしたら上手にできるかが分かったか。 ②遊びの工夫ができたか。 ③仲よく運動できたか。 **(2)楽しかったこと、友達のよかったことを発表し合う**

1 クマ歩きリレー

○クマ歩きで行き、走って帰ってくる。

腰が頭より高い位置にあって、とても上手です。

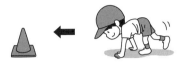

2 遊び方の工夫例

①坂道にしたマットでの前転がりや後ろ転がり

どうして坂道にしたの？

坂道にしたらスピードが出て楽しそうだと思いました。

②1枚のマットで、何回前転がりや後ろ転がりができるか

真似してやってみよう。

頭の後ろをつけるようにして、おへそを見るようにして回っているから、「クルッ」と回れるんだね。

③2枚のマットで、何回連続で前転がりや後ろ転がりができるか

ダンゴムシのように丸くなって回るとクルクル回れるよ。

どうしてそんなに連続で回れるの？

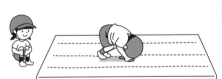

ぼくもやってみたい！

13 表現遊び

14 マットを使った運動遊び

15 ボールゲーム

16 多様な動きをつくる運動遊び

17 ボールゲーム

18 跳び箱を使った運動遊び

転がる遊びの工夫をしよう

本時の目標

前時の遊び方をもとに、いろいろな方向へ転がる遊びを工夫することができるようにする。

評価のポイント

仲間と仲よく運動に取り組み、協力して遊びの工夫をすることができたか。

週案記入例

[目標]
前時の遊びをもとに、協力して遊びの工夫をする。

[活動]
より楽しく遊べるよう、仲間と意見を出し合いながら遊びの工夫をする。

[評価]
仲間と協力して、遊びの工夫をすることができたか。

[指導上の留意点]
工夫の視点を与え（人数・方向を変える、動きを合わせる、競争する、連続でする等）、前時の遊びを広げるようにする。

本時の展開

	時	子供の活動
はじめ	5分	**集合・あいさつ** ○今日の学習内容を知る。 ○マットを使った運動遊びの工夫の例を知る。 **1**
準備運動	5分	**本時の運動につながる準備運動をする** ○クマ歩きリレーをする。
マットを使った運動遊び①	10分	**前時の遊びをする** ①坂道にしたマットでの前転がりや後ろ転がり。 ②1枚のマットで、何回前転がりや後ろ転がりができるか。 ③2枚のマットで、何回連続で前転がりや後ろ転がりができるか、等。
マットを使った運動遊び②	20分	**遊び方を工夫する** **2** ①動きを合わせた前転がりや後ろ転がり。 ②前転がりや後ろ転がりの競争。 ③マットをジグザグに進む前転がりや後ろ転がり。 ④複数人での丸太転がり、等。
整理運動	2分	**運動で使った部位をゆったりとほぐす** ○特に首や手首を中心に動かす。
まとめ	3分	**(1)今日の学習について振り返り、学習カードに記入する** ①どうしたら上手にできるかが分かったか。 ②遊びの工夫ができたか。 ③仲よく運動できたか。 **(2)楽しかったこと、友達のよかったことを発表し合う**

1 工夫の視点

○工夫の視点を掲示物にして子供に示す。

人数・向き・速さを変え
たり、動きを合わせたり、
競争したりして、遊びを
広げましょう。

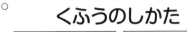

くふうのしかた

にんずうをかえる	うごきをあわせる
むきをかえる	きょうそうする
れんぞくでする	○○○○○○

〈掲示の例〉

2 遊び方の工夫例

①動きを合わせる

せーの

せーの

もっと人数を増やしたり、
手をつないだりしてでき
るかな。

②競争をする

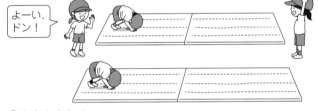

よーい、
ドン！

いいよ！

とても安全な
やり方ですね。
すばらしいです。

③方向を変える

どうしてジグザグに
前転がりをしている
いの？

ジグザグに進んだ
ら、1枚のマット
で何回回れるか試
しています。

④人数を変える

ぼくもやって
みたい。

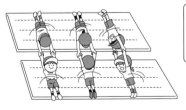

1人で転がっていたのを、
大勢でやってみたのですね。
とてもよい工夫です。みんな
もやってみてください。

13 表現遊び

14 マットを使った運動遊び

15 ボールゲーム

16 多様な動きをつくる運動遊び

17 ボールゲーム

18 跳び箱を使った運動遊び

本時案

いろいろな形の
逆立ちで遊ぼう

本時の目標

　マットを使った運動遊びの行い方を知り、い
ろいろな形の逆立ちで遊ぶことができるように
する。

評価のポイント

　進んで運動に取り組み、いろいろな形の逆立
ちで遊ぶことができたか。

週案記入例

[目標]
いろいろな形の逆立ちで遊ぶ。

[活動]
楽しく遊べる場をつくり、いろいろな形の逆立ち
で遊ぶ。

[評価]
いろいろな場で、いろいろな形の逆立ちで遊ぶこ
とができたか。

[指導上の留意点]
逆立ちする場を与えるのではなく、楽しく遊べる
方法を考えさせる。

本時の展開

	時	子供の活動
はじめ	5分	**集合・あいさつ** 　○今日の学習内容を知る。 　○マットを使った運動遊びの行い方を知る。
準備運動	5分	**本時の運動につながる準備運動をする** **1** 　○大根抜きをする。
マットを使った運動遊び①	15分	**今までやったことのある遊びをする** 　①かえるの足打ち。 　②壁登り逆立ち。 　③ブリッジ、等。
マットを使った運動遊び②	15分	**遊び方を工夫する** **2** 　①壁登り逆立ちで移動する。 　②かえるの足打ちで回数を争う。 　③ブリッジの下をくぐる、等。
整理運動	2分	**運動で使った部位をゆったりとほぐす** 　○特に腕や手首を中心に動かす。
まとめ	3分	(1)**今日の学習について振り返り、学習カードに記入する** 　①どうしたら上手にできるかが分かったか。 　②工夫したいことを仲間に伝えることができたか。 　③安全に気を付けて運動できたか。 (2)**楽しかったこと、友達のよかったことを発表し合う**

1 大根抜き

引き抜かれないように、体を「ぎゅっ」と引き締めましょう。

※オニは痛がる子（大根）を無理に引っ張らないようにする。

※子（大根）は足をばたつかせて、オニを蹴らないようにする。

2 遊び方の工夫例

①壁登り逆立ちで移動する

どうやったら横に動けるの？

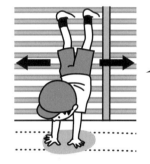

手をいっぱいに開いて、手と手の間を見ながら横に動くの。

②かえるの足打ちで回数を争う

1、2、3、4

1、2、3

私もやりたい！

③ブリッジの下をくぐる

おへそを天井に近付けるようにして、とてもきれいなブリッジですね。

13 表現遊び

14 マットを使った運動遊び

15 ボールゲーム

16 多様な動きをつくる運動遊び

17 ボールゲーム

18 跳び箱を使った運動遊び

本時案

逆立ちの遊び方を
工夫しよう

本時の目標

　前時の遊び方をもとに、いろいろな形の逆立ちで遊びを工夫することができるようにする。

評価のポイント

　仲間と仲よく運動に取り組み、協力して遊びの工夫をすることができたか。

週案記入例

[目標]
前時の遊びをもとに、協力して遊びの工夫をする。

[活動]
より楽しく遊べるよう、仲間と意見を出し合いながら遊びの工夫をする。

[評価]
仲間と協力して、遊びの工夫をすることができたか。

[指導上の留意点]
工夫の視点を与え（人数・方向を変える、動きを合わせる、競争する、連続でする等）、前時の遊びを広げるようにする。

本時の展開

	時	子供の活動
はじめ	5分	**集合・あいさつ** ○今日の学習内容を知る。 ○マットを使った運動遊びの工夫の例を知る。
準備運動	5分	**本時の運動につながる準備運動をする** ○クマ歩きリレーをする。
マットを使った運動遊び①	10分	**前時の遊びをする** ①壁登り逆立ちで移動する。 ②かえるの足打ちで回数を争う。 ③ブリッジの下をくぐる、等。
マットを使った運動遊び②	20分	**遊び方を工夫する** **◀1** ①壁登り逆立ちでじゃんけんをする。 ②かえるの足打ちで動きを合わせる。 ③支持での川跳びで動きを合わせる。 ④複数人のブリッジの下をくぐる、等。
整理運動	2分	**運動で使った部位をゆったりとほぐす** ○特に腕や手首を中心に動かす。
まとめ	3分	(1)今日の学習について振り返り、学習カードに記入する ①どうしたら上手にできるかが分かったか。 ②工夫したいことを仲間に伝えることができたか。 ③安全に気を付けて運動できたか。 (2)楽しかったこと、友達のよかったことを発表し合う

13 表現遊び

14 マットを使った運動遊び

15 ボールゲーム

16 多様な動きをつくる運動遊び

17 ボールゲーム

18 跳び箱を使った運動遊び

1 遊び方の工夫例

①競争する

じゃんけん
してみようよ！

自分に合った高さに足を
かけるようにしましょう。
反対の手でもじゃんけん
できるかな。

②動きを合わせる

せーので、足を
2回打つのね。

3回のときに、
私も一緒にや
る！

せーの

③動きを合わせる

肘がしっかり伸びて、
腰が高く上がるとこ
ろもそろっています。

いくよ

せーの

④人数を変える

壁登り逆立ちの下も
くぐってみよう。

すごーい！
ぼくも入れて！

本時案

選んで遊ぼう

本時の目標

　第2時・4時にした遊びから選んで遊び、いろいろな動きを身に付けることができるようにする。

評価のポイント

　選んだ遊びを通して、いろいろな動きを身に付けることができたか。

週案記入例

[目標]
選んだ遊びを通して、いろいろな動きを身に付ける。

[活動]
再びやりたい遊びを選び、友達と仲よく遊ぶ。

[評価]
やりたい遊びを選び、いろいろな動きを身に付けることができたか。

[指導上の留意点]
よい動きをしている子供を全体に紹介し、目指す姿を全体で共有できるようにする。

本時の展開

	時	子供の活動
はじめ	5分	**集合・あいさつ** ○今日の学習内容を知る。 ○マットを使った運動遊びの行い方を知る。
準備運動	5分	**本時の運動につながる準備運動をする** ○クマ歩きリレーをする。 ○大根抜きをする。
マットを使った運動遊び①	15分	**第2時の遊びの中から選んで遊ぶ** ①動きを合わせた前転がりや後ろ転がり。 ②前転がりや後ろ転がりの競争。 ③マットをジグザグに進む前転がりや後ろ転がり。 ④複数人での丸太転がり、等。
マットを使った運動遊び②	15分	**第4時の遊びの中から選んで遊ぶ** ①壁登り逆立ちでじゃんけんをする。 ②かえるの足打ちで動きを合わせる。 ③支持での川跳びで動きを合わせる。 ④複数人のブリッジの下をくぐる、等。
整理運動	2分	**運動で使った部位をゆったりとほぐす** ○特に首、腕、手首を中心に動かす。
まとめ	3分	(1)**今日の学習について振り返り、学習カードに記入する** ①どうしたら上手にできるかが分かったか。 ②工夫したいことを仲間に伝えることができたか。 ③安全に気を付けて運動できたか。 (2)**楽しかったこと、友達のよかったことを発表し合う**

1 運動が苦手な子供への配慮

①動きがやりやすくなる場を設定する

坂になっていると「くるっ」と回れるから、やってみましょう。

②スモールステップによる指導

（例）支持による川跳び

| マットに手をつけた状態から | ➡ | ばんざいの姿勢から手をついて腰を高く上げる |

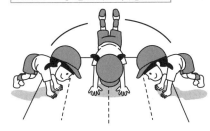 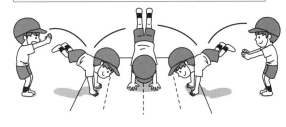

2 運動に意欲的でない子供への配慮

「怖い」「痛そう」と思っている子供には、仲間と一緒にやらせて、恐怖心を減らすような工夫が必要となる。

「怖い」と思う動きは、友達に一緒にやってもらいましょう。先生も補助します。

一緒にやってみようよ！できると楽しいよ！

やったことがないから怖いし、失敗したら痛そう。

やり方が分からない子供には、図で示すなど、視覚的な支援が効果的。

○マットの運び方を図で示す例

マットのはこびかた

・マットをひきずらない。
・まっとのみみをもつ。
・ふたりいじょうではこぶ。

○大根抜きの注意点を示す例

だいこんぬきのルール

「こ」は
あしをばた
つかせて、
オニをけりません

おには
いたがるこを
むりに
ひっぱりません

13 表現遊び

14 マットを使った運動遊び

15 ボールゲーム

16 多様な動きをつくる運動遊び

17 ボールゲーム

18 跳び箱を使った運動遊び

DVD収録資料

「マットを使った運動遊び」学習カード＆資料

使用時 **第1～5時**

本カードは第１時から第５時まで、単元全体を通して使用する。子供は単元の見通しをもちながら、自己の学習状況を「知識・技能」「思考・判断・表現」「主体的に学習に取り組む態度」の３観点で振り返る。技能面で困ったときは、ヒントカードから運動のポイントや教師から得られる補助等を知り、課題の解決に役立たせたい。

収録資料活用のポイント

①使い方

１単位時間につき１枚使う。「どうしたらじょうずに○○できるかわかった」については、運動のポイントが分かったかどうかについて振り返らせる。「どうしたらじょうず○○ができましたか」については、子供の記述を通して「知識」を身に付けたかを見取れるようにした。

②留意点

「つぎのじゅぎょうでがんばりたいこと」については、本時及びそれまでの学習をもとに、カードの一番上にある「たんげんのけいかく」を参考にして記述させる。「こうしたい」という運動への欲求は子供にとっての学習課題となるため、大切にしていきたい。第３時から第５時までのカードでは、「きょうのふりかえり」の項目が多くなっているが、子供の実態に応じて、取捨選択する。

学習カード 1-14-1（1～2時）

マットをつかった　うんどうあそび　がくしゅうカード

1ねん　　くみ　なまえ（　　　　）

◆たんげんのけいかく　　がつ　にち

1	2	3	4	5
いろいろなころがりかたであそぼう	ころがるあそびのくふうをしよう	いろいろなさかだちであそぼう	さかだちのあそびかたをくふうしよう	えらんであそぼう
しゅうごう・あいさつ・じゅんびうんどう				
・きょうのうんどうにつながるリレー ・いままでにやったことのあるあそびをする ・くふうしてあそぶ	・きょうのうんどうにつながるリレー ・まえのじかんのあそびをする ・くふうしてあそぶ	・きょうのうんどうにつながるあそび ・いままでにやったことのあるあそびをする ・くふうしてあそぶ	・きょうのうんどうにつながるあそび ・まえのじかんのあそびをする ・くふうしてあそぶ	・きょうのうんどうにつながるリレー／あそび ・２じかんめのあそびからえらんであそぶ ・４じかんめのあそびからえらんであそぶ
せいりうんどう・ふりかえり				

◆きょうのふりかえり

・どうしたらじょうずにころがれるかわかった	◎	○	△
・どうしたらじょうずにころがれましたか			
・いろいろなころがりかたができた	◎	○	△
・あそびをくふうすることができた	◎	○	△
・なかよくうんどうすることができた	◎	○	△

◆つぎのじゅぎょうでがんばりたいこと

学習カード 1-14-2（3～5時）

マットをつかった　うんどうあそび　がくしゅうカード

1ねん　　くみ　なまえ（　　　　）

◆たんげんのけいかく　　がつ　にち

1	2	3	4	5
いろいろなころがりかたであそぼう	ころがるあそびのくふうをしよう	いろいろなさかだちであそぼう	さかだちのあそびかたをくふうしよう	えらんであそぼう
しゅうごう・あいさつ・じゅんびうんどう				
・きょうのうんどうにつながるリレー ・いままでにやったことのあるあそびをする ・くふうしてあそぶ	・きょうのうんどうにつながるリレー ・まえのじかんのあそびをする ・くふうしてあそぶ	・きょうのうんどうにつながるあそび ・いままでにやったことのあるあそびをする ・くふうしてあそぶ	・きょうのうんどうにつながるあそび ・まえのじかんのあそびをする ・くふうしてあそぶ	・きょうのうんどうにつながるリレー／あそび ・２じかんめのあそびからえらんであそぶ ・４じかんめのあそびからえらんであそぶ
せいりうんどう・ふりかえり				

◆きょうのふりかえり　※5じかんめは「いろいろなころがりかた」と「いろいろなさかだち」

・どうしたらじょうずにいろいろなさかだちができるかわかった	◎	○	△
・どうしたらじょうずにいろいろなさかだちができましたか			
・いろいろなさかだちができた	◎	○	△
・あそびをくふうすることができた	◎	○	△
・くふうしたいことをともだちにつたえることができた	◎	○	△
・なかよくうんどうすることができた	◎	○	△
・あんぜんにきをつけてうんどうすることができた	◎	○	△

◆つぎのじゅぎょうでがんばりたいこと

13
表現遊び

14
マットを使った運動遊び

15
ボールゲーム

16
多様な動きをつくる運動遊び

17
ボールゲーム

18
跳び箱を使った運動遊び

マットをつかった　うんどうあそび　ヒントカード

◆まえころがり・うしろころがりができないとき
「ゆりかご」をやってみよう！

🖐「こし→せなか→あたま」が、じゅんにマットについているのをかんじるように

🖐ゆりかごのように、ぜんごにからだをゆらす

◆かべのぼりさかだちができないとき
「クマあるき」をやってみよう！

🖐あたまより、こしをたかく

🖐ひじがまがらないように
🖐てのひらをしっかりひらく
🖐てのひらにたいじゅうがかかるのをかんじるように

「カエルのあしうち」をやってみよう！

🖐こしをたかく

🖐こしをたかくしたまま、あしをうつ

🖐あごをだして、マットとにらめっこ

◆せんせいにてつだってもらう

○かわとびで
リズムのかけごえをだしてもらおう

○うしろころがりで
ほじょをしてもらおう

せーの、1、2、3！

〈イチ〉　〈ニイ〉　〈サン〉

🖐こしをもちあげるように

15 ボールゲーム

6時間 ［ベースボール型ゲーム］

【単元計画】

1時	2時	3時
[第一段階] いろいろなベースボール型ゲームの仕方を知り、ゲームを楽しむ		
チーム編成やワンベース型のゲームの仕方を知り、ゲームを楽しむ。	三角ベース型のゲームの仕方を知り、互いのよさを認め合い仲よく協力してゲームを楽しむ。	ダイヤモンド型のゲームの仕方を知り、互いのよさを認め合い仲よく協力してゲームを楽しむ。
1 ワンベース型のゲームを楽しもう POINT：ワンベース型のベースボール型ゲームの行い方を知り、ゲームを楽しむ。	**2 三角ベース型のゲームを楽しもう** POINT：三角ベース型のベースボール型ゲームの行い方を知り、ゲームを楽しむ。	**3 ダイヤモンド型のゲームを楽しもう** POINT：ダイヤモンド型のベースボール型ゲームの行い方を知り、ゲームを楽しむ。

[主な学習活動]
○集合整列・あいさつをする。
○本時の学習内容を知り、学習の見通しをもつ。
○ゲームにつながる準備運動をする。
○ベースボール型ゲームをする。　○チームごとに振り返りをする。
○整理運動
○まとめ　①クラス全体で、今日の学習について振り返る。
　　　　　②次時の学習内容を知る。

授業改善のポイント

主体的・対話的で深い学びの実践に向けて

　ゲームの学習は、主として集団対集団で工夫し、得点をとるために友達と協力して攻めたり、得点されないように友達と協力して守ったりしながら、競い合う楽しさや喜びに触れることが学べる運動である。そのため、規則を工夫したり、作戦を考えたりして、簡単な動きを身に付けて、ゲームを一層楽しくしていくことができるようにすることがポイントとなる。
①クラスみんなが楽しむことができるように、ゲームの内容を工夫する。
②相手チームに勝つための作戦（めあて）を選

んだり、工夫したりする。
③作戦を意識し、友達のよさを認め合い、伝え合う。
④ゲームを通して、自分たちのチームの学習課題を見付け、作戦を工夫したり、修正したりする。
⑤振り返りで、作戦がうまくいったかどうか、また、友達のよいところについて伝え合う。
　以上の5点を大切にする。
　また、学習カード、対戦表、勝敗表を準備し、主体的な学習に導く。

13

表現遊び

14

マットを使った運動遊び

15

ボールゲーム

16

多様な動きをつくる運動遊び

17

ボールゲーム

18

跳び箱を使った運動遊び

単元の目標

○**知識及び技能**

・ボールゲームの楽しさに触れ、その行い方を知るとともに、易しいゲームをすることができる。

○**思考力、判断力、表現力等**

・簡単な規則を工夫したり、攻め方を選んだりするとともに、考えたことを友達に伝えることができる。

○**学びに向かう力、人間性等**

・ボールゲームに進んで取り組み、規則を守り誰とでも仲よく運動したり、勝敗を受け入れたり、場や用具の安全に気を付けたりすることができる。

4時	5時	6時
[第二段階] **チームの作戦を工夫して、ベースボール型ゲームを楽しむ**		
規則を工夫したり、作戦を選んだり工夫したりして、互いのよさを認め合い、仲よく協力してゲームを楽しむ。		

4・5・6　作戦を立ててゲームを楽しもう①②③

POINT：みんなが楽しめる規則を工夫し、チームの作戦を選んだり、工夫したりしてゲームを楽しむ。

[主な学習活動]

○集合整列・あいさつをする。

○本時の学習内容を知り、学習の見通しをもつ。

○ゲームにつながる準備運動をする。

○チームの作戦を選んだり、工夫したりしてベースボール型ゲームをする。

○チームごとに振り返りをする。

○整理運動

○まとめ

　①クラス全体で、今日の学習について振り返る。

　②困ったことをもとに、規則を工夫する。

　③次時の学習内容を知る。

子供への配慮の例

①運動が苦手な子供

　ボールを捕ったり止めたりすることが苦手な子供には、柔らかいボールを使ったり、空気を抜いたボールを使ったりする。

　また、ボールが飛んだり、転がったりしてくるコースに入ることが苦手な子供には、柔らかいボールを使い、1対1でボールを投げ、飛んできたり転がってきたりするコースに素早く入ることができるように練習したり、助言したりする。

②意欲的でない子供

　ボールを捕ることに対する恐怖心などで、ゲームに意欲的に取り組めない子供には、柔らかいボールを用意したり、大きなボールやゆっくりとしたスピードになるボールを用意したりするなどの配慮をする。

　また、ゲーム中に何をすればよいのかが分からないなどで、ゲームに意欲的に取り組めない子供には、行い方を絵図で説明したり、活動内容を掲示したりするなどの配慮をする。

本時案

ワンベース型の
ゲームを楽しもう

本時の目標

　ワンベース型のベースボール型ゲームの行い方を知り、楽しくゲームをすることができるようにする。

評価のポイント

　ワンベース型のベースボール型ゲームの行い方が分かり、友達と協力して楽しくゲームをすることができたか。

週案記入例

[目標]
ベースボール型ゲームの行い方を知り、楽しくゲームをする。

[活動]
守りのいないところをねらってボールを投げ、勝敗を競い合う。

[評価]
みんなと仲よくゲームを楽しむことができたか。

[指導上の留意点]
ゲームの仕方が分かりやすいように、コートを図に描いて示す。

本時の展開

	時	子供の活動
はじめ	3分	**集合・あいさつ** ○チームごとに整列する。 ○今日の学習内容を知る。
準備運動	5分	**ゲームにつながる運動をする** ○簡単な部位の運動をする。 ○キャッチボールをする。
ベースボール型ゲーム	30分	**ワンベース型のベースボール型ゲームをする** ①ベースボール型ゲームの行い方を知る。　**1**　**2** 　○コートや得点の仕方を知る。 　○自分のチームや相手のチームを確認する。　**3** ②ゲームの準備をする。 　○ボール、コーン、輪、紅白玉を準備する。 ③ゲームをする。 　○全員が攻撃したら攻守交代をする。 　○1ゲームは、2回の表裏とする。 　○はじめの規則で、第1ゲームをする。 　○対戦相手を替えて、第2ゲームをする。 ④チームごとに振り返りをする。 　○勝敗を確認し、学習カードに記入する。
整理運動	2分	**手、足など運動で使ったところをゆったりとほぐす**
まとめ	5分	**クラス全体で今日の学習について振り返る** ①勝敗を確認し、勝敗表に記入する。 ②チームごとに、今日の「がんばりまん」を発表する。 ③次時の学習予定を知る。

13
表現遊び

14
マットを使った運動遊び

15
ボールゲーム

16
多様な動きをつくる運動遊び

17
ボールゲーム

18
跳び箱を使った運動遊び

1 はじめの規則

○1チーム5～6人。
○全員が攻撃したら、攻めと守りを交代する。
○1ゲームは、2回の表裏とする。
○ボールは投げる。
○攻めは、360度、どこにボールを投げてもよい。
○守りは、ボールを捕った人のところに全員が走り寄り、手をつないでしゃがみながら「アウト！」とコールする。
○攻めは、ボールを投げたら、コーンまで走り、「アウト」の声が上がる前にコーンにタッチできたら1点、ホームのコーンまで戻ってタッチできたら、2点とする。

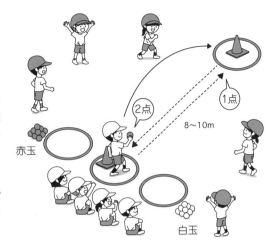

2 紅白玉による得点板

○紅白玉を使って、得点を示す。
○攻めのチームは、それぞれの人が得点した数の紅白玉をフラフープの中に入れる。
○2回の攻めが終わった時点で、フラフープの中に入った紅白玉の数を数えて、チームの得点とする。

3 対戦表

〈第1ゲーム〉

第1コート	第2コート	第3コート
赤	青	緑
対	対	対
白	黄	橙

〈第2ゲーム〉

第1コート	第2コート	第3コート
赤	黄	白
対	対	対
橙	緑	青

本時案

三角ベース型の ゲームを楽しもう

本時の目標

　チームの仲間と協力して、楽しくゲームをすることができるようにする。

評価のポイント

　チームの仲間と協力して、三角ベース型のゲームを楽しく行うことができたか。

本時の展開

	時	子供の活動
はじめ	3分	**集合・あいさつ** ○チームごとに整列する。 ○今日の学習内容を知る。
準備運動	5分	**ゲームにつながる運動をする** 1 ○キャッチボールをする。 ○的をねらってボールを投げる。
ベースボール型ゲーム	30分	**三角ベース型のベースボール型ゲームをする** 2 ①対戦相手チームとコート、規則を確認する。 　○対戦表を見て、相手チームとコート、規則を確認する。 ②ゲームの準備をする。 　○ボール、コーン、輪、紅白玉を準備する。 ③ゲームをする。 　○全員が攻撃したら攻守交代をする。 　○1ゲームは、2回の表裏とする。 　○前時に行った規則で、第1ゲームをする。 　○対戦相手を替えて、第2ゲームをする。 ④チームごとに振り返りをする。 　○勝敗を確認し、学習カードに記入する。
整理運動	2分	**手、足など運動で使ったところをゆったりとほぐす**
まとめ	5分	**クラス全体で今日の学習について振り返る** ①勝敗を確認し、勝敗表に記入する。 ②チームごとに、今日の「がんばりまん」を発表する。 ③「困ったこと」をもとに、規則を工夫する。 ④次時の学習予定を知る。

13

表現遊び

14

マットを使った運動遊び

15

ボールゲーム

16

多様な動きをつくる運動遊び

17

ボールゲーム

18

跳び箱を使った運動遊び

1 ゲームにつながる運動

○**キャッチボール**

・相手の胸をねらって投げる
・バウンドのボールは、ボールの正面に素早く動いて捕る。

○**的当て**

・段ボールの的に向かって投げる。　　・ポートボール台の上に置いたコーンに向かって投げる。

2 三角ベース型のゲームの規則

○ワンベース型のゲームの規則でゲームを行う。
○攻めは、ボールを投げたら、コーンまで走り、「アウト」の声が上がる前に 1 つ目のコーンにタッチできたら 1 点、2 つ目のコーンにタッチできたら 2 点、ホームのコーンまで戻ってタッチできたら、3 点とする。

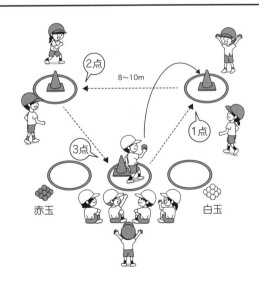

本時案

ダイヤモンド型の ゲームを楽しもう

本時の目標

チームの仲間と協力して、楽しくゲームをすることができるようにする。

評価のポイント

チームの仲間と協力して、ダイヤモンド型のゲームを楽しく行うことができたか。

週案記入例

[目標]
チームの仲間と協力して、楽しくゲームをする。

[活動]
守りのいないところをねらってボールを投げ、ダイヤモンド型のゲームで勝敗を競い合う。

[評価]
ダイヤモンド型のゲームの行い方を知り、みんなと仲よくゲームを楽しむことができたか。

[指導上の留意点]
対戦相手とどこのコートでゲームをするかを図に描いて示す。

本時の展開

	時	子供の活動
はじめ	3分	**集合・あいさつ** ○チームごとに整列する。 ○今日の学習内容を知る。
準備運動	5分	**ゲームにつながる運動をする** ○キャッチボールをする。 ○的をねらってボールを投げる。
ベースボール型ゲーム	30分	**ダイヤモンド型のベースボール型ゲームをする** 1 2 3 ①対戦相手チームとコート、規則を確認する。 　○対戦表を見て、相手チームとコート、規則を確認する。 ②ゲームの準備をする。 　○ボール、コーン、輪、紅白玉を準備する。 ③ゲームをする。 　○全員が攻撃したら攻守交代をする。 　○1ゲームは、2回の表裏とする。 　○前時に行った規則で、第1ゲームをする。 　○対戦相手を替えて、第2ゲームをする。 ④チームごとに振り返りをする。 　○勝敗を確認し、学習カードに記入する。
整理運動	2分	**手、足など運動で使ったところをゆったりとほぐす**
まとめ	5分	**クラス全体で今日の学習について振り返る** ①勝敗を確認し、勝敗表に記入する。 ②チームごとに、今日の「がんばりまん」を発表する。 ③「困ったこと」をもとに、規則を工夫する。 ④次時の学習予定を知る。

13 表現遊び

14 マットを使った運動遊び

15 ボールゲーム

16 多様な動きをつくる運動遊び

17 ボールゲーム

18 跳び箱を使った運動遊び

1 ダイヤモンド型のゲームの規則

○三角ベース型のゲームと同じ規則でゲームを行う。

○攻めは、ボールを投げたら、コーンまで走り、「アウト」の声が上がる前に1つ目のコーンにタッチできたら1点、2つ目のコーンにタッチできたら2点、3つ目のコーンにタッチできたら3点、4つ目のコーンにタッチできたら4点とする。

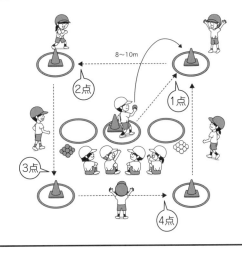

2 掲示板の例

○子供たちの学習意欲を高め、主体的な学習を促すために、掲示板を用意する。

○「今日のめあて」「学習の流れ」「はじめの規則と規則の変容」「対戦表」「勝敗表」等を掲示する。

3 得点箱の例と勝敗表

○牛乳パックをつなぎ合わせて、得点箱をつくる。

○牛乳パックの底に1〜25の番号を付ける。

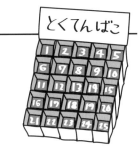

　意欲を喚起させるために、勝ち点制の勝敗表にし、各ゲームの総得点で優勝チームを決めるようにする。

ベースボール型ゲーム勝敗表

勝ち3点　負け1点　引き分け2点

チーム名	得点	合計	順位
A（赤）	○○○○○○○		
B（青）	○○○○○○○		
C（黄）	○○○○○		
D（緑）	○○○○		
E（白）	○○○○○○○○○		
F（橙）	○○○○		

作戦を立てて ゲームを楽しもう①

4/6

本時の目標

チームで作戦を選んだり工夫したりして、楽しくゲームをすることができるようにする。

評価のポイント

チームの作戦を意識して、楽しくゲームをすることができたか。

週案記入例

[目標]
チームの作戦を選んだり工夫したりして、ゲームをする。

[活動]
作戦を意識して、ゲームをする。

[評価]
チームの作戦を意識して、楽しくゲームをすることができたか。

[指導上の留意点]
自分や友達のよさに気付くようにする。

本時の展開

	時	子供の活動
はじめ	3分	**集合・あいさつ** ○チームごとに整列する。 ○今日の学習内容を知る。
準備運動	5分	**ゲームにつながる運動をする** ◀**1** ○キャッチボールをする。 ○ボールが来るコースに素早く動くようにする。
ベースボール型ゲーム	30分	**ダイヤモンド型のベースボール型ゲームをする** ①対戦相手チームとコート、規則を確認する。 　○対戦表を見て、相手チームとコート、規則を確認する。 ②ゲームの準備をする。 　○ボール、コーン、輪、紅白玉を準備する。 ③ゲームをする。 　○前時に行った規則で、第1ゲームをする。 　○「ゲーム－振り返り－ゲーム」で行う。 　○同じ相手と第2ゲームをする。 ④チームごとに振り返りをする。 ◀**2** 　○勝敗を確認し、ゲームを振り返って学習カードに記入する。
整理運動	2分	**手、足など運動で使ったところをゆったりとほぐす**
まとめ	5分	**クラス全体で今日の学習について振り返る** ①勝敗を確認し、勝敗表に記入する。 ②チームごとに、今日の「がんばりまん」を発表する。 ③「よかったこと」や「困ったこと」について話し合う。 ④次時の学習予定を知る。

1 ゲームにつながる運動

○ボールがくるコースに素早く動く

・攻めの人は、できるだけ遠くに投げる。

・守りの人は、ボールがくるコースに素早く動く。

みんな、素早く
動いて！

○ボールを捕った人のところに素早く集まる

・柔らかいボールや空気を抜いたボールを使うことで、
ボールを怖がる子供も意欲的に取り組むことができる。

みんな、だんだん
できるように
なっているね！

2 作戦例

守りのいないところを
ねらって投げよう

ボールがくるコースに素
早く動いて、ボールを止
めたり捕ったりしよう

ボールを投げたら、
すぐに走ろう

ボールを捕った
人のところに素早く
集まろう

声をかけ合おう

13
表現遊び

14
マットを使った運動遊び

15
ボールゲーム

16
多様な動きをつくる運動遊び

17
ボールゲーム

18
跳び箱を使った運動遊び

本時案

作戦を立てて ゲームを楽しもう②

本時の目標

チームで作戦を工夫したり、相手チームを選んだりして、楽しくゲームをすることができるようにする。

評価のポイント

チームの作戦を意識して、楽しくゲームをすることができたか。

週案記入例

[目標]
チームで作戦を選んだり工夫したりして、ゲームをする。

[活動]
作戦を意識して、ゲームをする。

[評価]
チームの作戦を意識して、楽しく協力してゲームをすることができたか。

[指導上の留意点]
相手チームを選ぶ際は、チームで話合いをさせる。

本時の展開

	時	子供の活動
はじめ	3分	**集合・あいさつ** ○チームごとに整列する。 ○今日の学習内容を知る。
準備運動	5分	**ゲームにつながる運動をする** 1 ○キャッチボールをする。 ○ボールが来るコースに素早く動くようにする。
ベースボール型ゲーム	30分	**ダイヤモンド型のベースボール型ゲームをする** ①対戦相手チームとコート、規則を確認する。 2 　○対戦表を見て、相手チームとコート、規則を確認する。 ②ゲームの準備をする。 　○ボール、コーン、輪、紅白玉を準備する。 ③ゲームをする。 　○前時に行った規則で、第1ゲームをする。 　○「ゲーム―振り返り―ゲーム」で行う。 　○同じ相手と第2ゲームをする。 ④チームごとに振り返りをする。 　○勝敗を確認し、ゲームを振り返って学習カードに記入する。
整理運動	2分	**手、足など運動で使ったところをゆったりとほぐす**
まとめ	5分	**クラス全体で今日の学習について振り返る** ①勝敗を確認し、勝敗表に記入する。 ②チームごとに、今日の「がんばりまん」を発表する。 ③「よかったこと」や「困ったこと」について話し合う。 3 ④次時の学習予定を知る。

1 ゲームにつながる運動

○**リレー遊び**
・ダイヤモンド型ゲームのコートを使って、リレー遊びをする。
・1人半周を走り、リレー遊びをする。

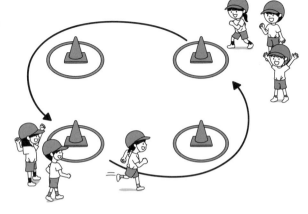

2 対戦相手チームを選ぶ

勝ち続けている
チームとやってみたい

前に負けたから、
もう一度やってみたい

勝てそうなチームと
やってみたい

3 規則の工夫例

アウトゾーンをつくって、そこに全員が集まるようにしよう

コーンの回り方は、右回りでも左回りでもよいことにしよう

1周したら、2周目も回ってよいことにしよう

13
表現遊び

14
マットを使った運動遊び

15
ボールゲーム

16
多様な動きをつくる運動遊び

17
ボールゲーム

18
跳び箱を使った運動遊び

本時案

作戦を立てて
ゲームを楽しもう③

本時の目標

　自分のチームのよさや相手チームのことを考えて、楽しくゲームをすることができるようにする。

評価のポイント

　自分のチームのよさを生かして、楽しくゲームをすることができたか。

<table>
<tr><td colspan="2" align="center">週案記入例</td></tr>
<tr><td colspan="2">

[目標]
チームの作戦を選んだり工夫したりして、楽しくゲームをする。

[活動]
自分のチームのよさを生かして、ゲームをする。

[評価]
チームの作戦を意識して、楽しくゲームをすることができたか。

[指導上の留意点]
単元を通して、一人一人の伸びを認め、励ますように支援する。
</td></tr>
</table>

本時の展開

	時	子供の活動
はじめ	3分	**集合・あいさつ** ○チームごとに整列する。 ○今日の学習内容を知る。
準備運動	5分	**ゲームにつながる運動をする** ○キャッチボールをする。 ○ボールが来るコースに素早く動くようにする。
ベースボール型ゲーム	30分	**ダイヤモンド型のベースボール型ゲームをする** 1 ①対戦相手チームとコート、規則を確認する。 　○対戦表を見て、相手チームとコート、規則を確認する。 ②ゲームの準備をする。 　○ボール、コーン、輪、紅白玉を準備する。 ③ゲームをする。 　○前時に行った規則で、第1ゲームをする。 　○「ゲーム―振り返り―ゲーム」で行う。 　○同じ相手と第2ゲームをする。 ④チームごとに振り返りをする。 　○勝敗を確認し、ゲームを振り返って学習カードに記入する。
整理運動	2分	**手、足など運動で使ったところをゆったりとほぐす**
まとめ	5分	**クラス全体で今日の学習について振り返る** 2 3 ①勝敗を確認し、勝敗表に記入する。 ②チームごとに、今日の「がんばりまん」を発表する。 ③単元を通して「よかったこと」や「楽しかったこと」について話し合う。

13 表現遊び

14 マットを使った運動遊び

15 ボールゲーム

16 多様な動きをつくる運動遊び

17 ボールゲーム

18 跳び箱を使った運動遊び

1 ゲーム中の子供の見取り

A 君は、作戦を意識しているかな

B さんは前時より、よい動きになっているかな

C 君をあまり観察できていないので、今日は C 君を観察しよう

2 振り返り

○作戦がうまくいったかどうか振り返る。
○友達のよさを認め合う。

作戦がうまくいったね

作戦がなかなかうまくいかなかったね

A 君はたくさん点を取ったね

B さんはよく声を出して励ましてくれたね

3 振り返りのときの教師の関わり

友達のよい動きや意見に気付くように励まそう

負けの多いチームを積極的に助言しよう

作戦がうまくいかなかった原因に気付くように助言しよう

「ボールゲーム」学習カード＆資料

使用時 第1〜6時

本カードは第1時から第6時まで、単元全体を通して使用する。ゲームの仕方や仲間に慣れ、チームの作戦を工夫してゲームを楽しむことができるようにするためのカードである。相手チームに勝つために、みんなで協力したり、作戦を工夫したりしてゲームを楽しむこと、そして友達のよさを認め合うことができるように配慮したい。

収録資料活用のポイント

①使い方

本カードは、チームごとに各時間、各1枚使用する。「学習カード①」は、単元の前半の第1時から第3時まで使用する。「学習カード②」は、単元の後半の第4時から第6時まで使用する。資料は、カードの裏面に印刷し、活用する。

②留意点

「学習カード①」は、主としてゲームの仕方や仲間に慣れることをねらいとして活用する。「学習カード②」は、主として作戦を工夫してゲームを楽しむことをねらいとして活用する。相手チームに勝つために、友達のよさを認め合ったり、協力したりすることの大切さに気付くよう配慮したい。記入する時間を多く設けることは避け、できるだけ運動の時間を保障したい。

🎫 学習カード 1-15-1（1〜3時）

ベースボールがたカード①

1ねん　　くみ　なまえ（　　　　　　　　）
がつ　にち

チームのなまえ	
メンバー	

だい1ゲーム

たいせんあいて	
けっか	（　）たい（　）　かち ・ まけ ・ ひきわけ

だい2ゲーム

たいせんあいて	
けっか	（　）たい（　）　かち ・ まけ ・ ひきわけ

ふりかえり

たのしくゲームをすることができたか	◎ ○ △
おもったことをつたえあうことができたか	◎ ○ △
ちからをあわせてできたか	◎ ○ △

きょうのがんばりまん

🎫 学習カード 1-15-2（4〜6時）

ベースボールがたカード②

1ねん　　くみ　なまえ（　　　　　　　　）
がつ　にち

チームのなまえ	

だい1ゲーム

たいせんあいて	
さくせん	
けっか	（　）たい（　）　かち ・ まけ ・ ひきわけ

だい2ゲーム

さくせん	
けっか	（　）たい（　）　かち ・ まけ ・ ひきわけ

ふりかえり

たのしくゲームをすることができたか	◎ ○ △
おもったことをつたえあうことができたか	◎ ○ △
さくせんがうまくいったか	◎ ○ △
ともだちのよいところをみつけることができたか	◎ ○ △

きょうのがんばりまん

なげる・とるうごきのポイント

○なげるうごき

なげたいほうこう
にたいしてまよこ
にかまえる

ボールをもってい
るみぎうでをうし
ろにそる

からだをひねりな
がらひだりあしを
なげたいほうこう
にふみだす

うでをつよくふっ
てなげる

○とるうごき

ひざをかるくまげ、ちゅ
うごしのしせいで、さゆ
うどちらにもうごきやす
いようにかまえる

ボールのくるコースにす
ばやくうごき、しょうめ
んにはいる

からだのしょうめんでひ
じをかるくまげて、りょ
うてでとる

○せめのポイント

・まもりのいないところをねらってなげる

○まもりのポイント

・アウトをとりやすいように、ボールをとった
ひとのところにすばやくあつまる

13 表現遊び

14 マットを使った運動遊び

15 ボールゲーム

16 多様な動きをつくる運動遊び

17 ボールゲーム

18 跳び箱を使った運動遊び

16 多様な動きをつくる運動遊び

[5 時間]

【単元計画】

1 ・ 2 時

【第一段階】
いろいろな体を移動する運動遊び、力試しの運動遊びの行い方を知り、楽しむ

いろいろな動きに取り組む中で、やってみたい動きを見付け、楽しく取り組む。

1 ・ 2　いろいろな動きをやってみよう①②
POINT：いろいろな体を移動する運動遊び、力試しの運動遊びの行い方を知り、運動の楽しさや心地よさを味わう。

【主な学習活動】
○集合・あいさつ
○準備運動
○体を移動する運動遊び・力試しの運動遊び
　①体を移動する運動遊び（這う、歩く、走る動き、跳ぶ、はねる動き、一定の速さでのかけ足）に取り組む。
　②力試しの運動遊び（人を押す、引く動きや力比べ、人を運ぶ、支えるなどの動き）に取り組む。
○運動で使った部位をゆったりとほぐす
○まとめ
　①クラス全体で今日の学習について振り返る。
　②次時の学習内容を知る。

授業改善のポイント ···

主体的・対話的で深い学びの実践に向けて

　多様な動きをつくる運動遊びの学習では、体を動かす楽しさや心地よさを味わうとともに、伸び伸びと体を動かしながら、様々な基本的な体の動きを身に付けることがねらいである。基本的な体の動きを楽しく経験することにより、動きの幅を広げ、中学年の多様な動きをつくる運動につなげていくことが大切である。

　そのためには、運動遊びの楽しさに触れ、結果的に体力の向上を図るとともに、この時期に基本的な体の動きを幅広く培っておくことが重要である。

　主体的な学習にするためには、楽しさ体験が重要である。子供の「やってみたい」という運動欲求を引き出すようにする。まずはやってみる、そして試行錯誤を繰り返す中で、体を動かすこと自体の楽しさを十分に味わい、結果として様々な動きを身に付けられるようにしていきたい。

　また、対話的な学習にするためには、友達と一緒に動きを工夫したり、考えた運動遊びを友達に伝えたりする活動が重要である。さらに、友達のよい動きを見付けるなど、気付きを大切にした授業を展開していく。そのために学習カードに気付きを書き留める。

単元の目標

○**知識及び運動**
・体を移動する運動遊び、力試しの運動遊びの楽しさに触れ、運動の行い方を知るとともに、基本的な動きを身に付けることができる。

○**思考力、判断力、表現力等**
・遊び方を工夫するとともに、考えたことを友達に伝えることができる。

○**学びに向かう力、人間性等**
・運動遊びに進んで取り組み、きまりを守り誰とでも仲よく運動をしたり、場の安全に気を付けたりすることができる。

3・4・5時

【第二段階】
体を移動する運動遊びや力試しの運動遊びの行い方を工夫して楽しむ

いろいろな動きに取り組む中で、人数やリズム、方向、姿勢などを工夫して取り組む。

3・4・5・6　いろいろな動きを工夫して楽しもう
POINT：できそうな運動遊びや、友達と一緒に行うと楽しい運動遊びを選んだり、場や用具を変えたりしながら、楽しくできる遊び方を選んで工夫して取り組めるようにする。

【主な学習活動】
○集合・あいさつ
○準備運動
○体を移動する運動遊び・力試しの運動遊び
　①体を移動する運動遊び（這う、歩く、走る動き、跳ぶ、はねる動き、一定の速さでのかけ足）に工夫して取り組む。
　②力試しの運動遊び（人を押す、引く動きや力比べ、人を運ぶ、支えるなどの動き）に工夫して取り組む。
○運動で使った部位をゆったりとほぐす
○まとめ
　①クラス全体で今日の学習について振り返る。
　②次時の学習内容を知る。

子供への配慮の例

①運動が苦手な子供

いろいろな行い方で這ったり、歩いたり、走ったりすることが苦手な子供には、友達の真似をしたり、友達の後について行ったりするように助言する。跳ぶ、はねるなどの動きが苦手な子供には、跳ぶ方向が分かるように矢印を置いたり、はねたときに手でタッチできるような目印をぶら下げたりするなど、工夫した場や用具を準備するようにする。また、一定の速さでのかけ足が苦手な子供には、継続できる速さを助言したり、音楽に合わせるようにしたり、友達とかけ声を合わせながら走ったりするように助言する。

②意欲的でない子供

遊びの要素を大切に、易しい運動遊びから取り組むようにする。体を動かすことを好まない子供には、教室から手をつないで運動場に移動するなど、授業前から友達と関わりながら自然に運動遊びに加わっていくことができるように配慮をする。

また、友達と関わり合うことに意欲的になれない子供には、ペアやグループで調子を合わせて動く運動遊びを準備したり、友達とハイタッチや拍手で喜びを共有したりする場を設定するなど、友達と一緒に楽しい雰囲気を実感できるような工夫を取り入れるようにする。

本時案

いろいろな動きを
やってみよう①

本時の目標

　多様な動きをつくる運動遊びの学習内容を知り、体を移動する運動遊びや、力試しの運動遊びに取り組み、楽しむことができるようにする。

評価のポイント

　いろいろな動きに取り組み、楽しく活動することができたか。

週案記入例
[目標] いろいろな動き（移動・力試し）に楽しく取り組む。 **[活動]** いろいろな動きに友達と楽しく取り組む。 **[評価]** いろいろな動きに楽しく取り組むことができたか。 **[指導上の留意点]** いろいろな動きに取り組む中で、やってみたいと思う動きが見付けられるようにする。

本時の展開

	時	子供の活動
はじめ	2分	**集合・あいさつ** ○生活班（3〜4人）ごとに整列する。 ○本時の学習内容を知る。
準備運動	5分	**本時の運動につながる準備運動をする** ○音楽に合わせて、楽しく手首・足首をほぐしたり、ジャンプなどの運動をしたりする。 ○じゃんけんや歌遊びなど、楽しい動きを取り入れる。 **1**
移動	10分	**体を移動する運動に取り組む** ○陣取りじゃんけんに取り組む。 **2**
力試し	20分	**力試しの運動に取り組む** ○いろいろな相手と押しずもうや引きずもうに取り組む。 ○腕立て時計回りに取り組む。
整理運動	3分	**運動で使った箇所をゆっくりとほぐす** ○今日の学習の振り返りをしながら、全身のストレッチをするようにする。
まとめ	5分	**クラス全体で本時の学習について振り返る** ○学習について振り返り、学習カードに記録する。 　①楽しく学習できたか。 　②いろいろな動きに取り組めたか。 　③運動遊びの行い方が分かったか。 ○自分や友達のよさについて発表し合う。 **次時の学習内容を確認する**

13

表現遊び

14

マットを使った運動遊び

15

ボールゲーム

16

多様な動きをつくる運動遊び

17

ボールゲーム

18

跳び箱を使った運動遊び

1 準備運動の例：ハイタッチをするなど、楽しい雰囲気を取り入れるようにする

・なべなべ底抜けやもしもしかめよなど、体ほぐしの運動遊びで扱ったような歌遊びなどを取り入れ、楽しく声を出しながら運動する。

○なべなべ底抜け

①2人組で手をつなぐ。

②歌に合わせて手をつないだまま、背中合わせになる。

③歌に合わせて手をつないだまま、向かい合わせに戻る。

上手にできたら友達とハイタッチ！

④いろいろな友達とやってみる。

⑤人数をだんだん増やしてやってみる。

○もしもしかめよ

①全員で手をつないで1つの円になる。

②歌いながら、8は左回り、次の8で右回りにサイドステップする。

③その次は、4・4、2・2、1・1で左右にサイドステップを繰り返す。

④最後は、全員で手拍子をする。

※座って、肩たたきをして行うこともできる。

♪なべなべ　そーこぬけー

左回りで動くよ。

タイミングを合わそう！

2 移動する運動遊び

○陣取りじゃんけん：はねる・跳ぶ動き

①2人組で向かい合い、体じゃんけんをする。

②勝ったら向かい側の線に向かって進む。

　（パーで勝ったら3歩、チョキで勝ったら2歩、グーで勝ったら1歩など）

③途中で出会ったら、すれ違って、向かい側の線に向かって進む。

④向かい側の線にたどり着いたら1点。向きを変えて、

　また向かい側の線に向かって進む。

⑤これを繰り返す。

※チームで陣取りじゃんけんをすると、待ち時間ができるが、

　2人組で行うと、待ち時間がなく、運動量を確保できる。

〈工夫した動き〉

・移動の仕方を変えて。

　（ケンケン、両足ジャンプ、サイドステップで、など）

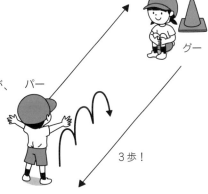

グー

パー

3歩！

本時案

いろいろな動きを
やってみよう②

本時の目標

多様な動きをつくる運動遊びの学習内容を知り、体を移動する運動や、力試しの運動に取り組み、楽しむことができるようにする。

評価のポイント

いろいろな動きに取り組み、楽しく活動することができたか。

週案記入例

[目標]
いろいろな動き（移動・力試し）に楽しく取り組む。

[活動]
いろいろな動きに励まし合って取り組む。

[評価]
いろいろな動きに楽しく取り組むことができたか。

[指導上の留意点]
いろいろな動きに取り組む中で、やってみたいと思う動きが見付けられるようにする。

本時の展開

	時	子供の活動
はじめ	2分	**集合・あいさつ** ○生活班（３〜４人）ごとに整列する。 ○本時の学習内容を知る。
準備運動	5分	**本時の運動につながる準備運動をする** ○音楽に合わせて、楽しく手首の運動やシコをふんだりする。 ○じゃんけんや歌遊びなど、楽しい動きを取り入れる。
移動	10分	**体を移動する運動遊びに取り組む** ○陣取りじゃんけんに取り組む。
力試し	20分	**力試しの運動遊びに取り組む** ○いろいろな相手と押しずもうや引きずもうに取り組む。 **1** ○腕立て時計回りに取り組む。 **2**
整理運動	3分	**運動で使った箇所をゆっくりとほぐす** ○今日の学習の振り返りをしながら、全身のストレッチをするようにする。
まとめ	5分	**クラス全体で本時の学習について振り返る** ○学習について振り返り、学習カードに記録する。 ①楽しく学習できたか。 ②いろいろな動きに取り組めたか。 ③運動遊びの行い方が分かったか。 ○自分や友達のよさについて発表し合う。 **次時の学習内容を確認する**

1 力試しの運動遊び

ポイント：力試しの運動遊びでは、特に安全面に注意して、約束を守らせる。

- 周りはぶつからないか確かめる。
- 無理に押したり、引いたり絶対にしない（相手が痛がったらやめる）。
- 必ず、相手に声をかけてから始める。例：「いくよ！」「いいよ！」
- 急に離さない（引く動き）。

○すもう遊び：押す・引く動き→応援や、審判の位置を決め、安全に気を付ける。

〈押しずもう〉

①相手の肩をもって組み、押し合う。

②エリアから出た人が負け。

〈工夫した動き〉

- 姿勢を変えて：背中で、しゃがんで、など。
- 人数を変えて：綱引き、おしくらまんじゅう、など。
- 用具を変えて：タオル、綱、など。

おしりずもう　　　　ロープ引き合い

〈引きずもう〉

①相手の手首をお互いにつかんで組み、
　引っ張り合う。

②多く引っ張った人が勝ち。

片手引き合い

綱引き

---

2 力試しの運動遊び

○腕立て時計回り：体を支える動き

- 苦手な子供には、肘をまっすぐ伸ばすように助言
　する。
　①腕立ての姿勢になる。
　②両足のつま先を支点にして、1回転する。

足支点　　　　　　手を支点

〈工夫した動き〉

- 姿勢を変えて：仰向けで、片手で、など。
- 方向を変えて：両手を支点にして1回転する、前
　や後ろや横に進む、など。
- 人数を変えて：手押し車で、2人で向かい合っ
　て、2人でそろえて、2人で競争、など。

上向き腕立て　　片手腕立て　　手押し車

13 表現遊び

14 マットを使った運動遊び

15 ボールゲーム

16 多様な動きをつくる運動遊び

17 ボールゲーム

18 跳び箱を使った運動遊び

本時案

いろいろな動きを工夫しよう

本時の目標
いろいろな移動する運動遊びや、力試しの運動遊びに工夫して取り組めるようにする。

評価のポイント
いろいろな動きに取り組み、工夫して活動することができたか。

週案記入例

【目標】
いろいろな動きに工夫して取り組む。

【活動】
いろいろな動きに工夫して楽しむ。

【評価】
いろいろな動きに工夫して取り組むことができたか。

【指導上の留意点】
いろいろな動きに取り組む中で、やりたい動きを選び、人数やリズム、方向、姿勢など、工夫して取り組めるような視点を提示する。

本時の展開

	時	子供の活動
はじめ	2分	**集合・あいさつ** ○生活班（3〜4人）ごとに整列する。 ○本時の学習内容を知る。
準備運動	5分	**本時の運動につながる準備運動をする** ○音楽に合わせて、ジャンプしたり、回ったり、走ったりする。 ○じゃんけんや歌遊びなど、楽しい動きを取り入れる。
移動	10分	**体を移動する運動遊びに取り組む** ○じゃんけんすごろくに取り組む。　■1
力試し	20分	**力試しの運動遊びに取り組む** ○いろいろな相手とすもう遊びに取り組む。 ○人を運ぶ運動遊びに取り組む。　■2
整理運動	3分	**運動で使った箇所をゆっくりとほぐす** ○今日の学習の振り返りをしながら、全身のストレッチをするようにする。
まとめ	5分	**クラス全体で本時の学習について振り返る** ○学習について振り返り、学習カードに記録する。 　①いろいろな動きを工夫できたか。 　②友達と楽しく学習できたか。 　③友達のよい動きを見付けることができたか。 ○自分や友達のよさについて発表し合う。 **次時の学習内容を確認する**

1 移動する運動遊び：じゃんけんすごろく（這う、歩く、走る動き）

① 4か所にコーンを置き、4つのコース（例：ケンケン、ぴょんぴょん、くねくね、ラダー、など）を用意し、分かれて並ぶ。

②コーンのところで出会った友達とハイタッチをし、体じゃんけんをする。

③勝ったら進み、負けたらその場に残り、別の友達を見付けてじゃんけんをする。あいこは、2人で手をつなぐなどして進む。

④これを繰り返す。

※身に付けさせたい動きによって、場の用具を変えると、いろいろな動きを身に付けることができる。また、ハイタッチをしたり、あいこで2人組で進んだりすることにより、友達と関わる楽しさを味わうことができる。

じゃんけんすごろく

〈工夫した動き〉

・速さやリズムを変えて➡大股ジャンプ、両足ジャンプ、スキップ、など。

・方向を変えて➡横向きで、後ろ向きで、など。

・姿勢を変えて➡しゃがんで、ケンケンで、など。

2 力試しの運動遊び：運びっこ（人を運ぶ動き）

①班の中で、2人組になって、1人が友達を引っ張ったり、おんぶしたりして運ぶ。

②班の中で、交代しながら、いろいろな人を運ぶ。

　→体格差が大きい場合には、2人で1人を運んでもよいことを助言する。

※雑に運んで友達を落とさないよう、はじめに約束する。

※特に、おんぶは無理をしないよう、やり方を指導してから行うようにする。

〈工夫した動き〉

・方向を変えて➡くねくね、ジグザグ、後ろ向き、など。

・姿勢を変えて➡おんぶで、わきをかかえて、足を持って、など。

本時案

友達のよい動きを 見付けよう

本時の目標

多様な動きをつくる運動遊びの学習内容を知り、体を移動する運動や、力試しの運動に取り組み、運動を楽しむことができるようにする。

評価のポイント

いろいろな動きに取り組み、友達のよい動きを見付けることができたか。

本時の展開

	時	子供の活動
はじめ	2分	**集合・あいさつ** ○生活班（3〜4人）ごとに整列する。 ○本時の学習内容を知る。
準備運動	5分	**本時の運動につながる準備運動をする** ○音楽に合わせて、楽しく手首・足首をほぐしたり、ジャンプなどの運動をしたりする。 ○じゃんけんや歌遊びなど、楽しい動きを取り入れる。
移動	10分	**体を移動する運動遊びに取り組む** ○リーダーマラソンをする。 **1**
力試し	20分	**力試しの運動遊びに取り組む** ○いろいろな相手と押しずもうや引きずもうをする。 ○人を運ぶ運動遊びをする。 **2**
整理運動	3分	**運動で使った箇所をゆっくりとほぐす** ○今日の学習の振り返りをしながら、全身のストレッチをするようにする。
まとめ	5分	**クラス全体で本時の学習について振り返る** ○学習について振り返り、学習カードに記録する。 　①友達のよい動きを見付けることができたか。 　②友達と励まし合って楽しく学習できたか。 　③いろいろな動きを工夫できたか。 ○自分や友達のよさについて発表し合う。 **次時の学習内容を確認する**

13
表現遊び

14
マットを使った運動遊び

15
ボールゲーム

16
多様な動きをつくる運動遊び

17
ボールゲーム

18
跳び箱を使った運動遊び

1 移動する運動遊び

○**リーダーマラソン**：一定の速さでのかけ足
　①班ごと（3〜4人）に1列に並ぶ。
　②先頭の人の後について、長く走っても疲れ
　　ない程度のスピードで、真似して走る。
　③先頭の人が振り返ったら、しゃがむ、ジャ
　　ンプする、転がる、かわすなどして、よけ
　　る。
　④これを繰り返す。
　⑤教師の合図（1分ぐらいずつ）で先頭の
　　人が最後尾へ移動して交代する。これを繰
　　り返す。

〈**工夫した動き**〉
・方向を変えて➡サイドステップ、後ろ向きで、くねくね、など。
・リズムを変えて➡スキップ、ナイトステップ、大股ジャンプ、など。
・姿勢を変えて➡しゃがんで、手をたたきながら、など。

2 力試しの運動遊び

○**まほうのじゅうたん**：人を運ぶ動き
　①2人組になり、1人がバスタオルの上にしゃがむ。
　②もう1人がバスタオルを引っぱって移動する。
　③ゴールまで落とさないで運ぶ。落ちてしまったらそ
　　こからやり直す。

※競争にすると、動きが雑になり、危険。落とさないで
　何人運べるかなど、丁寧に行うように声をかける
　（チームで競うときには、速さの競争ではなく、落と
　さないで行けたら2点などと、工夫する）。

〈**工夫した動き**〉
・方向を変えて➡くねくね、ジグザグ、など。
・用具を変えて➡ぞうきん、ロープで引く、など。
・人数を変えて➡2人で、2人を、など。

本時案

できる動きを
増やそう

本時の目標

　今まで取り組んできたいろいろな移動する運動遊びや、力試しの運動遊びの動きを身に付けることができるようにする。

評価のポイント

　いろいろな運動遊びに粘り強く取り組み、動きを身に付けることができたか。

週案記入例

[目標]
できる動きを増やして楽しむ。

[活動]
競争したり、場を選んだりして動きを楽しむ。

[評価]
いろいろな動きを粘り強く行い、身に付けることができたか。

[指導上の留意点]
いろいろな動きに取り組む中で、やってみたいと思う動きが見付けられるようにする。

本時の展開

	時	子供の活動
はじめ	2分	**集合・あいさつ** ○生活班（3～4人）ごとに整列する。 ○本時の学習内容を知る。
準備運動	5分	**本時の運動につながる準備運動をする** ○音楽に合わせて、ジャンプしたり、回ったり、走ったりする。 ○じゃんけんや歌遊びなど、楽しい動きを取り入れる。
移動	10分	**体を移動する運動に取り組む** **1** ○いろいろコースにチャレンジする。
力試し	20分	**力試しの運動に取り組む** **2** ○いろいろな相手と押しずもうや引きずもうをする。 ○人を運ぶ運動遊び、体を支える運動遊びをする。
整理運動	3分	**運動で使った箇所をゆっくりとほぐす** ○今日の学習の振り返りをしながら、全身のストレッチをするようにする。
まとめ	5分	**クラス全体で単元全体の学習について振り返る** ○学習について振り返り、学習カードに記録する。 　①いろいろな動きを工夫して、身に付けることができたか。 　②友達のよい動きや、動きのこつを見付けられたか。 　③友達と関わり合って、楽しく学習できたか。 ○自分や友達のよさについて発表し合う。 **単元を通して楽しかったことを話し合う**

13
表現遊び

14
マットを使った運動遊び

15
ボールゲーム

16
多様な動きをつくる運動遊び

17
ボールゲーム

18
跳び箱を使った運動遊び

1 体を移動する運動遊び

○**いろいろなコースに挑戦**：這う・歩く・走る動き、跳ぶ・はねる動き

①いろいろなコース（ジグザグ、くるくる、くねくね、カクカクなど）を用意する。

②カルタ（ケンケン、ジャンプ、大股、しゃがんで、スキップ、後ろ向き、横向きなど）をひいて、移動の仕方を決めたり、自分で動きを工夫したりして進む。

※自分でコースを選んだり、2人組で行ったり、移動の仕方を考えるなど、工夫できるようにする。

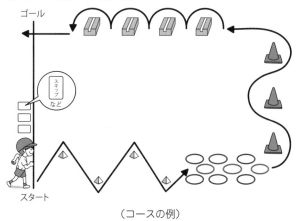

（コースの例）

2 力試しの運動遊び

○**いろいろな力試しの運動遊びに挑戦**：押す・引く動き、運ぶ・支える動き

①いろいろなコーナー（押しずもうステーション、引きずもうステーション、運びっこステーション、腕立て時計ステーション）を用意する。

②自分がやりたい場所を選び、いろいろな友達と勝負する。

・約束（周りの安全に気を付ける、急に手を離さない、スタートするときは声かけをしてから、痛いときは無理をしない、など）をしっかり守るよう指導する。

・クラスの実態に応じて、4つの場からやりたい場を選んだり、全部の場をローテーションにしたり、場を2つにしぼるなど、安全に行えるように配慮する。

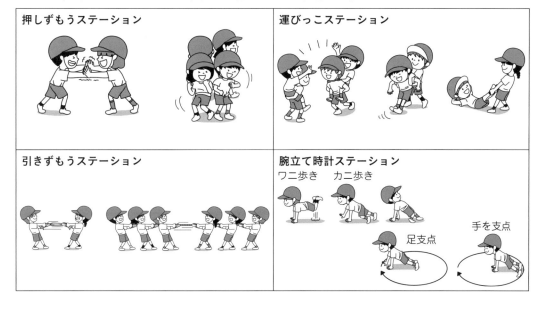

「多様な動きをつくる運動遊び」学習カード＆資料

使用時 第1〜5時

本カードは、第1時〜第5時まで、単元を通して使用する。多様な動きに意欲的に取り組み、運動のこつや体の動かし方の気付きを記入できるようにしている。いろいろな動きに挑戦するだけでなく、どんな感じがしたかなど、思いついたことや考えたことを記入することによって、自分の体をどのように動かしたか気付けるようにして、活用していく。

収録資料活用のポイント

①使い方

まず、授業のはじめに、本カードを子供たち一人一人に板目紙とセットで配布する。板目紙に毎時間貼っていく。事前にめあてを書かせ、把握しておくようにする。授業の終わりに、学習の振り返りを行うように指示する。

②留意点

低学年の運動遊びの学習では、子供たちがより楽しく遊びの世界にのめり込むような仕掛けをすることが大切である。子供たちがわくわくする設定（○○たんけん、○○忍者、○○ランドなど）を決めると、より意欲が高まる。本カードでは、宇宙探検をテーマに、動きごとの星を設定し、たくさんの動きに目が向くよう配慮した。

💿 学習カード 1-16-1（1〜2時）　　💿 学習カード 1-16-2（3〜5時）

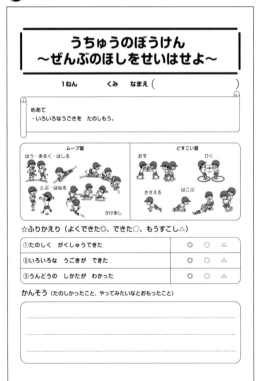

13 表現遊び

14 マットを使った運動遊び

15 ボールゲーム

16 多様な動きをつくる運動遊び

17 ボールゲーム

18 跳び箱を使った運動遊び

うちゅうのぼうけん
～ぜんぶのほしをせいはせよ～

うごきをくふうしよう！！

リズムやしせい、ほうこうをかえてみよう。

★いろいろないどうのしかたをかんがえよう

リズムをかえて
・大また　　・スキップ　　・ダッシュ　　・ゆっくり

しせいをかえて
・りょうあしで　　　・かたあし（ケンケン）で　　　・しゃがんで

ほうこうをかえて
・うしろむき　　　・よこむき　　　・ななめ

★いろいろなすもうあそびをしてみよう

しせいをかえて　　ようぐをかえて　　　　にんずうをかえて
・しりずもう　　・タオルやつなで　　　・おしくらまんじゅう　　　　　・つなひき

★いろいろなはこびっこをしてみよう

しせいをかえて
・おんぶで　　　　　　　　・あしをもって

ほうこうをかえて
くねくね、うしろむきで

★いろいろな「うでたてどけい」をしてみよう

しせいをかえて

・あおむけで　　　　　　　　・かたてで

にんずうをかえて
ておしぐるま

17 ボールゲーム

(5 時間) [ネット型ゲーム]

【単元計画】

1 時	2 時
[第一段階] 相手コートにボールを投げ入れるゲームの楽しさに出会う	
いろいろなボールを投げ入る運動遊びを知り、みんなでゲーム化して楽しむ。	投げ入れゲームを通して、友達と競争するゲームを楽しむ。
1　ボールを投げ入れる易しいゲームをしよう① POINT：相手コートにボールを投げ入れる易しいゲームの行い方、動き方を知る。	2　ボールを投げ入れる易しいゲームをしよう② POINT：前の時間に楽しんだ易しいゲームの楽しみ方を広げることができるようにする。
[主な学習活動] ○集合・あいさつ ○めあてを確認 ○準備運動・ボール慣れの運動 ○ゲーム ○整理運動 ○振り返り	[主な学習活動] ○集合・あいさつ ○めあてを確認 ○準備運動・ボール慣れの運動 ○ゲーム ○整理運動 ○振り返り

授業改善のポイント

主体的・対話的で深い学びの実践に向けて

　本単元では、学習意欲を高めること、みんなが活躍できるゲームをつくること、子供が自らの思いを実現させるための工夫をすることが重要である。そして、次の2点を授業改善のポイントとした。

①運動との出会いを重視した単元構成

　本単元は、多くの1年生の子供にとって、ネット等を挟んで相手コートにボールを投げ入れるゲームとの初めての出会いとなる。そこで、運動のもつ楽しさに出会うことを重視し、

現在もっている力で運動できる易しいゲームを通して楽しさを実感させることで、学習への意欲を高めていく。

②ゲーム後の振り返り

　振り返りを通して、単元の前半はよかったことやみんなに広めたいことを伝え合い、修正しながらみんなが活躍して楽しめるゲームをつくっていくようにする。後半は勝つための作戦の工夫ができるようにする。

13	表現遊び
14	マットを使った運動遊び
15	ボールゲーム
16	多様な動きをつくる運動遊び
17	ボールゲーム
18	跳び箱を使った運動遊び

単元の目標 ‥‥‥‥‥‥‥‥‥‥‥‥‥‥‥‥‥‥‥‥‥‥‥‥‥‥‥‥‥‥‥‥‥‥

○知識及び技能

・ゲームの行い方を知るとともに、相手コートにボールを投げ入れる動きによって、易しいゲームができる。

○思考力、判断力、表現力等

・みんなが楽しめるように規則を工夫したり、攻め方を選んだりするとともに、考えたことを友達に伝えることができる。

○学びに向かう力、人間性等

・規則を守り誰とでも仲よく進んで運動したり、勝敗を受け入れたり、場や用具の安全に気を付けたりすることができる。

3・4時	5時
[第二段階] 規則を工夫して集団対集団で競争するゲームを楽しむ	
みんなが楽しめるように規則を工夫したり、作戦を考えたりして、チームで競争するゲームを楽しむ。	規則を守り、勝敗を受け入れ、誰とでも仲よくゲームを楽しむ。
3・4 みんなが楽しめるネット型ゲームをしよう①② POINT：規則の工夫例を示し、みんなが楽しめることに主眼を置いた工夫ができるようする。 [主な学習活動] ○集合・あいさつ ○めあてを確認 ○準備運動・ボール慣れの運動 ○ゲーム ○整理運動 ○振り返り	5 投げ入れゲームの大会をしよう POINT：チーム対抗で勝敗を競い合ってゲームを楽しむ。 [主な学習活動] ○集合・あいさつ ○めあてを確認 ○準備運動・ボール慣れの運動 ○ゲーム ○整理運動 ○振り返り

子供への配慮の例 ‥‥‥‥‥‥‥‥‥‥‥‥‥‥‥‥‥‥‥‥‥‥‥‥‥‥‥‥

①運動が苦手な子供

　低学年の子供がボールゲームでつまずく例として、ボールを投げることが苦手であったり、捕球することに恐怖心があったりすることがあげられる。投げることは、軽くて柔らかく持ちやすいボールなどを使用したり、新聞紙を丸めてビニール袋に入れて投げやすい形状にしたりといった用具の工夫をする。捕球に関しては、用具の工夫はもちろん、はじめは直接ボールを捕ることに無理をさせない配慮も考えられる。

②意欲的でない子供

　今、子供がもっている力で取り組むことのできるゲームとなるように、はじめの規則は投げ入れるだけの簡単なものとする。

　また、恐怖心を取り除くために、ボールは投げやすくて捕りやすいものを使用したり、形状を工夫したりする。

　友達と上手に関われない子供に対しては、準備をしていたり、友達を応援する姿勢を見せていたりしたときに称賛の声かけをすることで、行動に対する価値付けをすることが大切である。

本時案

ボールを投げ入れる 易しいゲームをしよう① 1/5

本時の目標

ボールを投げ入れる運動遊びを知り、みんなで易しいゲームを楽しむことができるようにする。

評価のポイント

順番や規則を守り、楽しさに触れながら、進んでゲームに取り組むことができたか。

週案記入例

[目標]
ボールに親しみ、力いっぱい遊ぶ。

[活動]
ボールを投げ入れるゲームをする。

[評価]
ボールでたくさん遊ぶことができたか。

[指導上の留意点]
簡単な運動遊びを通して、子供の意欲を高めるための声かけをする。

本時の展開

	時	子供の活動
はじめ	5分	**集合・あいさつ** ○生活班ごとに集合し、整列する。 ○今日の学習内容を知る。
準備運動	8分	**ゲームにつながる運動をする** 1 ○ボールを上に投げ、いろいろなキャッチをする。 ○友達が投げたボールをキャッチする。
ボールを投げ入れる運動遊び	25分	**運動遊びの場をつくる** 2 ○運動遊びの場をつくりながら、場や用具を確認する。 **いろいろなボールを投げ入れる易しいゲームを楽しむ** ○かごや、相手のコートにボールを投げ入れるゲームをする。 ○友達と一緒に易しいゲームを楽しむ。 3 **場の片付けをする**
整理運動	2分	**運動で使った部位をゆったりとほぐす** ○特に肩や手首を中心に動かす。
まとめ	5分	(1)**今日の学習について振り返り、学習カードに記入する** ①楽しく運動できたか。 ②友達と仲よく運動できたか。 ③安全に運動できたか。 (2)**楽しかったこと、友達のよかったことを発表し合う**

13

表現遊び

14

マットを使った運動遊び

15

ボールゲーム

16

多様な動きをつくる運動遊び

17

ボールゲーム

18

跳び箱を使った運動遊び

1 ゲームにつながる運動をする

○投げやすくて捕りやすい、浮遊感のあるボールを用意する。

ソフトバレーボール
（30g〜）

新聞紙を丸め、アルミ箔
でおおったボール

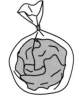

新聞紙を丸めたものや、
ウレタンボールなどを、
ビニール袋に入れたボール

○いろいろなボールを使って、投げたりキャッチしたりする運動をする。

ボールを上に投げて
手をたたいて
ターンして
ジャンプして
床をさわって
キャッチ

友達と輪になって
ボールを上に投げて
落とさないように
キャッチ

2 いろいろな投げ入れ遊び

少し離れて
玉入れのかごに
投げ入れる

ネットの向こうの
フラフープをねらって
投げ入れる

友達の持っている
かごをねらって
投げ入れる

3 遊びの中らか出てきた規則を共通理解する

①**場の共通理解**➡コートの広さやネットの高さ

➡ボールの数・人数

②**勝敗のきまりの共通理解**➡得点の入り方

③**安全への配慮**➡準備・片付けの仕方や用具の置き場所の指定

本時案

ボールを投げ入れる易しいゲームをしよう②

2/5

本時の目標

前の時間に楽しんだ易しいゲームの楽しみ方を広げることができるようにする。

評価のポイント

順番や規則を守り、楽しさに触れながら、誰とでも仲よくゲームに取り組むことができたか。

週案記入例

[目標]
相手コートにボールを投げ入れるゲームの楽しみを広げる。

[活動]
友達と競争するゲームを楽しむ。

[評価]
誰とでも仲よくゲームに取り組むことができたか。

[指導上の留意点]
誰とでも仲よく楽しむために、規則を守ることが大事であることに気付かせる。

本時の展開

	時	子供の活動
はじめ	5分	**集合・あいさつ** ○生活班ごとに集合し、整列する。 ○今日の学習内容を知る。
準備運動	5分	**ゲームにつながる運動をする** ○ボールを上に投げ、いろいろなキャッチをする。 ○友達が投げたボールをキャッチする。
ボールを投げ入れる運動遊び	28分	**運動遊びの場をつくる** ○運動遊びの場をつくりながら、場や用具を確認する。 **いろいろなボールを投げ入れるゲームをする** ○友達と「個人」対「個人」で競争するゲームをする。 **1** ○友達と「集団」対「集団」で競争するゲームをする。 **2** **場の片付けをする**
整理運動	2分	**運動で使った部位をゆったりとほぐす** ○特に肩や手首を中心に動かす。
まとめ	5分	**(1)今日の学習について振り返り、学習カードに記入する** ①楽しく運動できたか。 ②友達と仲よく運動できたか。 ③安全に運動できたか。 **(2)楽しかったこと、友達のよかったことを発表し合う**

1 「個人」対「個人」で競争する投げ入れゲームをする

決まった範囲の中に入って、その中でボールを投げ合って落としたり、ボールをそらしたりしたら負け。

ネットの向こうのフラフープに向って交互に投げ入れて、得点を競う。
置く場所ごとに得点をつけたり、ビンゴゲームにしたりする。

2 「集団」対「集団」で競争する投げ入れゲームをする

1人1個ずつボールを持って、相手コートに投げ入れたり、自分のコートに来たボールを投げ返したりして、1分後に相手コートに多くのボールを入れた方が勝ち。

ネットを挟んで、ボールを相手コートに落とした回数が多い方が勝ち。
⇓
次の授業で取り組むゲームにつなげる

○**チームで遊ぶよさを味わう**

アドバイスをしたり、励まし合ったりして、みんなで声を出し合って協力して運動をする。

ナイス！とっても上手に投げられたね！

相手をよく見て投げるといいよ！

投げるときは、フワッと投げると取りやすいボールが投げられるよ！

13 表現遊び

14 マットを使った運動遊び

15 ボールゲーム

16 多様な動きをつくる運動遊び

17 ボールゲーム

18 跳び箱を使った運動遊び

本時案

みんなが楽しめる
ネット型ゲームを
しよう①

本時の目標

みんなが楽しめるように規則を工夫して、チームで競争するゲームを楽しむことができるようにする。

評価のポイント

楽しくゲームができるゲームの場や得点方法などを工夫することができたか。

週案記入例

[目標]
みんなが楽しむことのできる規則を考え、選ぶ。

[活動]
規則を工夫して、チームで競争するゲームを楽しむ。

[評価]
楽しくゲームができる場や得点方法などを工夫することができたか。

[指導上の留意点]
運動が苦手な子供や意欲的でない子供に対しての規則を配慮する。

本時の展開

	時	子供の活動
はじめ	5分	**集合・あいさつ** ○生活班ごとに集合し、整列する。 ○今日の学習内容を知る。
準備運動	5分	**ゲームにつながる運動をする** ○ボールを上に投げ、いろいろなキャッチをする。 ○友達が投げたボールをキャッチする。
ボールを 投げ入れる 運動遊び	28分	**投げ入れゲームの場をつくる** **1 2** ○チーム対抗の投げ入れゲームの場の準備と規則の確認をする。 **チーム対抗で投げ入れゲームをする** ○整列してあいさつ。 ○ゲーム：4分。 ○整列してあいさつ。 ○全体でゲームを振り返り、より楽しくゲームができる場や得点方法を選ぶ。 **3** ○上記の流れでゲームを繰り返し行っていく。 **場の片付けをする**
整理運動	2分	**運動で使った部位をゆったりとほぐす** ○特に肩や手首を中心に動かす。
まとめ	5分	**⑴今日の学習について振り返り、学習カードに記入する** 　①楽しく運動できたか。 　②友達と仲よく運動できたか。 　③安全に運動できたか。 **⑵楽しかったこと、友達のよかったことを発表し合う**

1 コートの工夫

コートは縦が約13m、横が約6m、ネットの高さは155cm。
（バドミントンコートとほぼ同じ規格）

2 投げ入れゲームのはじめの規則

○ 1チーム4人程度。
○ 1つのボールを交互に投げ入れる。
○ 自分のコートの好きなところから、相手のコートに投げ入れる。
○ 相手コートにボールが落ちたら1点。
○ キャッチをしたら点は入らない。
○ 決められた時間内に相手コートにボールを落とした回数が多い方が勝ち。

はじめの規則はシンプルにして、子供たちが規則の工夫を考え、次のゲームに反映しやすいように設定する。

3 ゲームを振り返り、規則の工夫をする

違うボールでやってみたら捕りやすくて面白くなると思うよ。

チームのみんながキャッチしたら、ボーナス得点をもらえるようにしたらどうかな。

ワンバウンドしたボールを捕っても大丈夫にしたら、みんな楽しめるのではないかな。

チームのみんなが得点を入れたらボーナス得点がもらえるようにしても面白いね。

ゲームの規則を決めていくときは、安全にできること、そしてみんなが楽しくゲームに取り組めることを中心に話し合い、出した意見から少しずつ選び、取り入れていくようにする。

13 表現遊び

14 マットを使った運動遊び

15 ボールゲーム

16 多様な動きをつくる運動遊び

17 ボールゲーム

18 跳び箱を使った運動遊び

みんなが楽しめる ネット型ゲームを しよう②

本時の目標

　みんなが楽しめるように規則を工夫して、チームで競争するゲームを楽しむことができるようにする。

評価のポイント

　ゲームに勝つためのポイントを考え、選ぶことができたか。

週案記入例
[目標] みんなが楽しむことのできる規則を選び、決める。 **[活動]** みんなが楽しめるよう工夫した規則でゲームを楽しむ。 **[評価]** ゲームに勝つためのポイントを考え、選ぶことができたか。 **[指導上の留意点]** 子供の気付きや発言から、勝つためのポイントを引き出したり、示したりする。

本時の展開

	時	子供の活動
はじめ	5分	**集合・あいさつ** ○生活班ごとに集合し、整列する。 ○今日の学習内容を知る。
準備運動	5分	**ゲームにつながる運動をする** ○ボールを上に投げ、いろいろなキャッチをする。 ○友達が投げたボールをキャッチする。
ボールを投げ入れる運動遊び	28分	**場をつくる** ○安全に気を付けて、用具や場の準備をする。 **チーム対抗で投げ入れゲームをする** ○整列してあいさつ。 ○ゲーム：4分。 ○整列してあいさつ。 ○よい動きを紹介し、全体に広める。　**1** ○ゲームに勝つためのポイントをチームで考える。　**2** ○上記の流れでゲームを繰り返し行っていく。 **場の片付けをする**
整理運動	2分	**運動で使った部位をゆったりとほぐす** ○特に肩や手首を中心に動かす。
まとめ	5分	**(1)今日の学習について振り返り、学習カードに記入する** ①楽しく運動できたか。 ②友達と仲よく運動できたか。 ③安全に運動できたか。 **(2)楽しかったこと、友達のよかったことを発表し合う**

13
表現遊び

14
マットを使った運動遊び

15
ボールゲーム

16
多様な動きをつくる運動遊び

17
ボールゲーム

18
跳び箱を使った運動遊び

1 よい動きを全体に広め、共有する

○例：高学年の掲示「気づきの木」
⇒木の幹と枝を描き、気が付いたことを葉っぱに書いてまとめている。

子供が学習カードに書いた言葉や、発表したことをまとめ、全体に共有できるように掲示する。

○楽しくゲームをするためのポイント
・ナイスと声をかける。
・拍手やハイタッチをする。
・励ましたり、アドバイスをしたりする。
・友達のよいプレーをほめ合う。

○上手になるためのポイント
・ボールを高く投げる。
・ボールの落ちるところに素早く動く。
・落ちてくるボールの真下に入る。
・すぐ動けるように構えておく。

○チームが勝つためのポイント
・相手がいないところにボールを投げる。
・コートの中に集まらないで広がる。
・ボールを捕ったら、素早く投げ返す。

2 よい動きを示した掲示をもとに、チームが勝つためのポイントを考え、伝え合う

　1年生が初めて出会うゲームなので、勝つためにどのような動きをするとよいのかに注目させ、大切な動きのポイントやみんなができそうなことを、チームの「みんなのやくそく」として意識させるようにする。

本時案

投げ入れゲームの 大会をしよう

本時の目標

チーム対抗で、ネットを挟んだ投げ入れゲームの大会を楽しむことができるようにする。

評価のポイント

チームで協力したり、勝敗を受け入れたりして、楽しくゲームに取り組むことができたか。

本時の展開

	時	子供の活動
はじめ	5分	**集合・あいさつ** ○生活班ごとに集合し、整列する。 ○今日の学習内容を知る。
準備運動	5分	**ゲームにつながる運動をする** ○ボールを上に投げ、いろいろなキャッチをする。 ○友達が投げたボールをキャッチする。
ボールを 投げ入れる 運動遊び	28分	**場をつくる** ○安全に気を付けて、用具や場の準備をする。 **チーム対抗で投げ入れゲームの大会をする** ■1 ○相手チームを変えて3回のゲームをする。 ○ゲーム：5分。 ○ゲームの振り返りと次のゲームの準備：2分。 **場の片付けをする**
整理運動	2分	**運動で使った部位をゆったりとほぐす** ○特に肩や手首を中心に動かす。
まとめ	5分	**(1)今日の学習について振り返り、学習カードに記入する** ①楽しく運動できたか。 ②友達と仲よく運動できたか。 ③安全に運動できたか。 **(2)単元を通して楽しかったこと、友達のよかったことを発表し合う** ■2

13 表現遊び

14 マットを使った運動遊び

15 ボールゲーム

16 多様な動きをつくる運動遊び

17 ボールゲーム

18 跳び箱を使った運動遊び

1 投げ入れゲーム大会

- 前時までに決めた規則を活用してゲームを行う。
- 4チームの総当たり戦で行い、勝ち数の多いチームの勝ち。
- 総当たり表やコート図を掲示し、スムーズに進められるようにする。
- 開会式や閉会式をして、気分を盛り上げる。
- ゲームのないチームが出た場合は、得点係をする。
- 生活科との合科的な指導を行うと、時間的な余裕ができ、低学年特有の連続した学校生活を楽しませることにつながる。

対戦表

コート しあい	Aコート	Bコート
1 しあい	たい	たい
2 しあい	たい	たい
3 しあい	たい	たい

投げ入れゲーム　リーグ表

	A	B	C	D	かち	まけ	ひき わけ	じゅ んい
A								
B								
C								
D								

2 単元を通した学習の振り返り

①ネット型ゲームにつながる学習の振り返り

相手のコートのねらったところに投げ入れられるようになった。

ボールが落ちてくるところに動いてキャッチできるようになった。

②他のゲームの学習や運動遊びにつながる学習の振り返り

みんなと仲よく協力して楽しくゲームができた。

みんなが楽しめる工夫を考えられた。

勝つための作戦を工夫することができた。

「ボールゲーム」学習カード＆資料

使用時 **第1〜5時**

遊びの中で動きを身に付けさせるために、ボールを優しく投げ入れる動きや、落ちてくるボールを捕る動きが自然と身に付くような運動遊びの場を設定するようにする。ゲームでは、楽しく運動したり、よい動きを見付けたりしたことを価値付けるようにする。

収録資料活用のポイント

①使い方

　第1時のはじめに学習カードと板目紙をセットで配布し、学習の流れとカードの使い方を説明する。そして、授業の終わりに学習の振り返りを書かせる。第3時以降は、ゲームの規則の工夫や勝つための作戦に主眼を置いて書かせるようにする。4時間目はチームが勝つための作戦について、5時間目は単元を通した学習の感想が書けるようにする。

②留意点

　本カードは、単元の前半と後半で子供に書かせたいポイントを変えている。前半はゲームのもつ楽しさを知り、広げることを目的とし、後半は規則や作戦を考え、選んだことを書かせることを目的としている。子供の思考や思いを次時の学習につなげることができるよう、記入の時間に考えさせるのではなく、学習の中で考えたことを振り返らせることが大切である。

💿 学習カード 1-17-1（1〜2時）　　　💿 学習カード 1-17-2（3〜5時）

なげいれあそび

1ねん　　くみ　なまえ（　　　　　　　　　）
がつ　にち

○ きょうの めあて

○ きょうの がくしゅうを ふりかえろう！
◎よくできた ○できた △もうすこし

たのしく あそべたよ	◎	○	△
たくさん なげたよ	◎	○	△
きまりを まもったよ	◎	○	△

○ どうやったら じょうずに あそべたかな？
　くわしく おしえてね！

ネットがたゲーム

1ねん　　くみ　なまえ（　　　　　　　　　）
がつ　にち

○ きょうの めあて

○ きょうの がくしゅうを ふりかえろう！
◎よくできた ○できた △もうすこし

たのしく あそべたよ	◎	○	△
たくさん なげたよ	◎	○	△
きまりを まもったよ	◎	○	△
くふうを かんがえたよ	◎	○	△

○ みんなが たのしめるゲームにするためのくふうを
　かいていこう！

4時間目はチームが勝つための作戦について、5時間目は単元を通した学習感想が書けるようにする。

資料 1-17-1

13

表現遊び

14

マットを使った運動遊び

15

ボールゲーム

16

多様な動きをつくる
運動遊び

17

ボールゲーム

18

跳び箱を使った
運動遊び

たのしくあそぼう

ひとりであそぶ

ボールなげあそび

じぶんが とりやすいボールをなげよう！

おちてくるボールをよくみてキャチしよう！

かごいれあそび

まといれあそび

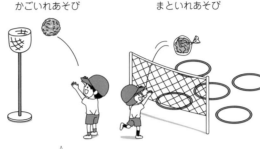

ねらったところを よくみて なげよう！

ともだちと　きょうりょくしてあそぶ

みんなでキャッチ

ともだちが とりやすいボールをなげよう！

ばしょをきめてキャッチ

なんかい つづくかかぞえよう！

かごをもってキャッチ

ねらってなげてよくみてキャッチ！

ともだちと　きそってあそぶ

なげいれビンゴゲーム

たて よこ ななめがそろうように なげよう！

なげいれがっせんゲーム

あいての コートにたくさん なげいれよう！

なげいれキャッチゲーム

あいてが なげたボールをおとさずに キャッチしよう！

18 跳び箱を使った運動遊び
5 時間

【単元計画】

第 1 時	第 2・3 時
[第一段階] 跳び箱を使ったいろいろな動きを知り、楽しく取り組む	
跳び箱を使った運動遊びの内容を知り、自分のできる動きを知る。	跳び箱を使ったいろいろな動きに挑戦し、楽しく取り組む。
1 跳び箱を使って楽しく遊ぼう POINT：跳び箱を使った運動遊びの動きを知り、楽しむ。 [主な学習活動] ○集合・あいさつ ○学習の見通しをもつ。 ○学習内容とねらいを確認する。 ○準備運動をする。 ○運動遊びの場をつくる。 ○跳び箱を使った運動遊びを楽しむ。 ○片付け・整理運動をする。 ○学習の振り返りをする。	**2・3 いろいろな動きに挑戦し、楽しく遊ぼう①②** POINT：跳び箱を使ったいろいろな動きに挑戦することができるようにする。 [主な学習活動] ○集合・あいさつ ○学習内容とねらいを確認する。 ○準備運動をする。 ○運動遊びの場をつくる。 ○跳び箱を使っていろいろな動きを楽しむ。 ○片付け・整理運動をする。 ○学習の振り返りをする。

授業改善のポイント

主体的・対話的で深い学びの実践に向けて

　第 1 学年では、跳び箱を使っていろいろな動きを工夫して行い、運動遊びを楽しむことが大切である。

　跳び箱遊びの動きには、「踏み越し跳び」「支持でまたぎ乗り・またぎ下り」「支持で跳び乗り・跳び下り」「馬跳び、タイヤ跳び」がある。この基本的な動きを取り入れながら、跳び箱を使った運動遊びを工夫して楽しむことが大切である。

　子供が運動遊びを楽しく行うために、子供の発達の段階を踏まえ、ねらいとする動きに遊びの要素を取り入れて行う。また、子供が成功体験を得たり、できるかもしれないと進んで取り組もうとしたりすることができるような遊びの場を設定する。子供同士が互いの動きを見合うために、まず、指導する側が、進んで学習に取り組んでいる子供を積極的に称賛していく。その中で、思い切り跳んで跳び箱の上に乗ったり、跳び箱の遠くに手をついてまたぎ乗ったりしている子供など、よい動きを取り上げ、伝えていく。

　学習の振り返りでは、学習カードに自分自身で気付いたことと、次の学習で取り組みたいことを簡単に記入していく。

| 13 表現遊び |
| 14 マットを使った運動遊び |
| 15 ボールゲーム |
| 16 多様な動きをつくる運動遊び |
| 17 ボールゲーム |
| 18 跳び箱を使った運動遊び |

単元の目標

○知識及び技能
- 跳び箱を使った運動遊びの行い方を知り、跳び乗りや跳び下りをしたり、手をついてのまたぎ乗り・またぎ下り、手をついての跳び乗り・跳び下りをしたりして、楽しく遊ぶことができる。

○思考力、判断力、表現力等
- 器械・器具を用いた簡単な遊び方を工夫するとともに、考えたことを友達に伝えることができる。

○学びに向かう力、人間性等
- 順番やきまりを守り仲よく進んで運動をしたり、場や器械・器具の安全に気を付けたりすることができる。

第 4 時	第 5 時
[第二段階] 動きの楽しさを味わいながら、遊び方を広げる	
跳び箱を使った運動遊びの行い方を知り、簡単な遊び方を工夫する。	友達と一緒に簡単な遊び方を工夫する。
4　簡単な遊び方を工夫しよう① POINT：跳び箱を使っていろいろな遊び方を工夫することができることを知る。 [主な学習活動] ○集合・あいさつ ○学習内容とねらいを確認する。 ○準備運動をする。 ○運動遊びの場をつくる。 ○跳び箱を使っていろいろな動きを楽しむ。 ○跳び箱を使って遊び方を工夫する。 ○片付け・整理運動をする。 ○学習の振り返りをする。	5　簡単な遊び方を工夫しよう② POINT：跳び箱を使っていろいろな遊び方を工夫することができるようにする。 [主な学習活動] ○集合・あいさつ ○学習内容とねらいを確認する。 ○準備運動をする。 ○運動遊びの場をつくる。 ○跳び箱を使って遊び方を工夫する。 ○友達と一緒に遊び方を工夫する。 ○片付け・整理運動をする。 ○学習の振り返りをする。

子供への配慮の例

①運動が苦手な子供

　跳び箱に恐怖心を感じている子供には、跳び箱の高さを低くしたり、跳び箱の手前に台を置いて跳び乗りやすくしたりして、手で支えたり、跳んだりする動きが身に付くように場を設定する。また、跳び箱の周りにマットを敷いたりする。

　手で自分の上体を支持して移動することが苦手な子供には、床でうさぎ跳びやかえるの足打ち、かえるの逆立ちなどを行い、手で支えたり、跳んだりする動きが身に付くようにする。

②意欲的でない子供

　器械・器具の高さを変えたり、痛くないように配慮した場を設定したりして、易しい条件の場を複数設定して選択できるように配慮する。

　成功回数が多くなる簡単な運動遊びを取り入れたり、できたことを称賛したりして、肯定的な働きかけができるようにする。

　2人組で手をつないで跳び下りたり、集団で転がったりできる運動遊びを取り入れ、友達と一緒に運動遊びをする楽しさに触れることができるようにする。

本時案

跳び箱を使って楽しく遊ぼう

本時の目標

　跳び箱を使った運動遊びの内容を知り、自分のできる動きを知ることができるようにする。

評価のポイント

　順番やきまりを守り、跳び箱を使った運動遊びに進んで取り組むことができたか。

週案記入例

【目標】
跳び箱を使って自分ができる動きを知る。

【活動】
自分ができる跳び箱の乗り方や下り方をする。

【評価】
順番やきまりを守り、跳び箱を使った運動遊びに進んで取り組むことができたか。

【指導上の留意点】
安全に運動するためのきまりをしっかりと確認させる。

本時の展開

	時	子供の活動
はじめ	6分	**集合・あいさつ** ○学習の見通しをもつ。 ○跳び箱や踏み切り板などの名称を知る。 ○今日の学習の進め方を知る。
準備運動	5分	**本時の運動につながる準備運動をする** ○体の各部位の運動を行う。 ○補助運動をする（うさぎ跳び）。 **1**
跳び箱を使った運動遊び	25分	**運動遊びの場をつくる** ○跳び箱やマットなど用具の運び方を確認する。 **2** **自分ができる乗り方や下り方をして、楽しむ** **3** ○踏み越し跳びをする。 ○支持でまたぎ乗り・またぎ下り、支持で跳び乗り・跳び下りをする。 **用具の片付けをする**
整理運動	2分	**運動で使った部位をゆったりとほぐす** ○特に手首、足首を中心に動かす。
まとめ	7分	**今日の学習について振り返り、学習カードに記入する** ①楽しく運動できたか。 ②友達と仲よく運動できたか。 ③安全に運動できたか。 **楽しかったことを発表し合う**

13 表現遊び

14 マットを使った運動遊び

15 ボールゲーム

16 多様な動きをつくる運動遊び

17 ボールゲーム

18 跳び箱を使った運動遊び

1 補助運動：うさぎ跳び

①前方に跳んで両手をつき、体を起こして着地する。

②できるようになってきたら、前方に大きく跳んで両手をつき、手をついた位置よりさらに前方に着地する。

> ポイント
> ○両手を肩幅の広さでつく。
> ○着地をするときは、手を前に出して体を起こすようにする。

2 安全面の配慮

○前の人が着地した後、お互いを見て、挙手し、「ハイ」と言ってからスタートするように指導する。

○跳び下りるときには、下に人がいないことを確かめるように指導する。

○足の裏で跳び箱の上に跳び乗るようにする。

○跳び箱に手をつくときは、「パン」と音が鳴るようにする。

○子供の実態に応じて、跳び箱の周りにマットを敷くなど配慮する。

○跳び箱やマットなどの下に滑り止めマットを敷くようにする。

いいよ。

はい。

　子供と必ず守ってほしい約束を確認してから学習をスタートさせる。特に第1学年では、毎時間約束を確認するとよい。

　着手の仕方（手のひら全体で）と着地の仕方（しゃがんで指先がマットにつく）は、安全に関わる大事な場面である。また、跳び終わった後に場の安全の確認をして、次の人に合図を出したり、印を越えたら次の人が行うなど、事故が起こらないようにする。

3 跳び箱の運び方

○跳び箱は、1段目を2人で運ぶ。その際、裏返しにして安定した状態で運ぶようにする。また、それ以外の段は、2人で1段ずつ、または、2人でまとめて運ぶようにする。

（1段目の運び方）

本時案

いろいろな動きに挑戦し、楽しく遊ぼう①

本時の目標

　跳び箱を使ったいろいろな動きに挑戦することができるようにする。

評価のポイント

　跳び乗りや跳び下り、手をついてのまたぎ乗り・またぎ下りなどに取り組むことができたか。

週案記入例
[目標] 跳び箱を使っていろいろな動きに挑戦する。 **[活動]** 跳び乗りや跳び下り、手をついてのまたぎ乗り・またぎ下りをする。 **[評価]** 跳び乗りや跳び下り、手をついてのまたぎ乗り・またぎ下りなどをして遊ぶことができたか。 **[指導上の留意点]** 運動が苦手な子供に対しての運動遊びの方法や場を配慮し、適切に言葉かけをする。

本時の展開

	時	子供の活動
はじめ	3分	**集合・あいさつ** 　○今日の学習の進め方とねらいを確認する。
準備運動	5分	**本時の運動につながる準備運動をする** 　○体の各部位の運動を行う。 　○補助運動をする（かえるの足打ち）。　**1**
跳び箱を使った運動遊び	28分	**運動遊びの場をつくる** 　○跳び箱やマットなど用具の運び方を確認する。 **跳び箱を使っていろいろな動きを楽しむ**　**2** 　○踏み越し跳びをする。 　○支持でまたぎ乗り・またぎ下り、支持で跳び乗り・跳び下りをする。 **用具の片付けをする**
整理運動	2分	**運動で使った部位をゆったりとほぐす** 　○特に手首、足首を中心に動かす。
まとめ	7分	**今日の学習について振り返り、学習カードに記入する** 　①楽しく運動できたか。 　②友達と仲よく運動できたか。 　③安全に運動できたか。 **楽しかったこと、友達のよかったことを発表し合う**

18　跳び箱を使った運動遊び
262

13
表現遊び

14
マットを使った運動遊び

15
ボールゲーム

16
多様な動きをつくる運動遊び

17
ボールゲーム

18
跳び箱を使った運動遊び

1 補助運動：かえるの足打ち

①両手を肩幅に開いてマットにつき、ついた手の少し前を見る。
②両手をそろえてマットを蹴り、腰を高く上げる。
③できるようになったら、片足で踏み切って行う。また、足を叩くようにして、回数を増やしていく。

> ポイント
> ○ついた手の少し前を見るようにする。

2 跳び箱を使った遊び：例示

①踏み越し跳び

片足で踏み切り、片足で跳び箱に乗り、ジャンプして跳び下りる。

②支持でまたぎ乗り・またぎ下り

助走から両足で踏み切り、跳び箱に両手をついてまたぎ乗る。
またいだ姿勢で腕を支点に体重を移動させ、最後はまたぎ下りる。

③支持で跳び上がり・跳び下り

助走から両足で踏み切り、跳び箱に両足をついて跳び乗り、ジャンプして跳び下りる。

本時案

いろいろな動きに 挑戦し、 楽しく遊ぼう②

本時の目標

　跳び箱を使ったいろいろな動きに挑戦することができるようにする。

評価のポイント

　跳び乗りや跳び下り、手をついてのまたぎ乗り・またぎ下りなどに取り組むことができたか。

週案記入例

[目標]
跳び箱を使っていろいろな動きに挑戦する。

[活動]
跳び乗りや跳び下り、手をついてのまたぎ乗り・またぎ下りの遊びを広げて楽しむ。

[評価]
跳び乗りや跳び下り、手をついてのまたぎ乗り・またぎ下りなどをして遊ぶことができたか。

[指導上の留意点]
運動に意欲的でない子供に対しての運動遊びの方法や場を配慮し、適切な言葉かけをする。

本時の展開

	時	子供の活動
はじめ	3分	**集合・あいさつ** ○今日の学習の進め方とねらいを確認する。
準備運動	5分	**本時の運動につながる準備運動をする** ○体の各部位の運動を行う。 ○補助運動をする（かえるの逆立ち）。 **1**
跳び箱を使った運動遊び	28分	**運動遊びの場をつくる** ○跳び箱やマットなど用具の運び方を確認する。 **跳び箱を使っていろいろな動きを楽しむ** **2** ○踏み越し跳びをする。 ○支持でまたぎ乗り・またぎ下り、支持で跳び乗り・跳び下りをする。 ○馬跳びをする。 **用具の片付けをする**
整理運動	2分	**運動で使った部位をゆったりとほぐす** ○特に手首、足首を中心に動かす。
まとめ	7分	**今日の学習について振り返り、学習カードに記入する** ①楽しく運動できたか。 ②友達と仲よく運動できたか。 ③安全に運動できたか。 **楽しかったこと、友達のよかったことを発表し合う**

1 補助運動：かえるの逆立ち

①両膝を左右に開いてしゃがむ。

②手は足に近いところにつき、両手は肩幅くらいかやや狭めに開いて、横に肘を曲げる。

③手の指は開いて前に向け、内側に向けないようにする。

④曲げた肘に膝をしっかりと曲げて内腿を乗せる。頭を徐々に下げながら足を地面から離していく。

⑤頭とお尻が水平になるところで止める。

> ポイント
> ○手のついた位置より前を見ると、お尻が下がってしまうので、目線は地面を見る。

2 いろいろな動きや遊びの広げ方

①踏み越し跳び

○胸の前や頭の上で手を叩く。

○回転しながら跳んで着地をする。

○ポーズをとりながら跳んで着地をする。

ばんざい　　　手びょうし　　　大の字

②支持でまたぎ乗り・またぎ下り

○またいで進んだ回数を数える。

○跳び箱の上に線を書き、その線の上に手をついて進む。

○またぎ下りた場所に印を置く。

両手もちゃんと
そろっているよ。

③支持で跳び上がり・跳び下り

○輪などを置いて着地する場所を決める。

○胸の前や頭の上で手を叩く。

○回転しながら跳んで着地をする。

○ポーズをとりながら跳んで着地をする。

13 表現遊び

14 マットを使った運動遊び

15 ボールゲーム

16 多様な動きをつくる運動遊び

17 ボールゲーム

18 跳び箱を使った運動遊び

本時案

簡単な遊び方を
工夫しよう①

本時の目標

跳び箱を使ったいろいろな遊び方を工夫することができるようにする。

評価のポイント

跳び箱を使った遊び方を工夫することができたか。

<table>
<tr><th colspan="2">週案記入例</th></tr>
<tr><td colspan="2">【目標】
跳び箱を使ったいろいろな遊び方を工夫する。

【活動】
跳び箱を使ったいろいろな動きを工夫しながら取り組む。

【評価】
跳び乗りや跳び下り、手をついたまたぎ乗り・またぎ下りなどの遊び方を工夫することができたか。

【指導上の留意点】
運動が苦手な子供や意欲的でない子供に対しての運動遊びの方法や場を配慮し、適切な言葉かけをする。</td></tr>
</table>

本時の展開

	時	子供の活動
はじめ	3分	**集合・あいさつ** 　○今日の学習の進め方とねらいを確認する。
準備運動	5分	**本時の運動につながる準備運動をする** 　○体の各部位の運動を行う。 　○補助運動をする（馬跳び、ジャンプで手拍子）。 **1**
跳び箱を使った運動遊び	28分	**運動遊びの場をつくる** 　○跳び箱やマットなど用具の運び方を確認する。 **跳び箱を使っていろいろな遊び方を工夫する** **2** 　○踏み越し跳びをする。 　○支持でまたぎ乗り・またぎ下り、支持で跳び乗り・跳び下りをする。 　○馬跳びをする。 **用具の片付けをする**
整理運動	2分	**運動で使った部位をゆったりとほぐす** 　○特に手首、足首を中心に動かす。
まとめ	7分	**今日の学習について振り返り、学習カードに記入する** 　①楽しく運動できたか。 　②友達と仲よく運動できたか。 　③安全に運動できたか。 **楽しかったこと、友達のよかったことを発表し合う**

1 補助運動

①馬跳び
○馬の背中に両手をしっかりとつき、両足を開いて跳び越すようにする。
○慣れてきたら、着地したら素早く向きを変えてタイミングよく跳び越すようにする。

> ポイント
> ○助走はせずに、その場から手をしっかりとついて突き放す。

②ジャンプで手拍子
○ジャンプをしながら、胸の前や頭の上で手を叩いたり手拍子したりする。

> ポイント
> ○着地は、膝を曲げて両足で行う。

2 遊び方の工夫

○着地するマットに輪を置き、しゃがんでピタッと着地する。
○跳び箱の高さを変える。
○連結した跳び箱を段違い跳び箱にする。
○跳び箱の上に線を書く。
○跳び箱を連結させる、など。

（遊び方の例）

踏み切り板	2段の跳び箱	3段の跳び箱	マットの上
①片足踏み切り →	片足踏み切り →	片足踏み切り →	ジャンプ着地
②片足踏み切り →	両足着地 →	支持で跳び乗り →	ジャンプ着地
③両足踏み切り →	支持で跳び乗り →	支持で跳び乗り →	ジャンプ着地
④両足踏み切り →	支持で跳び乗り →	支持でまたぎ乗り→	またぎ下り

など

13 表現遊び
14 マットを使った運動遊び
15 ボールゲーム
16 多様な動きをつくる運動遊び
17 ボールゲーム
18 跳び箱を使った運動遊び

簡単な遊び方を工夫しよう②

5/5

本時の目標

工夫した遊び方を友達に伝えることができるようにする。

評価のポイント

工夫した遊び方を友達と一緒に取り組むことができたか。

週案記入例

［目標］
友達と一緒に跳び箱を使ったいろいろな遊び方を工夫する。

［活動］
工夫した遊びを友達に伝えたり一緒に取り組んだりする。

［評価］
工夫した遊び方を友達と一緒に取り組むことができたか。

［指導上の留意点］
身に付けた動きや気付いた楽しい遊び方を友達に伝えることができるようにする。

本時の展開

	時	子供の活動
はじめ	3分	**集合・あいさつ** ○今日の学習の進め方とねらいを確認する。
準備運動	5分	**本時の運動につながる準備運動をする** ○体の各部位の運動を行う。 ○補助運動をする（手を叩いてジャンプ、回転）。
跳び箱を使った運動遊び	28分	**運動遊びの場をつくる** ○跳び箱やマットなど用具の運び方を確認する。 **跳び箱を使っていろいろな遊び方を工夫する** ○踏み越し跳びをする。 ○支持でまたぎ乗り・またぎ下り、支持で跳び乗り・跳び下りをする。 ○馬跳びをする。 **友達と一緒に遊び方を工夫する** ◀**1** **用具の片付けをする**
整理運動	2分	**運動で使った部位をゆったりとほぐす** ○特に手首、足首を中心に動かす。
まとめ	7分	**今日の学習について振り返り、学習カードに記入する** ①楽しく運動できたか。 ②友達と仲よく運動できたか。 ③安全に運動できたか。 **楽しかったこと、友達のよかったことを発表し合う**

13	表現遊び
14	マットを使った運動遊び
15	ボールゲーム
16	多様な動きをつくる運動遊び
17	ボールゲーム
18	跳び箱を使った運動遊び

1　友達と一緒に遊び方を工夫する

①友達と遊び方を考える場面

跳び箱を横にして、階段のようにしたら面白そうだね！

面白そうだね。やってみよう！

②自分の考えを伝える場面

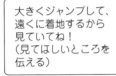

大きくジャンプして、遠くに着地するから見ていてね！
（見てほしいところを伝える）

うん！さっきは緑の線あたりだったよね！

まる。

すごい！赤い線までいけたよ！
手を大きく振って跳んでいるね！
（前と変わった動きや面白い動きを見付けて伝える）

友達の動きをよく見ているね！
いいところを伝えられていて素晴らしい！
（子供がよいところを称賛し合えるように、指導する側が積極的に子供を称賛してく）

2　子供のこんな姿を目指す

学習カードの記述欄では、子供の以下のような記述を目指す。

リズムよくどんどん跳び箱を押して前に行けた。	マットがずれたとき、○○くんが元に戻してくれたのがうれしかった。
足の裏で、ポンと跳び箱の上に跳び乗ることができた。	手に力を入れて、ぐっと押すと体が浮いて、うまく進むことが分かった。

「跳び箱を使った運動遊び」学習カード＆資料

使用時 **第1〜5時**

第1学年では、学習カードを使って、振り返りを行うことを習慣化できるようにする。第1学年の子供にとって、視覚化された絵（表情）は、自分の考えを選びやすく、教師も子供の気持ちや考えを見取ることができる。

収録資料活用のポイント

①使い方

　画用紙など厚手の紙にＡ４サイズまたはＢ４サイズくらいの大きさに拡大し印刷して、配布する。学習後は、自分の気持ちに一番適した表情に丸を付けるように説明をする。裏面には、子供自らが考えた動きや遊び方を図にして示すことができるようになっている。遊びの名前を自分で決めて、楽しく取り組めるようにする。

②留意点

　自分の気持ちに一番適した表情に丸を付けることに困っている子供には、前回の学習と比べて、一番近いものを選んで丸を付けるように促す。書くことが慣れてきたら、どんなことができるようになったかなど、記述するとよい。

💿 学習カード 1-18-1 （表：1〜5時）

いろいろなとびかたにチャレンジ！

1ねん　　　くみ　　なまえ（　　　　　　　　　）

	にち	にち	にち	にち	にち
たくさん、たのしく うんどうできたよ	😄 🙂 🙁	😄 🙂 🙁	😄 🙂 🙁	😄 🙂 🙁	😄 🙂 🙁
ともだちとなかよく うんどうできたよ	😄 🙂 🙁	😄 🙂 🙁	😄 🙂 🙁	😄 🙂 🙁	😄 🙂 🙁
あたらしいうごきを みつけたよ かんがえたよ	😄 🙂 🙁	😄 🙂 🙁	😄 🙂 🙁	😄 🙂 🙁	😄 🙂 🙁
たのしかったこと					
できるようになった こと					
せんせいから					

いろいろなうごきやあそびかた

1ねん　　　**くみ**　　**なまえ**（　　　　　　　　　　）

どんな　おもしろいうごき　あそびかたがあるかな！

どんな　なまえ？「　　　　　　　　　　　」

どんな　なまえ？「　　　　　　　　　　　」

どんな　なまえ？「　　　　　　　　　　　」

どんな　なまえ？「　　　　　　　　　　　」

どんな　なまえ？「　　　　　　　　　　　」

13 表現遊び

14 マットを使った運動遊び

15 ボールゲーム

16 多様な動きをつくる運動遊び

17 ボールゲーム

18 跳び箱を使った運動遊び

19 表現遊び

5 時間

【単元計画】

1 時	2 時	3 時
[第一段階] くじらぐもに乗って旅をすることを思い描き、見付けたものを動きにする		
海やジャングル、町、不思議な国を思い描いて、見付けたものになりきって楽しむ。		
1　ジャングルで見付けたものになろう POINT：動物を中心に、動物以外のものも取り入れて動く。	2　町で見付けたものになろう POINT：動物を中心に、動物以外のものも取り入れて動く。	3　不思議な国で見付けたものになろう POINT：恐竜や架空のものも取り入れて動く。
[主な学習活動] ○リズム遊びをする。 ・アフリカの太鼓のリズムに乗って、強弱を付けながら踊る。 ○表現遊びをする。 ・くじらぐもに乗ったらどんなことが起こるか想像しながら動いて楽しむ。 ・ジャングルや、海を想定して見付けた動物などになりきって動く。 まとめ　本時の振り返りをする。 　　　　次時の内容を知る。	[主な学習活動] ○リズム遊びをする。 ・サンバなどの軽快なリズムに乗って、友達と関わりながら踊る。 ○表現遊びをする。 ・くじらぐもに乗ったらどんなことに出会うか想像しながら動いて楽しむ。 ・町を想定して、乗り物や、お店などから思い描いたことになりきって動く。 まとめ　本時の振り返りをする。 　　　　次時の内容を知る。	[主な学習活動] ○リズム遊びをする。 ・ロックなどの軽快なリズムに乗って、友達と関わりながら踊る。 ○表現遊びをする。 ・くじらぐもに乗ってどんなところに行きたいか想像しながら動いて楽しむ。 ・不思議な国を想定して、恐竜や、架空のものなどになりきって動く。 まとめ　本時の振り返りをする。 　　　　次時の内容を知る。

授業改善のポイント

主体的・対話的で深い学びの実践に向けて

　本単元で使う『くじらぐも』は、これまで学習してきたことを生かしたり、自由な発想で思い描いたりすることができる教材である。そこで「あなたはどうしたい？」「あなたはどんなことができそうかな？」と問いかけ、主体的に考えをもつことを大切にして取り組む。子供が考えを出したら、「いいね、それ、やってみよう！」と、すぐそれをみんなで動きにする。自分の考えが取り入れられたことで、自信につながるとともに、1人の考えをみんなで共有することができ、友達の考えを受け入れる姿勢が育つ。

　また、指導と評価を一体化させることも重要である。そのために、本時のめあてに沿った言葉かけをする。たとえば、全身で大きく動くことをめあてとしていたら、「Aさんは髪の毛まで弾んでいる！」「Bさんのおへそ、よく動いているね」「Cさんは大げさに動いていていいね！」などと評価する。

　動きを止めずに、みんなに聞こえるように伝える。すると他の子供たちの動きも大きくなっていく。教師がねらっている動きを言葉にして評価することで、子供たちは自ずとどのような動きをすればよいかを感じ取っていく。

単元の目標

○知識及び技能
・表現遊びの行い方を知り、身近な題材の特徴を捉え、全身で即興的に踊ることができる。

○思考力、判断力、表現力等
・題材の特徴的な様子を出し合い、その中から行いたい様子を選んだり、それにふさわしい動きを見付けたり、友達の動きを取り入れたり友達に伝えたりすることができる。

○学びに向かう力、人間性等
・安全に気を付けて進んで取り組み、仲よく動きを見付けたりお話をつくったりすることができる。

4 時	5 時
[第二段階] お話にして見せ合う	
やりたいことをつなげてお話にする。	ミニ発表会をしてよい動きを見付ける。
4　やりたいものを決めてお話をつくろう POINT：これまでやってきた中から好きなものを選んでお話をつくる。	5　ミニ発表会をしよう POINT：いいなと思うところを見付けながら見せ合う。
[主な学習活動] ○リズム遊びをする。 ・アフリカの太鼓、サンバ、ロックなどをメドレーにして踊る。 ・オリジナルダンスを楽しむ。 ○表現遊びをする。 ・これまでやってきたことをもとに、2〜3人組で、やりたいものを決めて簡単なお話にして動く。 まとめ　本時の振り返りをする。 　　　　次時の内容を知る。	[主な学習活動] ○リズム遊びをする。 ・アフリカの太鼓、サンバ、ロックなどをメドレーにして踊る。 ○表現遊びをする。 ・2〜3人組でつくったことを組み入れて、「くじらぐもにのって」という一連のストーリーにまとめる。 ・見せ合って、友達の動きのよいところを見付ける。 まとめ　がんばったことを認め合う。

子供への配慮の例

①運動遊びが苦手な子供

　リズム遊びでは、手拍子でリズムを打ちながら軽く膝を上下させることや、へそを動かすことを意識しながら両足で弾むことから始める。友達と手をつなぎながら弾むとよい。

　表現遊びでは、「走って…止まる」という簡単な動きから始め、「風になって走る…」「ロケットになって走る…」などとイメージを加えていく。さらに「風になってヒュルルル…」「ロケットになって3、2、1、ドッカーン…」などとオノマトペを加えて動きを引き出していく。

②運動遊びに意欲的でない子供

　子供たちの好きな身近な音楽を用いて、歌やゲームを取り入れながら動きを引き出す。また意欲的に動いていないときでも、教師は笑顔を投げかけ、アイコンタクトで見守っていることを伝える。1つでも動きを見付けたら、「いいね、OK！」と合図を送る。自分の考えが出せなかったときは、「カード」を引いたり、ヒントとなる掲示物を用意しておき、そこから選ぶことができるようにする。個々に応じたスモールステップのめあてにして励ます。

本時案

ジャングルで見付けたものになろう

本時の目標

　海やジャングルを思い描いてイメージを広げ、見付けたものになりきって動くことができるようにする。

評価のポイント

　やりたいものをすぐに見付けて、そのものの特徴を捉えて動くことができたか。

週案記入例
[目標] 思い浮かぶものになりきる。 **[活動]** くじらぐもに乗ってジャングルに着いたことを想定して、見付けたものになりきって動く。 **[評価]** すぐに動くことができたか。 **[指導上の留意点]** 絵本『くじらぐも』を読み聞かせ、イメージを広げる。

本時の展開

	時	子供の活動
はじめ	5分	**集合・あいさつ** ○本時の学習内容を確認する。
準備運動	5分	**歌遊び『アブラハムの子』** ○歌に合わせて振りを付ける。 ○動かす部位が増えていくことを楽しむ。
リズム遊び	10分	**アフリカの太鼓のリズムに乗って、強弱を付けながら踊る** ■1 ①体全体でリズムを刻む。 ②手拍子や、足拍子を工夫する。 ③友達と真似し合う。 ④リズムを取りながら移動する動きを見付ける。
表現遊び	20分	**くじらぐもに乗ったらどんなことが起こるか想像して動いて楽しむ** ①ふわふわな雲の上を歩いていることを思い描く。 ■2 ②風に吹かれたらどうなるか想像して動く。 **海に着いたことを想定して、見付けたものになりきる** ①海を思い起こして、思い浮かべたイメージを出し合う。 ②教師と一緒にみんなで、見付けたものになりきって動く。 ③友達とやりたいものを見付けて動く。３つほど見付ける。 **ジャングルに着いたことを想定して、見付けたものになりきる** ①ジャングルを思い起こして、イメージを出し合う。 ②教師と一緒にみんなで、見付けたものになりきって動く。 ③友達とやりたいものを見付けて動く。３つほど見付ける。
整理運動	2分	**運動で使った部位をゆったりとほぐす** ○肩を上下させたり、全身で伸びたり縮んだりする動きを中心に、使った筋肉をほぐす。
まとめ	3分	**今日の学習について振り返る** ①楽しかったところを発表する。 ②友達の動きで、真似してみたいと思ったことを発表する。

1 「アフリカの太鼓」

○大きな円になって、あぐらをかく
　ように座る。太鼓のリズムに合わ
　せて、上半身を腰から動かしてリ
　ズムをとる。
○両手で床を叩いたり、となりの友
　達と手を叩いたりして、リズムを
　体に刻む。
○立ち上がって、足を踏みしめてリ
　ズムをとる。

2 「くじらぐもにのって」

体育館の床に描かれた円などを雲に見立ててもいいし、
マットを数枚敷いて雲に見立てても面白い。

教師の問いかけ	予想される子供の動き
あ、くじらぐもだ。みんなで乗ろう。 天まで届け、1、2、3！　わあ、失敗、失敗。	みんなで手をつないで弾みを付けて跳ぶが、失敗 して尻もちをつく。
さあ、もっと高く！天まで届け、1、2、3！ わあ、風が吹いてきた。風に乗っていこう。	風に吹かれるようにして、くじらぐもに乗ったこ とを想像して動く。
フワフワだあ～。おっとっと。	フワフワな動きで。
風に乗って進むよ。ヒューヒュルル… 落ちないように気を付けて！	風に吹かれる様子で。 左右に揺れたり回ったり。
わあ、きれいな海が見えてきたよ。 何が見える？ （イメージを引き出す）	見付けたものを出し合う。 ・サメ　・イルカ　・クジラ　・エイ　・ロブスター　・エビ ・カニ　・カメ　・トビウオ　・ワカメ　・イソギンチャク ・カモメ　・波　・海底火山　・うずしお　・ヨット　…など
飛び込もう。見付けたものになろう！	※思い思いに海を想像して、見付けたものになり 　きって動く。3つほど見付ける。
次の冒険に出発！雲に乗って。	雲の上に寝転がったり、跳びはねたり。
あ！ジャングルが見えてきたよ。 今度は何が見える？ （イメージを引き出す）	見付けたものを出し合う。 ・ライオン　・ガラガラヘビ　・ゾウ　・チーター　・カバ ・ワニ　・ピラニア　・コンドル　・どうくつ　・底なし沼 ・一本橋　・草原　・岩山　・ターザン　・ハンター…など
ジャングルを探検しよう！ 動物もたくさんいるね。	※思い思いにジャングルを想像して、見付けたも 　のになりきって動く。3つほど見付ける。
わあ、大変、学校に帰る時間になっちゃった。さ あ、くじらぐもに乗って乗って…。	みんなで手をつなぎ、前後左右に揺れたり、ぐる ぐる回ったり。

本時案

町で見付けた ものになろう

本時の目標

　町を思い浮かべてイメージを広げ、見付けたものになりきって動くことができるようにする。

評価のポイント

　動物以外にも発想を膨らませ、やりたいものをすぐに見付け、そのものの特徴を捉えて動くことができたか。

週案記入例

[目標]
思い浮かぶものになりきる。

[活動]
くじらぐもに乗って町に着いたことを想定して、見付けたものになりきって動く。

[評価]
すぐに動くことができたか。

[指導上の留意点]
乗り物や働く人、お店を想定して動きを見付けるようにする。

本時の展開

	時	子供の活動
はじめ	5分	**集合・あいさつ** ○本時の学習内容を確認する。
準備運動	5分	**「水道管ごっこ」をする** ○体育館の床に書かれた線を水道管に見立てて、水になってその線の上をあちこち移動する。合図でピタッと止まり、蛇口から水が勢いよく流れ出てくるように、飛び出す。
リズム遊び	10分	**サンバなどの軽快なリズムに乗って、友達と関わりながら踊る** ◀**1** ①手拍子をしたり、体をゆすったりしながらリズムをとる。 ②おへそを意識して、弾んで踊る。 ③友達と向かい合ったり、背中合わせになったりして踊る。 ④マラカスやタンバリンなどを持って踊る。
表現遊び	20分	**くじらぐもに乗ったらどんなことに出会うか想像して動いて楽しむ** ①ゆっくり動いたり、速く動いたり、広がったり、縮まったりする。 ②雷様に出会ったことを想像して動く。 **町に着いたことを想定して、見付けたものになりきる** ◀**2** ①町から思い浮かぶイメージを出し合う。 ②教師と一緒にみんなで、見付けたものになりきって動く。 ③友達とやりたいものを見付けて動く。3つほど見付ける。 **お店から発想を広げて、見付けたものになりきる** ①お店から思い浮かぶイメージを広げる。 ②教師と一緒にみんなで、見付けたものになりきって動く。 ③友達とやりたいものを見付けて動く。3つほど見付ける。
整理運動	2分	**運動で使った部位をゆったりとほぐす** ○パンがこねられたり、ねじられたり、膨らんだりするイメージで全身の筋肉を柔らかく動かしてほぐす。
まとめ	3分	**今日の学習について振り返る** ①楽しかったところを発表する。 ②友達の動きで、真似してみたいと思ったことを発表する。

1 「サンバなど軽快な音楽」

○楽器を鳴らしながら踊ると楽しい。
○マラカス、ギロ、鈴、タンバリンなど。
　手づくりの楽器も盛り上がる。

○ペットボトルの中に、小石やおはじきな
　どを入れ、ビニールテープを貼ってカラ
　フルに飾る。

2 「くじらぐもにのって」：町で見付けたもの

　子供が見付けたものを、すぐにみんなでやってみる。1つの動きは10秒から20秒くらいがよい。
教師が問いかけ、子供が動きで答える。キャッチボールをしているように進める。

教師	町があったよ。何が見える？
子供	車がいっぱい！
教師	車になあれ。どんな車かな？
子供	（思い思いの車になって動く）
教師	ほかには？
子供	消防署がある。
教師	火事を消す消防車だね。燃える火と、それを消す水になって。
子供	（火と水になって動く）
教師	たくさん見付けよう。
子供	（見付けたものを出し合う）
教師	何がやりたいかな？ 3人組で、どんどん好きなものをやってみよう。
子供	（3人組になって、次々と動く）
教師	お店もいっぱい。何屋さんかな？
子供	パン屋さん！
教師	パンになるよ。粉を混ぜて…こねて、こねて、もっとこねて、膨らんできた〜
子供	（パンになって動く）
教師	おいしいパンの出来上がり！他には？
子供	魚屋さん！
教師	漁師さんが魚を釣るよ。魚と漁師さんになってやってみよう。
子供	（漁師さんと魚になって動く）

町で見付けたもの

電車　バス　宅急便　ショベルカー
クレーン車　郵便車　パトカー
救急車　公園の噴水　花畑　時計台
牧場　遊園地　野球場　飛行場…

見付けたお店

花屋さん
魚屋さん
パン屋さん
八百屋さん
ケーキ屋さん
おにぎり屋さん
ジュース屋さん
かき氷屋さん
クリーニング店　大工屋さん
お掃除屋さん　楽器屋さん…

遊園地の乗り物

コーヒーカップ
パラシュート
メリーゴーランド
空飛ぶ絨毯
ゴーカート
ジェットコースター
パラシュート　　　　バイキング
観覧車　ロケット　　飛行塔…

本時案

不思議な国で見付けたものになろう

本時の目標

　不思議な国を思い描いてイメージを広げて動きにしていき、どんなことでも動きにできることが理解できるようにする。

評価のポイント

　想像を働かせて友達と考えを出し合いながら、動きを工夫することができたか。

週案記入例

[目標]
思い浮かぶものになりきる。

[活動]
想像を働かせて、何でも動きにする。

[評価]
想像して思いつくことができたか。

[指導上の留意点]
どんなことでも動きにすることができることに気付かせる。

本時の展開

	時	子供の活動
はじめ	5分	**集合・あいさつ** ○本時の学習内容を確認する。
準備運動	5分	**「うさぎのダンスごっこ」をする** ○『うさぎのダンス』の曲に合わせて、スキップをして移動する。 ○歌が終わるとともに近くの友達と2人組になる。歌を繰り返し、2回目は2人で手をつないでスキップで移動する。4人、8人、16人と手をつなぐ人数を増やして、スキップすることを楽しむ。
リズム遊び	10分	**ロックなどの軽快なリズムに乗って、友達と関わりながら踊る** 1 ①体全体でリズムを刻む。 ②リズムに合わせた簡単な動きを見付ける。 ③友達と動きを真似し合う。
表現遊び	20分	**くじらぐもに乗ってどんなところに行きたいか想像して動いて楽しむ** ○くじらぐもに乗っていることを想定して、体育館を移動する。 ○教師の言葉かけで、左右に揺れたり、速くなったり、ぐるぐる回ったりする（10人ぐらいの固まりにすると移動しやすい）。 **不思議な国に着いたことを想定して、見付けたものになりきる** 2 ①花火の国：ねずみ花火、打ち上げ花火、線香花火など。 ②大昔の国：ゴジラ、恐竜、マンモス、原始人、など。 ③海底の国：潜水艦、熱帯魚、沈没船、海底火山、など。 ④忍者の国：すいとんの術、影走り、手裏剣、変身の術、など。 ⑤おもちゃの国：風船、ロボット、踊る人形、プラレール、など。
整理運動	2分	**運動で使った部位をゆったりとほぐす** ○友達と筋肉を軽くたたき合ったり、体を伸ばしたりする。
まとめ	3分	**今日の学習について振り返る** ①楽しかったところを発表する。 ②友達の動きで、真似してみたいと思ったことを発表する。

1 「ロックなどの軽快な音楽」

　低学年においては、ロックやサンバの拍のとり方やステップなどにこだわらず、自由に体を弾ませたい。また、ロックやサンバに限らず、様々なリズムを体感させたい。子供たちにとって身近なアニメや流行の歌、わらべ歌も有効である。動きは、簡単なものを繰り返すと楽しい。同じ動きでも、向きを変えたり、隊形を変えたりするだけで、違った印象になる。

それぞれが
好きな動きで

２人組でも
やってみよう

2 「くじらぐもにのって」：不思議な国で見付けたもの

くじらぐもに乗って移動
　　　→着いた、着いた！○○の国
　　　　見付けたものになろう！
　　　　最後、どうなるの？
　　　→くじらぐもに乗って次の国へ出発！

※これを繰り返して、いろいろなものを見付けて、そのものになりきって動く。「○○の国」は自由に想定する。架空のものでよい。

子供たちが考えた○○の国の例
　・花火の国　・大昔の国　・海底の国　・忍者の国　・おもちゃの国、など。
　・子供たちの発想で、何でも取り上げられる。

おりょうりの国 おいしいものいっぱい。スパゲッティもカレーライスも、何でもあるよ。ポップコーンもつくれるんだ。	**こおりの国** ペンギンや、白熊がいるよ。氷の山が海を流れていく。ここでは、かき氷がたくさんつくれるんだ。おいしいよ。
おばけの国 いろいろなお化けがいる。 お化け屋敷みたいなんだ。 どこに隠れているか分からないよ。 	**お花の国** 芽が出て、伸びて伸びて、花が咲いた！あさがお、ひまわり、チューリップ、みつばちもとんでくる。ありんこも！
うちゅうじんの国 宇宙人が踊っているんだ。隕石が飛んできたり、流れ星が光ったりする。 ウルトラマンもいるよ。	**おまつりの国** おみこしが、にぎやか。 綿菓子もあるし、金魚すくいも楽しいよ。

本時案

やりたいものを
決めてお話を
つくろう

本時の目標

やりたいものを決めて、それにふさわしい動きを工夫することができるようにする。

評価のポイント

3人で相談しながらやりたい題材を決め、考えを出し合ってふさわしい動きを工夫できていたか。

週案記入例
[目標] やりたいものを決めてお話をつくる。 **[活動]** 海やジャングル、町、そして不思議な国から、やりたいものを決めて動きを工夫する。 **[評価]** 3人で相談しながら決めることができたか。 **[指導上の留意点]** まず、自分の考えがもてるよう「あなたはどうしたい？」と個々に問いかける。

本時の展開

	時	子供の活動
はじめ	5分	**集合・あいさつ** ○本時の学習内容を確認する。
準備運動	5分	**「タオルたいそう」をする** ○両手でタオルを持って、体全体をストレッチする。
リズム遊び	15分	**アフリカの太鼓、サンバ、ロックなどをメドレーにして踊る** ◀1 ①これまでリズム遊びでやってきたものを思い起こして、続けて踊る。ほかの踊りを取り入れてもよい。 ②曲が変わったとき、手拍子をしてリズムを刻み、リズムが変化したことを感じ取る。 **口伴奏で「オリジナルダンス」を即興的に踊る** ◀2 ①身の回りの出来事を言葉にして、リズムを付けて踊る。
表現遊び	15分	**「くじらぐもにのって」のお話をつくる** ①これまでやってきたことを思い起こして、次々とやってみる。 ②2～3人組になって、やりたいことを3つ決める。 　・海やジャングルで見付けたもの　・町で見付けたもの 　・不思議な国で見付けたもの 　・はじめの形→見付けたもの→どうなった？（終わりの形） ③見付けたものを「○○が、○○しているところ」と分かるように工夫する。
整理運動	2分	**運動で使った部位をゆったりとほぐす** ○伸びたり縮んだりする動きを中心に、全身の筋肉をほぐす。
まとめ	3分	**今日の学習について振り返る** ①楽しかったところを発表する。 ②友達の動きで、真似してみたいと思ったことを発表する。

「リズム遊びメドレー」

　これまでやってきたことをつなげるだけでもよいが、曲想の違ったものを混ぜながら即興的に踊るのも楽しい。リズムがはっきりと心と体に刻まれる。

　低学年では「揃えて踊る」「正確に踊る」ということよりも、「楽しく踊る」「思い思いに踊る」ということを大切する。1曲が長くならないことが大切である。1曲20〜30秒にし、全部で2〜3分に収めるとよい。

〈メドレーの例〉

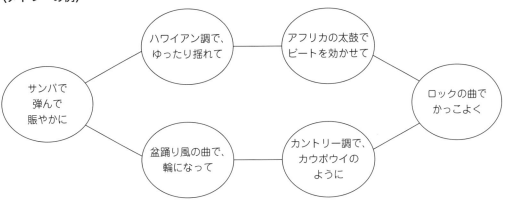

2 「オリジナルダンス」

　リズム遊びは、音楽がなくても、口伴奏でできる。身近な出来事を言葉にし、リズムを付けて口ずさみながら動きを付けると、「オリジナルダンス」ができ上がる。

〈例〉

ハワイの海で　フラダンス ハワイの海で　フラダンス		大波ザブーン！と　押し寄せた 大波ザブーン！と　押し寄せた	
波乗りスイスイ　スーイスイ 波乗りスイスイ　スーイスイ		クラゲがフワリ　フワフワリ クラゲがフワリ　フワフワリ	
クラゲに刺されて ビリビリビリビリ クラゲに刺されて ビリビリビリビリ		クジラのしおふき プシュー！ジャバーン！ クジラのしおふき プシュー！ジャバーン！	

本時案

ミニ発表会をしよう ⑤/⑤

本時の目標
　ミニ発表会を行い、一連のストーリーにまとめたものを見せ合いながら、互いのよい動きを見付け合うことができるようにする。

評価のポイント
　これまでの動きを生かして一連のストーリーにまとめ、よい動きを見付けながら発表することができたか。

週案記入例

[目標]
見せ合ってよいところを見付ける。

[活動]
これまでつくってきたことをつなげて、一連のストーリーにまとめる。

[評価]
これまで学んだことを生かして、動きを工夫していたか。

[指導上の留意点]
ミニ発表会をして、たくさん動きを見付けてきたことを称賛し、達成感をもたせる。

本時の展開

	時	子供の活動
はじめ	5分	**集合・あいさつ** ○本時の学習内容を確認する。
準備運動	5分	**「サイドステップダンス」をする** ○曲に乗ってサイドステップで8呼間進み、8呼間目に手拍子。 ○同様に反対方向へ。 ○次は4呼間。次は2呼間と歩数を減らして踊る。
リズム遊び	5分	**アフリカの太鼓、サンバ、ロックなどをメドレーにして踊る** ○これまでリズム遊びでやってきたものを思い起こして、続けて踊る。ほかの踊りを取り入れてもよい。 **口伴奏で「オリジナルダンス」を即興的に踊る** ○身の回りの出来事を言葉にして、リズムを付けて踊る。
表現遊び	25分	**「くじらぐもにのって」のお話をつくる** 〔1〕 ①前時に2〜3人組で決めたものを、練習する。 ②教師と一連のストーリーにしてまとめる。 ③続けて踊る。 ④見せ合って、よいところを見付ける。
整理運動	2分	**運動で使った部位をゆったりとほぐす** ○伸びたり縮んだりする動きを中心に、全身の筋肉をほぐす。
まとめ	3分	**今日の学習について振り返る** ○楽しかったところや、がんばったこと、できるようになったことなどを振り返って、認め合う。

1 「くじらぐもに乗って」：一連のストーリーにして発表しよう

「海」「ジャングル」「町」「不思議な国」の全てを組み入れたストーリーの例。

場面を2つや3つにしてもよい。運動会の作品にまとめるときは、リズム遊びも組み入れると楽しい作品になる（資料P.285参照）。

場面	主なナレーション	主な子供たちの動き
校庭	あ、くじらぐもだ！ くじらぐもに乗ろう。 天まで届け、1、2、3！失敗、失敗、さあ、もう一度。 天まで届け、1、2、3！	体育の時間に、校庭で空を見上げ、くじらぐもを見付けた子供たち。 輪になって、跳び上がるが、失敗して尻もちをついてしまう。 でも、あきらめずにもう一度挑戦。
くじらぐも	そのときです。 急に強い風が吹いてきたのです。	風に乗って〜、風に吹かれて〜。
	わあい、乗れた、乗れた、くじらぐも。 みんなを乗せて、さあ、出発！ 揺れる、揺れる、楽しいなあ。	くじらぐもの上で喜ぶ子供たち。 左右に揺れたり、ジャンプしたり。 下をのぞいたり。
海	わあ、きれいな海が見えてきたよ。 飛び込もう！ 海で見付けたものになあれ！	海で見付けたものになりきる。 （2〜3人組でつくったもの）
くじらぐも	わあ、サメだ！くじらぐもまで、逃げろ、逃げろ〜。あ〜、よかった。	子供たち、あわてて、くじらぐもまで逃げる。
	次の冒険に出発！	くじらぐもに乗って…。
ジャングル	あ、ジャングルが見えてきたよ。 ジャングル探検をしよう。 ジャングルで見付けたものになあれ。	ジャングルで見付けたものになりきる。 （2〜3人組でつくったもの）
くじらぐも	みんな、くじらぐもに戻ってきて〜。 次の冒険が待ってるよ。	くじらぐもに乗って…。
町	町だ！町が見えたよ。ぼくたちの町かな？ 町で見付けたものになあれ。	町で見付けたものになりきる。 （2〜3人組でつくったもの）
くじらぐも	楽しいね。もっともっと冒険だ！	くじらぐもに乗って…。
不思議な国	あれ？何だろう。不思議な国が見えてきたよ。行ってみよう。 不思議な国で見付けたものになあれ。	不思議な国で見付けたものになりきる。 （2〜3人組でつくったもの）
くじらぐも	おなかがすいたね。わあ、もう給食の時間だ。学校に帰ろう。	くじらぐもに乗って…。
校庭	くじらぐもさん、すてきな冒険に連れて行ってくれてありがとう！ また、会おうね。きっとだよ。	くじらぐもとお別れ。 空に向かって大きく手を振る。
	さようなら、さようなら。くじらぐもさん、さようなら〜！	

「表現遊び」学習カード＆資料

使用時 **第1〜5時**

学習カードは第1時〜第5時まで、単元を通して活用する。毎時間の振り返りをし、どのようなものを見付けたかを記録していくものである。単元を通して、めあてを3つ、クローズアップしている。

収録資料活用のポイント

①使い方

単元のはじめに配布し、どんなことを学ぶのかを知らせ、この単元で頑張りたいことを記入させる。例えば、「たくさんうごきをみつけたい」「たのしいおはなしをつくるぞ！」「くじけないでがんばる」などが予想できる。そして、毎時間の振り返りのとき、3つの目標について、それぞれ、大変よくできたら、◎を3つなぞり、よくできたときは、◎を2つなぞり、もう少しのときは◎を1つなぞる。「がんばりたいこと」の欄は、学習の最後に教師が、合格シールを貼って励ます。

②留意点

カードの記入に時間が割かれ、運動時間が確保できないということを避けるようにする。カードの記入時には教師が記述欄を読み上げて、一定の時間で記入していくようにするとよい。また、教室で書き込むことも可能としたい。

💿 学習カード 1-19-1 （1〜5時）

がくしゅうカード　くじらぐもにのって

1ねん　　くみ　　なまえ（　　　　　　　　　　　　）

がんばりたいこと					ごうかくシール
	月　日	月　日	月　日	月　日	月　日
じぶんのかんがえが、だせましたか	◎	◎	◎	◎	◎
ともだちとなかよくつくれましたか	◎	◎	◎	◎	◎
ちからいっぱいうごきましたか	◎	◎	◎	◎	◎
きょう見つけた中で一ばんきにいっているものをかきましょう。					
せんせいより					

運動会の作品例

「くじらぐもにのって」を、運動会の作品にまとめるための資料。

入場	教師「『くじらぐもにのって』を始めましょう。」 子供「わあーい！」（走って位置につく）	（図）2組／1組／3組 くじらぐもに見立てたものを置いておく
プロローグ	教師と子供　体操をしていて、くじらぐもに気付く。 教師「あ！くじらぐもだ。くじらぐもに乗ろう」 子供「天まで届け、1、2、3！」 ＊1度目は失敗。尻もちをつく。2回目で 教師「わあ、風が吹いてきたあ。飛ばされるう～」 ＊風に飛ばされるようにして、くじらぐもの中へ。	
くじらぐもにのって	＊空を飛んでいる様子をあらわす。	1組…くじらぐもを持つ。 2組、3組…中で自由に動く。
表現遊び ★海	教師「あ！きれいな海が見えてきた。飛び込もう！ 　　　海で見付けたものになあれ！」 子供（くじらぐもの外に出て、2～3人組で海のもの 　　　を模倣する） ＊不気味な音が流れる 教師「大変、サメがあらわれた～、にげろ～！」	・カニ　・タコ　・魚　・クラゲ ・イソギンチャク　・トビウオ ・ワカメ　・イルカ　・ウミヘビ ・ヨット　・波　・サーフィン ・海底火山…など
くじらぐもにのって	子供「ああ、びっくりした。もっと遠くへ行こう！」 ＊空を飛んでいる様子を表す。	2組…くじらぐもを持つ。 1組、3組…中で自由に動く。
表現遊び ★ジャングル	教師「あ！ジャングルだ。いろいろな動物がいるよ。 　　　ジャングルで見付けたものになあれ」 子供（くじらぐもの外に出て、2～3人組でジャングルで 　　　見付けたものを模倣する） 教師「記念写真を撮りましょう。はい、ポーズ！」	・ライオン　・チーター　・ゾウ ・コブラ　・カバ　・シマウマ ・ワニ　・トカゲ　・オオカミ ・ターザン　・人食い植物 ・洞窟　・底なし沼…など
リズム遊び ★アフリカの 　太鼓の曲	教師「あれ？アフリカの太鼓が聞こえてきたよ。 　　　楽しそう！みんなで踊ろう！」 子供（アフリカの太鼓の音楽に合わせて踊る）	学級ごとの円になって踊る。
くじらぐもにのって 退場	教師「大変、給食の時間だ。急いで帰ろう」 ＊空を飛んでいるようにしながら、手を振って退場する。	3組…くじらぐもを持つ。 1組、2組…中で自由に動く。

★のところは自由にアレンジできる。
　表現遊びでは、「町が見えたよ」「不思議な国に着いた」などにしてもよい。リズム遊びも、サンバやロック、流行の音楽など、子供たちの実態に応じて決めるとよい。

くじらぐもに見立てたものの例
・白いゴムひもを輪にする。長さは人数に応じて。
　ゴムに白いスズランテープを付ける。

20 ボールゲーム

6時間 ［足を使ったゴール型ゲーム］

【単元計画】

1時	2時
[第一段階] たまご割りサッカーの行い方を知り、チームの仲間とゲームを楽しむ	
たまご割りサッカーの行い方を知り、チームの仲間やゲームに慣れる。	チームの仲間と協力して、たまご割りサッカーを楽しむ。
1　たまご割りサッカーをやってみよう POINT：たまご割りサッカーの行い方を知り、チームの仲間とはじめのゲームをする。 **[主な学習活動]** ○集合・あいさつ ○ゲームにつながる運動をする。 ○たまご割りサッカーをする。 　①たまご割りサッカーの行い方を知り、ゲームをする。 　②勝敗の確認をし、用具を片付ける。 ○運動で使ったところをゆったりとほぐす。 ○まとめ 　①クラス全体で本時の学習について振り返る。 　②次時の学習予定を知る。	**2　たまご割りサッカーを楽しもう** POINT：チームで取り組むたまご割りサッカーの行い方を知り、チームの仲間やゲームに慣れる。 **[主な学習活動]** ○集合・あいさつ ○ゲームにつながる運動をする。 ○たまご割りサッカーをする。 　①対戦相手、コート、規則の確認をし、ゲームをする。 　②勝敗を確認し、用具を片付ける。 ○運動で使ったところをゆったりとほぐす。 ○まとめ 　①クラス全体で本時の学習について振り返る。 　②次時の学習予定を知る。

授業改善のポイント

主体的・対話的で深い学びの実践に向けて

　ボール蹴りゲームでは、はじめに楽しさを味わえる簡単な規則にし、一人一人が今もっている力でゲームを行うようにする。簡単な規則のゲームをする中で、子供が考えたり、気付いたりできるようにする。

　また、よりゲームを楽しむためにボールを蹴ることや止めることについては、ゲームにつながる運動で取り上げ、一人一人の力（技能等）を伸ばせるようにする。身に付けた力がゲームの中で生かせるように教師が助言や称賛をする。

　ゲームをやってみて困ったことや、もっと楽しいゲームにするための規則の工夫については、授業のまとめに、教師と子供たちで話合いをする。さらに工夫したゲームでは、作戦をチームの仲間に伝え合って、ゲームを行う。

　ゲーム後には、必ずチームで振り返りの時間をとることも必要である。そして、チームの作戦の振り返りや一人一人の学習の振り返りに学習カードを活用する。子供は、対話的な学習を通して、さらに主体的に学習に取り組むようになる。

単元の目標

○**知識及び技能**

・ボールゲームの行い方を知り、ボールを蹴ったり、止めたり、ボール操作できる位置に動いたりして易しいゲ　ムをすることができる。

○**思考力、判断力、表現力等**

・簡単な規則を工夫したり、攻め方を選んだりするとともに考えたことを友達に伝えることができる。

○**学びに向かう力、人間性等**

・規則を守り仲よく進んで運動したり、勝敗を受け入れたり、場や用具の安全に気を付けたりすることができる。

3・4 時	5・6 時
[第二段階] **たまご割りサッカーの行い方や作戦を工夫し、チームで協力してゲームを楽しむ**	
コートや規則、行い方を工夫したたまご割りサッカーを力を合わせてゲーム楽しむ。	工夫したたまご割りサッカーを、作戦を工夫してよりゲームを楽しむ。
3・4　工夫したたまご割りサッカーを楽しもう①② POINT：コート、規則、行い方を工夫し、チームの仲間と協力してゲームをする。	**5・6　作戦を工夫してたまご割りサッカーを楽しもう①②** POINT：より多く得点することができるように、チームで作戦を工夫してゲームをより楽しむ。
[主な学習活動] ○集合・あいさつ ○ゲームにつながる運動をする。 ○工夫したたまご割りサッカーをする。 　①第3時は総当たり戦、第4時は対抗戦でゲームをする。 　②勝敗を確認し、用具を片付ける。 ○運動で使ったところをゆったりとほぐす。 ○まとめ 　①クラス全体で本時の学習について振り返る。 　②次時の学習予定を知る。	**[主な学習活動]** ○集合・あいさつ ○ゲームにつながる運動をする。 ○工夫したたまご割りサッカーをする。 　①対戦相手を決めて対抗戦でゲームをする。 　②勝敗を確認し、用具の片付けをする。 ○運動で使ったところをゆったりとほぐす。 ○まとめ 　①クラス全体で本時の学習について振り返る。 　②次時の学習予定を知る。

子供への配慮の例

①運動が苦手な子供

　ボールを蹴ったり止めたりすることが苦手な子供には、柔らかいボールを用いたり、空気を少し抜いたボールを用いたりする。

　攻め（シュート）が苦手な子供には、ゴールや的を近くにして練習をする。また、足のどこで蹴ったらよいかなど、具体的に助言する。守り（シュートボールを止める）が苦手な子供やボールの勢いに怖さを感じる子供には、柔らかいボールや軽いボールを用いたり、1対1でゴールを守る練習をしたりする。

②意欲的でない子供

　ボールに対する恐怖心などでボール蹴りゲームに意欲的に取り組めない子供には、柔らかいボールや速さの出にくい軽いボールを用意したりする。

　ゲームの仕方や規則が分からなくてボール蹴りゲームに意欲的に取り組めない子供には、場やゲームの仕方、動きをゆっくりと示したり、一緒にそのチームに入ってゲームをしたりする。

　ゲームに勝てず、意欲的に取り組めない子供には、勝敗を受け入れることの大切さを話す。

本時案

たまご割り
サッカーを
やってみよう

本時の目標

たまご割りサッカーの行い方を知り、楽しく
ゲームをすることができるようにする。

評価のポイント

たまご割りサッカーの行い方を知り、チーム
の仲間と力を合わせて、みんなで楽しくゲーム
をすることができたか。

本時の展開

	時	子供の活動
はじめ	3分	**集合・あいさつ** ○チームごとに整列する。 **1** ○本時の学習内容を知る。
準備運動	5分	**ゲームにつながる運動をする** **2** ○足首、手首、膝などを動かす。 ○ボールを蹴ったり、止めたりする運動をする。
ボール蹴りゲーム	30分	**たまご割りサッカーをする** ①たまご割りサッカーの行い方を知る。 **3** 　○コートや得点の仕方を知る。 　○自分のチームや相手のチームを確認する。 ②ゲームの準備をする。 　○コートをつくる。 　○ボール、コーン、紅白玉を準備する。 ③ゲームをする。 　○１ゲーム３分で行う。 　○シュートラインからボールを蹴って、たまごを割る。 　○ボールがたまごを通過すると、１点とする。 ④ゲームの勝敗を確認し、用具を片付ける。 　○整列、勝敗の確認、あいさつをする。 　○チームで勝敗を確認し、ゲームを振り返って学習カードに記入する。
整理運動	2分	**手、足など運動で使ったところをゆったりとほぐす**
まとめ	5分	**クラス全体で本時の学習について振り返る** ①勝敗を確認し、勝敗表に記入する。 ②チームごとに、今日の振り返りをする。 ③次時の学習予定を知る。

1 チーム編成の仕方

○**均等なチーム編成を意識する**
- ・A案：「意欲」「リーダー性」「協調性」「技能」の４観点から、４～６人で１つのチームという編成を教師が行い、あらかじめ知らせておく。
- ・B案：生活班、くじ引き、誕生月などをもとに、４～６人で１つのチームという編成を教師が行う（編成の仕直しも考慮する）。

○**チームの意識を高める工夫**
- ・チームの名前を自分たちで決める。
- ・チームごとにゼッケンを付ける。

チームの名前は、○○でどう、いいかな。

2 ゲームにつながる運動

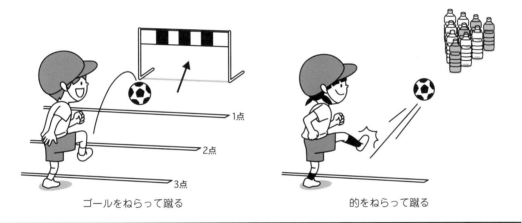

1点
2点
3点

ゴールをねらって蹴る

的をねらって蹴る

3 たまご割りサッカーの行い方

※はじめのゲームのコート図や規則などは、大きめの掲示物を用意する。

○**はじめのゲーム**

- ●１チーム４～６人で行う。
- ●１ゲーム３分で行う。
- ●シュートラインからボールを蹴って、中央のラインを通過したら１点とする。
- ●守りの人は、手や足を使ってボールを止める。
- ●守りの人は、たまごの中に入り、シュートをする人を見る。
- ●攻めの人は１人１個のボールで行う。
- ●３分で攻守交代し、得点の多いチームが勝ちとなる。
- ●ボールをシュートラインに２人そろって並べてから蹴る（必ず片側のみから蹴る）。

コート絵図

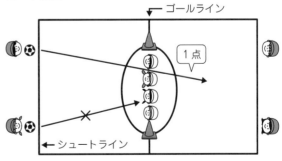

← ゴールライン

1点

← シュートライン

※ボールは、ポリウレタンやスポンジなどの軽いものを使うとみんなが楽しめる。

※得点は、紅白球などを使って数える。

本時案

たまご割り
サッカーを
楽しもう

本時の目標

　チームの仲間と協力して、楽しくゲームをすることができるようにする。

評価のポイント

　たまご割りサッカーの行い方を知り、チームの仲間と力を合わせて、みんなで楽しくゲームをすることができたか。

週案記入例

[目標]
たまご割りサッカーの行い方を知り、ゲームを楽しむ。

[活動]
たまごをねらってボールを蹴り、勝敗を競い合う。

[評価]
みんなと仲よくゲームを楽しむことができたか。

[指導上の留意点]
ゲームの仕方が分かりやすいように、コートや規則を絵図や表示をつくって示す。

本時の展開

	時	子供の活動
はじめ	3分	**集合・あいさつ** ○チームごとに整列する。 ○本時の対戦相手とコートを確認する。
準備運動	5分	**ゲームにつながる運動をする** ○足首、手首、膝などを動かす。 ○ドリブルや対面パスをする。　**1** ○的やゴールをねらってボールを蹴る。
ボール蹴り ゲーム	30分	**たまご割りサッカーをする** ①対戦相手チームとコート、規則を確認する。 　○対戦表を見て確認する。 ②ゲームの準備をする。 　○コートをつくる。　**2** 　○ボール、コーン、紅白玉を準備する。 ③ゲームをする。 　○1ゲーム3分で行う。　**3** 　○総当たり戦で、ゲームをする。　**4** ④ゲームの勝敗を確認し、用具を片付ける。 　○整列、勝敗の確認、あいさつをする。用具の片付けをする。 　○チームで勝敗を確認し、ゲームを振り返って学習カードに記入する。
整理運動	2分	**手、足など運動で使ったところをゆったりとほぐす**
まとめ	5分	**クラス全体で本時の学習について振り返る** ○勝敗を確認し、勝敗表に記入する。 ○チームごとに今日の振り返りをする。　**5** ○「困ったこと」をもとに、話し合って規則を工夫する。 ○次時の学習予を知る。

1 ゲームにつながる運動例

一人一人の子供の技能やボール操作の向上につながるようにする。

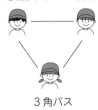

３角パス

４角パス

軸足はボールの横におく

2 コートのつくり方

○**教師の支援**

・30〜40m のなわをつないでおき、たまごの形をつくる。

・教師が一度つくって見せる。

・距離を子供の歩幅で覚えさせる。

> 僕の歩幅で
> ○○歩だ

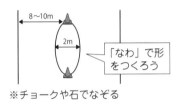

> 「なわ」で形
> をつくろう

※チョークや石でなぞる

3 ゲームの審判

・ゲームの審判は、子供たちによる相互審判とする。

・自分たちで決めた規則なので、自分たちで規則を守るようにする。

・分からないときやもめたときには、ジャンケンで決めるようにする。

> 今のは、ライン
> を越えたから点
> が入ったよ。

> いや、入って
> いないよ。

> ジャンケンで
> 決めようよ。

4 総当たり戦

・単元の前半では、総当たり戦で、ゲームの行い方や自分のチームの仲間に慣れるようにする。

・自分のチームの特徴や相手のチームの特徴に気付くようにする。

> ○○君の蹴り方だと
> たくさん点が入った
> ね。

5 チームでの振り返り

・ゲームを振り返って、今日のゲームでよかったところを話し合う。

本時案

工夫したたまご
割りサッカー
を楽しもう①

本時の目標

　チームの仲間と協力して、楽しくゲームをすることができるようにする。

評価のポイント

　たまご割りサッカーの行い方を工夫し、チームの仲間と力を合わせて、みんなで楽しくゲームをすることができたか。

本時の展開

	時	子供の活動
はじめ	3分	**集合・あいさつ** ○チームごとに整列する。 ○本時の対戦相手とコート、規則を確認する。　**1**
準備運動	5分	**ゲームにつながる運動をする** ○的やゴールをねらってボールを蹴る。 ○ドリブルや足タッチをする。 ○ボールを蹴ったり、止めたりする運動をする。
ボール蹴りゲーム	30分	**たまご割りサッカーをする** ①対戦相手チームとコート、規則を確認する。 　○対戦表を見て、相手チームとコート、規則を確認する。 ②ゲームの準備をする。 　○コートをつくる。 　○ボール、コーン、紅白玉を準備する。 ③ゲームをする。 　○1ゲーム3分で行う。　**2** 　○総当たり戦で、ゲームをする。　**3** ④ゲームの勝敗を確認し、用具を片付ける。 　○整列、勝敗を確認、あいさつをする。用具を片付ける。 　○勝敗を確認し、ゲームを振り返って学習カードに記入する。
整理運動	2分	**手、足など運動で使ったところをゆったりとほぐす**
まとめ	5分	**クラス全体で本時の学習について振り返る** ①勝敗を確認し、勝敗表に記入する。 ②チームごとに、今日の振り返りをする。 ③楽しいゲームとなるように「困ったこと」を話し合い、規則を工夫する。　**4** ④次時の学習予定を知る。

1 前時に決めた規則の例

○コーンより高いボールは、得点としない。
○ボールは、シュートラインより外側から蹴る。
○たまごの大きさを変える（大きくする、または、小さくする）。
○シュートラインを遠くする。

2 工夫したゲーム

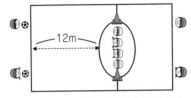

シュートラインからの距離を長くする。

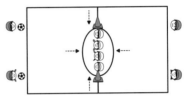

たまごの大きさを小さくする。

3 ゲーム中の子供の観察

○「ゲームに頑張って取り組んでいる子供」「失敗した友達を励ましている子供」
　「作戦を考えている子供」「ねらったところにボールを強く蹴り、得点をしている
　子供」「公正にふるまっている子供」などを観察し、メモを取る。
○メモを教師の称賛の資料とし、「まとめ」の時間に称賛する。
○毎時間の資料をまとめ、単元のまとまりでの評価に活用する。

4 規則の変更をする例

①困ったこと

こういう場合はどうしよう？

ボールがコーンに当たった

後ろの線にふれたら得点にしよう

攻撃の向き

後ろの線上でボールを止めた

②規則の変更　・コーンに当たったら、得点としない。
　　　　　　　・後ろの線にボールが触れたら得点とする。

※クラスのみんなが得点する喜びを味わうことができるように、規則を工夫する。

本時案

工夫したたまご 割りサッカーを 楽しもう②

本時の目標

　チームの作戦を工夫して、楽しくゲームをすることができるようにする。

評価のポイント

　たまご割りサッカーでより多く得点ができるように、チームの作戦を工夫してみんなで楽しくゲームをすることができたか。

週案記入例

[目標]
チームの作戦を工夫して、ゲームを楽しむ。

[活動]
作戦を意識して、ゲームをする。

[評価]
作戦を意識して、ゲームを楽しむことができたか。

[指導上の留意点]
自分や友達のよさに気付くようにする。

本時の展開

	時	子供の活動
はじめ	3分	**集合・あいさつ** ○チームごとに整列する。 ○本時の対戦相手とコート、規則を確認する。
準備運動	5分	**ゲームにつながる運動をする** ○的やゴールをねらってボールを蹴る。　**1** ○ドリブルや足タッチをする。 ○ボールを蹴ったり、止めたりする運動をする。
ボール蹴り ゲーム	30分	**たまご割りサッカーをする** ①対戦相手チームとコート、規則を確認する。 　○対戦表を見て、相手チームとコート、規則を確認する。 ②ゲームの準備をする。 　○コートをつくる。 　○ボール、コーン、紅白玉を準備する。 ③ゲームをする。 　○同じチームと最低2回のゲームをする（対抗戦）。　**2** 　○「ゲーム―振り返り―ゲーム」で行う（3分×2）。　**3** 　○対戦チームを変えてゲームをする。 ④ゲームの勝敗を確認し、用具を片付ける。 　○整列、勝敗の確認、あいさつをする。 　○勝敗を確認し、ゲームを振り返って学習カードに記入する。
整理運動	2分	**手、足など運動で使ったところをゆったりとほぐす**
まとめ	5分	**クラス全体で本時の学習について振り返る** ①勝敗を確認し、勝敗表に記入する。 ②チームごとに、今日の振り返りをする。 ③よかったことや困ったことについて、話し合う。 ④次時の学習予定を知る。

1 的をねらってボールを蹴る運動の例（場の工夫）

サッカーゴールで

うんていで

コーンやゴールをねらって、シュートをする

2 対抗戦で同じチームと2回のゲームをする

○「ゲーム―振り返り―ゲーム」の流れで、同じチームと最低2回はゲームをし、より作戦を意識したゲームとなるようにする。
○「振り返り」では、ゲームを振り返り、作戦の修正をする。
○友達のよい動きに気付くようにする。

※教師は、ゲーム中のよい動きや作戦を意識した動きを認めて称賛する。自分や友達のよいところに気付くように助言する。

3 得点表示の工夫の例：学校や子供の実態に合わせる

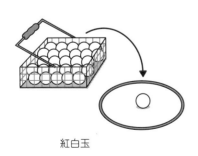

紅白玉

得点板

小さい輪

本時案

作戦を工夫して たまご割りサッカー を楽しもう①

本時の目標

　チームの作戦を工夫して、楽しくゲームをすることができるようにする。

評価のポイント

　たまご割りサッカーでより多く得点ができるように、チームの作戦を工夫してみんなで楽しくゲームをすることができたか。

週案記入例
[目標] チームの作戦を工夫して、ゲームを楽しむ。 **[活動]** 作戦を意識して、ゲームをする。 **[評価]** 作戦を意識して、ゲームを楽しむことができたか。 **[指導上の留意点]** 作戦を意識してゲームをするように助言する。

本時の展開

	時	子供の活動
はじめ	3分	**集合・あいさつ** 　○チームごとに整列する。 　○本時の対戦相手とコート、規則を確認する。　**1**
準備運動	5分	**ゲームにつながる運動をする** 　○ドリブルや足タッチをする。 　○的をねらってボールを蹴る、ボールを止める運動をする。
ボール蹴りゲーム	30分	**たまご割りサッカーをする** 　①対戦相手チームとコート、規則を確認する。 　　○対戦表を見て、相手チームとコート、規則を確認する。 　②ゲームの準備をする。 　　○コートをつくる。 　　○ボール、コーン、紅白玉を準備する。 　③ゲームをする。 　　○同じチームと最低2回のゲームをする（対抗戦）。 　　○「ゲーム―振り返り―ゲーム」で行う（3分×2）。 　　○作戦を工夫してゲームをする。　**2** 　④ゲームの勝敗を確認し、用具を片付ける。 　　○整列、勝敗の確認、あいさつをする。 　　○勝敗を確認し、ゲームを振り返って学習カードに記入する。
整理運動	2分	**手、足など運動で使ったところをゆったりとほぐす**
まとめ	5分	**クラス全体で本時の学習について振り返る** 　①勝敗を確認し、勝敗表に記入する。 　②チームごとに、今日の振り返りをする。 　③よかったことや困ったことについて、話し合う。 　④次時の学習予定を知る。

1 対戦相手チームを選ぶ（チームごとの話合い）

総当たり戦で勝っている○○チームとやりたいな

○○チームには前回負けた。次は勝ちたいから○○チームともう一度やろう

○○チームと引き分けたから、勝負をつけたいので○○チームとやろう

2 作戦の工夫例（学習カードを使ってチームで話し合う）

○赤チームの例

○青チームの例

○緑チームの例

守りのいないところをねらって蹴ろう

ボールを拾ったらシュートラインからすぐ蹴ろう

2人で時間差をおいて蹴ろう

広がって攻めることができればたくさん得点が入りそうだね

次のゲームでは、フェイントをかけて蹴るようにしよう

できるだけ得点を多くとることができるように、拾ったらシュートラインからすぐ蹴ろう

シュートを防ぐために転がってくるボールのコースに素早く入るように声をかけ合おう

本時案

作戦を工夫して
たまご割りサッカー
を楽しもう②

本時の目標

チームの作戦を工夫して、より楽しくゲームをすることができるようにする。

評価のポイント

たまご割りサッカーでより多く得点ができるように、チームの作戦を工夫してみんなで楽しくゲームをすることができたか。

週案記入例

【目標】
チームの作戦を工夫して、ゲームを楽しむ。

【活動】
作戦を意識して、ゲームをする。

【評価】
作戦を意識して、ゲームを楽しむことができたか。

【指導上の留意点】
勝てないチームに対して一緒に作戦を考えたり、助言したりする。

本時の展開

	時	子供の活動
はじめ	3分	**集合・あいさつ** ○チームごとに整列する。 ○本時の対戦相手とコート、規則を確認する。 **1**
準備運動	5分	**ゲームにつながる運動をする** ○ドリブルや足タッチをする。 ○的をねらってボールを蹴る。ボールを止める運動をする。
ボール蹴りゲーム	30分	**たまご割りサッカーをする** ①対戦相手チームとコート、規則を確認する。 　○対戦表を見て、相手チームとコート、規則を確認する。 ②ゲームの準備をする。 　○コートをつくる。 　○ボール、コーン、紅白玉を準備する。 ③ゲームをする。 **2** 　○同じチームと最低2回のゲームをする（対抗戦）。 　○「ゲーム―振り返り―ゲーム」で行う（3分×2）。 **3** 　○作戦を工夫してゲームをする。 ④ゲームの勝敗を確認し、用具を片付ける。 　○整列、勝敗の確認、あいさつをする。 　○チームで勝敗を確認し、ゲームを振り返って学習カードに記入する。
整理運動	2分	**手、足など運動で使ったところをゆったりとほぐす**
まとめ	5分	**(1)クラス全体で本時の学習について振り返る** 　①勝敗を確認し、勝敗表に記入する。 　②チームごとに、今日の振り返りをする。 **(2)単元を通してよかったこと、楽しかったことなどを話し合う。** **4**

1 前時に決めた規則

○持ったボールは、できるだけ早く相手チームに渡す。
○規則や約束、マナーを守って、正々堂々と勝敗を競い合う。

2 ゲーム中の子供の観察の視点

Bさんは、ボールの転がってくるコースに素早く動いて守っているかな

A君は、相手の守りの位置をよく見てボールを蹴ることができているかな

C君は、「広がって攻めよう」という作戦を意識してゲームをしているかな

3 振り返りでの教師の関わり

1人だけが活躍するのではなく、みんなのよいところが生かされると、もっとチームが強くなるよ

作戦を工夫していくと、もっとゲームが楽しくなるよ

みんなで声をかけ合うと、もっとチームが強くなるよ

4 単元を通してよかったことや楽しかったことの例

安全にも気を付けたね

負けても文句を言わないで次のゲームで、頑張ろうとすることができるようになった

チームで教え合ってボールを強く蹴ることができるようになった

規則や作戦を工夫することができた

きまりや順番を守って、みんなと仲よく協力できた

「ボールゲーム」学習カード＆資料

使用時 **第1～6時**

本カードは第1時から第6時まで、単元全体を通して一人一人が使用する学習カードと、第3時～第6時で、チームで使用する学習カードの2種類を用意して、意欲的に学習に取り組ませる。チームで使用する学習カードは、チームで力を合わせ、作戦を立て、振り返りができるようにした。資料は、ボール蹴りゲームに必要な動きやボールの蹴り方や止め方の参考として活用できるようにした。

収録資料活用のポイント

①使い方

　まず、授業のはじめに個人カードを一人一人の子供に板目紙とセットで配布する。このカードは、体育ノートも兼ねているので、一人一人の子供の学習への取組を記入する。チームの学習カードは、チームの作戦会議や振り返りなどの話合いで使うように指示をする。

②留意点

　個人カードは、一人一人の子供の変容を見たり、評価に生かしたりすることができる。また、個々の子供への教師のアドバイス等を板目紙の後ろに記入したり、貼ったりするよう配慮する。作戦カードがあることで、より子供たちがゲームを楽しめる。また、教師は、チームの作戦を把握し、助言等に生かす。特に負けているチームには、作戦等に積極的に教師が関わる。

💿 学習カード 1-20-1 （1～6時）

「たまごわりサッカー」がくしゅうカード

1ねん　　くみ　なまえ（　　　　　　　　　）

	ひにち	ふりかえり	ひょうか	がんばったことおもったことなど
1		できた たのしい なかよし		
2		できた たのしい なかよし		
3		できた たのしい なかよし		
4		できた たのしい なかよし		
5		できた たのしい なかよし		
6		できた たのしい なかよし		

● ひょうか：◎、○、△　をつける。
● がんばったこと、おもったこと、せんせいにしらせたいことなどをかく。

💿 学習カード 1-20-2 （3～6時）

「たまごわりサッカー」チームカード

1ねん　　くみ　なまえ（　　　　　　　　　）

チームのなまえ　[　　　　　　　　　　　]

あいてのチーム　[　　　　　　　　　　　]

きょうのさくせん	
（ことばや えで かきましょう）	

きょうのけっか		しょうはい
だい1ゲーム	たい	かち　まけ　ひきわけ
だい2ゲーム	たい	かち　まけ　ひきわけ

きょうのはんせい		できた ○　もうすこし △
はなしあったこと	さくせんは、うまくいきましたか。	
	ちからをあわせて、できましたか。	
	きまりを、まもれましたか。	

きょうのがんばりマン　[　　　　　　　　　　]

🔘 資料 1-20-1

シュート！ストップ！　うんどうのポイント

○シュートボールのけりかたポイント

あしくびをまげない。

じくあしは
ボールの
よこにおく。

あしのこうをのばしてけろう

じくになるあしをしっかりと
ふみこもう

まとをねらってけろう

コーンやゴールをねらって、シュートをする。

○あしやてをつかってボールをとめるポイント

あしタッチ

ドリブル

ドリブルやあしタッチをしよう

ボールをあしでとめてから、
あいてにパスをしよう

たがいにむかいあってシュー
トしたボールをてでとめよう

編著者・執筆者一覧

[編著者]

藤﨑　敬（ふじさき・けい）　　　　　元・東京都小学校体育研究会会長
　　　　　　　　　　　　　　　　　　NPO法人　健康・体育活性化センター理事長

石原　詩子（いしはら・しこ）　　　　元・新宿区立花園小学校長

[執筆者] ＊執筆順。所属は令和2年3月1日現在

			［執筆箇所］
藤﨑　敬	（前出）		はじめに、第1学年年間指導計画
石原　詩子	（前出）		第1学年における指導のポイント、単元2
原田　泰彦	足立区立鹿浜第一小学校教諭		単元1
石川　誠	日野市立南平小学校長		単元3、単元10
長津　芳	元・国分寺市立第七小学校長		単元4、単元9、単元13、単元19
永山　恵子	北区立王子第五小学校副校長		単元5、単元8
森　夏代	西東京市立芝久保小学校主任教諭		単元6
牧田　健一	新宿区立津久戸小学校長		単元7
田村　謙次	小金井市立本町小学校主任教諭		単元11
五十嵐　直人	文京区立汐見小学校主任教諭		単元12
藤咲　秀修	江東区立有明西学園副校長		単元14
村尾　知昭	元・目黒区立鷹番小学校長		単元15
井口　幸恵	八王子市立第十小学校主幹教諭		単元16
鈴木　厚史	足立区立足立小学校主任教諭		単元17
金井　麻衣子	文京区立小日向台町小学校主任教諭		単元18
山田　順子	府中市立府中第二小学校長		単元20

『イラストで見る全単元・全時間の授業のすべて　体育　小学校1年』付録DVDについて

・各フォルダーには、以下のファイルが収録されています。
　① 板書の書き方の基礎が分かる動画（出演：成家雅史先生）
　② 授業で使える短冊類（PDFファイル）
　③ 児童用の学習カード・資料
　④ 付録イラストデータ（Pngファイル）
・DVDに収録されているファイルは、本文中ではDVDのアイコンで示しています。
・これらのファイルは、必ず授業で使わなければならないものではありません。あくまで見本として、授業づくりの一助としてご使用ください。また、付録イラストデータは本書と対応はしていませんので、あらかじめご了承ください。

【使用上の注意点】
・このDVDはパソコン専用です。破損のおそれがあるため、DVDプレイヤーでは使用しないでください。
・ディスクを持つときは、再生盤面に触れないようにし、傷や汚れ等を付けないようにしてください。
・使用後は、直射日光が当たる場所等、高温・多湿になる場所を避けて保管してください。
・PDFファイルを開くためには、Adobe AcrobatもしくはAdobe Readerがパソコンにインストールされている必要があります。
・PDFファイルを拡大して使用すると、文字やイラスト等が不鮮明になったり、線にゆがみやギザギザが出たりする場合があります。あらかじめご了承ください。

【動作環境　Windows】
・〔CPU〕Intel® Celeron® プロセッサ360J1. 40GHz以上推奨
・〔空メモリ〕256MB以上（512MB以上推奨）
・〔ディスプレイ〕解像度640×480、256色以上の表示が可能なこと
・〔OS〕Microsoft Windows10以降
・〔ドライブ〕DVDドライブ

【動作環境　Macintosh】
・〔CPU〕Power PC G4 1.33GHz以上推奨
・〔空メモリ〕256MB以上（512MB以上推奨）
・〔ディスプレイ〕解像度640×480、256色以上の表示が可能なこと
・〔OS〕Mac OS 10.12（Sierra）以降
・〔ドライブ〕DVDコンボ

【著作権について】
・DVDに収録されているファイルは、著作権法によって守られています。
・著作権法での例外規定を除き、無断で複製することは法律で禁じられています。
・DVDに収録されているファイルは、営利目的であるか否かにかかわらず、第三者への譲渡、貸与、販売、頒布、インターネット上での公開等を禁じます。
・ただし、購入者が学校での授業において、必要枚数を子供に配付する場合は、この限りではありません。ご使用の際、クレジットの表示や個別の使用許諾申請、使用料のお支払い等の必要はありません。

【免責事項】
・このDVDの使用によって生じた損害、障害、被害、その他いかなる事態についても弊社は一切の責任を負いかねます。

【お問い合わせについて】
・このDVDに関するお問い合わせは、次のメールアドレスでのみ受け付けます。　tyk@toyokan.co.jp
・このDVDの破損や紛失に関わるサポートは行っておりません。
・パソコンやアプリケーションソフトの操作方法については、各製造元にお問い合わせください。

イラストで見る　全単元・全時間の授業のすべて

体育 小学校1年

～令和2年度全面実施学習指導要領対応～

2020(令和2)年3月1日　初版第1刷発行
2024(令和6)年4月1日　初版第4刷発行

編　著　者：藤﨑　敬・石原　詩子
発　行　者：錦織　圭之介
発　行　所：株式会社東洋館出版社
　　　　　　〒101-0054　東京都千代田区神田錦町2丁目9番1号
　　　　　　　　　　　　コンフォール安田ビル2階
　　　　　　代　　　表　電話 03-6778-4343　FAX 03-5281-8091
　　　　　　営 業 部　電話 03-6778-7278　FAX 03-5281-8092
　　　　　　振　　　替　00180-7-96823
　　　　　　U　R　L　https://www.toyokan.co.jp

印　　　刷：藤原印刷株式会社

装丁デザイン：小口　翔平＋岩永　香穂（tobufune）
本文デザイン：藤原印刷株式会社
イラスト：おおたきまりな
DVD制作：秋山　広光（ビジュアルツールコンサルティング）
　　　　　　株式会社オセロ／原　恵美子

ISBN978-4-491-04003-5　　　　　　　　　Printed in Japan
JASRAC 出2001556-102